JN312851

教育社会学概論

有本 章・山崎博敏・山野井敦徳 編著

ミネルヴァ書房

はしがき

　今日は，世界的にグローバル化，知識社会化，市場化，生涯学習化，人口増加（日本は少子高齢化）など社会変動の激しい時代であり，これらの変化は広く政治，経済，文化，教育の世界を巻き込みながら，なんらかの構造転換を余儀なくしていることは周知のとおりである。世界の国々は，かなり共通の社会変動に直面しており，様々な領域における構造転換を余儀なくされている以上，共通の問題や課題を解決することが問われていると解される。そのことは日本社会においても例外なく生じているから，社会変動そのものを「社会的事実」としてリアルにとらえ分析する視点が不可欠となっているのである。そこにはいわゆる「社会学的想像力」や「社会学的精神」が出動されなければならない必然性が高まる状況があると観測できるのではあるまいか。とりわけ，教育の世界を対象にする場合，「教育の社会的事実」を解明することを基本的なアプローチとして成立する教育社会学という専門分野（discipline）の重要性が浮上すると言わなければならないであろう。

　教育社会学は，日本で誕生して半世紀にわたる年輪を刻んで今日に至ったことが分かる。1949（昭和24）年に日本教育社会学会が創設されて以来着実に発展し，今日では約1,400人の会員を擁するまでに至った事実が物語るように，世界でも類例を見ない大規模な学会として躍進を遂げる中で，学問的な市民権を得た。親学問である教育学と社会学から生まれた新しい専門分野として，方法論の彫琢と新たな対象領域の開拓という課題に対峙しながら，「知の再構築」に挑戦して「通常科学」（normal science）の段階に到達した。こうして，教育社会学は教育心理学とともに教育学の基礎領域として重視されるに至り，教育を考える場合に不可欠の専門分野とみなされることになった。

　この専門分野は，上で述べた「教育の社会的事実」を基本的な方法論に据え，社会が教育に与える条件，教育が社会に果たす機能，教育社会の中の社会構造などをめぐって繰り広げられる様々な対象領域に対してアプローチし，知識の

発見を通して様々な知見を開発している。方法論的には基礎研究を基盤にして，応用研究，開発研究を行うとともに，教育政策の決定に影響力をもつ「政策科学」としても貢献している。その意味で，教育の現場において社会と教育をめぐる種々多様な問題や課題が山積している現在は，そのことを直視し学問的なメスを入れて吟味し解決策をさぐるために，教育社会学への期待が一層高まっていることは明白であると言ってさしつかえあるまい。したがって，社会と教育にかかわる諸問題に関心をもっている学生・院生諸君をはじめ，社会人，教師，行政関係者などの読者の方々には，かかる今日的な価値を担っている教育社会学を学習していただくことが期待されるのであり，そのことは時宜を得ていると言えるのではあるまいか。まず本書の概論によって全体の総論的な学習を終え，さらに各論的な学習へと歩を進めていただくことが望ましいと考えられる。

本書はつぎのように序章，第Ⅰ部「学校と教育の社会学」，第Ⅱ部「変動する社会と教育」から構成され，第Ⅰ・Ⅱ部は13章から構成されている。すなわち，第Ⅰ部は，第1章―教育制度，第2章―学校，第3章―カリキュラム，第4章―教室，第5章―児童・生徒，第6章―教師，第7章―高等教育，第8章―生涯学習，から成る。さらに第Ⅱ部は，第9章―学力と階層，第10章―ジェンダー，第11章―教育と社会階層，第12章―就職と学歴，第13章―社会変動と教育，から成る。序章は教育社会学とは何かを総論的に論じており，第Ⅰ部は，主として学校教育を中心とした教育の諸領域を論じ，第Ⅱ部は主として社会と学校教育の関係を中心とした教育の対象領域を論じている。

このように，広く社会と教育の関係に配慮しながらも，学校教育を基軸に据えた《教育社会学概論》になっている点に少なくとも本書の特色の一つがあると言えるだろう。現代社会において，学校教育の占める比重がますます高まり，その現状や課題に関心が向けられている今日，適切な内容を構成しているはずである。所収した学校，カリキュラム，教室，児童・生徒，教師をはじめ，学力と階層，ジェンダー，教育と社会階層，就職と学歴などは，いずれも重要である。格差社会の進行が議論される現在，これらの内容の中で特に「階層」の視点に比重を置いて教育を分析した点も本書の特色の一つであると言ってよか

はしがき

ろう。なお，人間の生涯にわたる社会化に重要な役割を担う生涯学習は含めているものの，その各論的な領域である家族，地域社会，職場，マスコミなどは紙幅の関係で割愛していることは，やや心残りなところである。

　本書編集に際しては，執筆者各位にご多忙中にもかかわらず優れた玉稿をお寄せいただいたことに，深く感謝する次第である。所期の予定よりも刊行が大幅に遅延することになった理由は，編者の責任に帰すところが多く，お詫びしなければならない。最後に，終始お世話になったミネルヴァ書房の浅井久仁人氏にこの場をお借りして厚く御礼申し上げる次第である。

　　2009年10月吉日

　　　　　　　　　　　　　　　　　　　　　　　　　　　編　者　一　同

目　次

はしがき

序　章　教育社会学とは何か……………………………………… 1
　　1　教育社会学とは何か………………………………………… 1
　　2　教育社会学の方法…………………………………………… 4
　　3　教育社会学の対象…………………………………………… 9
　　4　教育社会学の革新──**知の再構築**……………………… 13

第Ⅰ部　学校と教育の社会学

第1章　教　育　制　度……………………………………………… 23
　　1　教育の制度化と学校教育制度……………………………… 23
　　2　学校教育制度の成立と発展………………………………… 27
　　3　学校教育制度の現在………………………………………… 31
　　4　教育の制度改革と現代社会………………………………… 34

第2章　学　　　　校……………………………………………… 39
　　1　文鎮型の学校組織…………………………………………… 39
　　2　学校組織に関する諸理論…………………………………… 40
　　3　学校・学級の規模…………………………………………… 42
　　4　小学校と中学校における教育組織………………………… 44
　　5　高校における教育組織……………………………………… 46
　　6　学校への期待と学校経営…………………………………… 49

目　次

第3章　カリキュラム………………………………………………………………53
　　1　カリキュラム研究の領域……………………………………………………53
　　2　学校のカリキュラム編成にかかわる法的規定……………………………55
　　3　学習指導要領の作成過程……………………………………………………57
　　4　各学校におけるカリキュラムに関する研究………………………………64

第4章　教　　　室…………………………………………………………………69
　　1　教室という空間………………………………………………………………69
　　2　教室の人間関係………………………………………………………………74
　　3　学習指導における人間関係…………………………………………………78

第5章　児童・生徒…………………………………………………………………85
　　1　いじめ問題からみた子どもたち……………………………………………85
　　2　不登校問題からみた子どもたち……………………………………………90
　　3　生徒文化からみた子どもたち………………………………………………95

第6章　教　　　師…………………………………………………………………103
　　1　熱血教師の時代………………………………………………………………103
　　2　熱血教師の否定──マンガの中の教師像…………………………………108
　　3　メディアに縛られる教師……………………………………………………110
　　4　現実の教師……………………………………………………………………112
　　5　教師研究への新たなアプローチ……………………………………………116

第7章　高　等　教　育……………………………………………………………119
　　1　高等教育の歴史的展開………………………………………………………119
　　2　高等教育の拡大とその帰結…………………………………………………122
　　3　学歴社会の諸相と教育の機会均等…………………………………………125
　　4　高等教育をめぐる新たな課題………………………………………………130

第8章　生涯学習 ……………………………………………………… 134

1 生涯学習をめぐる諸概念 ……………………………………… 134
2 改革の処方箋としての生涯学習 ……………………………… 139
3 生涯学習研究のメソドロジー ………………………………… 145

第Ⅱ部　変動する社会と教育

第9章　学力と階層 …………………………………………………… 153

1 コールマンレポート——**学力と階層との関係を如実に表した実証研究** …… 154
2 我が国の学力問題 ……………………………………………… 156
3 学力・階層・学校の関係を読み解くことの難しさ …………… 161
4 コールマンレポートのその後 ………………………………… 165

第10章　ジェンダー …………………………………………………… 167

1 ジェンダーというレンズを通して——**男女ともに生きにくい世の中で** …… 167
2 分け隔てられる女性と男性——**競争主義社会の中で** ………… 172
3 不可視化される/維持される「ジェンダー」——**学校の内部過程** …… 177
4 見えない/隠れたジェンダーと権力関係 ……………………… 181

第11章　教育と社会階層——**機能主義か葛藤理論か？　米国論争史の回顧** …… 186

1 機能主義的社会階層論——**教育機会均等による社会移動** …… 186
2 機能主義的社会階層論の躓き——**コールマンレポート** ……… 191
3 葛藤理論の登場とその論理 …………………………………… 194
4 論争史を振り返って …………………………………………… 202

第12章　就職と学歴 …………………………………………………… 209

1 学歴主義批判の背景 …………………………………………… 209
2 近代社会と学歴 ………………………………………………… 210

3　労働市場における学歴の意味……………………………………213
　　4　戦後日本の就職・採用システムとその揺らぎ………………………218
　　5　今日における「就職と学歴」を見る視点………………………223

第13章　社会変動と教育……………………………………………225
　　1　社会変動とは何か………………………………………………225
　　2　社会変動と教育の関係…………………………………………228
　　3　社会変動としての教育社会学の展開……………………………233

人名索引／事項索引

序　章　教育社会学とは何か

　本書は読者を教育社会学の世界に誘うことを目的として書かれている。教育社会学は，教育心理学とともに教育を学習するには，最も基本的な学問あるいは「専門分野」（academic discipline）と考えられてきて久しい。教育に関心のある読者には必修科目であるし，学生，教員，社会人にとって最も人気のある学問の1つであるとみなされる。そのことは，学問の結社とも言える「日本教育社会学会」（1949年創立）が現在，教育学の専門分野では最大規模の1,423人（2008年6月現在）の会員を擁している事実にも示されている。人気があることは，教育社会学には固有の特徴を擁した多くの類書があることと関係が深い。それらを紐解けば，様々な角度から描かれた教育社会学像が理解できるに違いない。

　本書もまた，読者が教育社会学という学問にできるだけ好奇心，興味，関心を抱き，対象，方法，内容を理解できるように意図して書かれている。学問的な好奇心を抱くようになるためには，本書のどこから読み始めてもよいのであって，別に第1章から順番に読む必要はない。どこでも興味を引きそうな章や節から読み始めても学問的な面白さに接近できる構成になるよう配慮されているからである。もちろん，そのような構成になっているとはいえ，そもそも教育社会学とは何かという正攻法によってこの学問を究めたいと欲する読者は，第1章から順番にお読みいただくことをお薦めしたいと思う。

1　教育社会学とは何か

　それでは，教育社会学とは一体どのような学問であろうか。それは，一言で定義するのはむずかしいから，簡単に説明するよりも，最後まで本書を読み，理解していただくのが一番よろしいと言うほかない。しかし，敢えて一言で定義するとすれば，「社会的現象」としての教育を研究する学問である，あるいは教育をエミール・デュルケーム（É. Durkheim）が指摘したように「社会的事実」として捉える学問である，と言ってもよかろう（デュルケーム，1970）。こ

れだけの定義では,抽象的であるから,わかったようでわからないというのが大方の印象ではあるまいか。もう少し,わかりやすく説明してほしいという声が聞こえてきそうである。

そこで,もう少し詳しく説明するには,身の回りの教育について社会学的に捉えようとする視点が欠かせないし,そうすればわかりやすいかもしれない。なぜならば,教育社会学は,社会学の方法によって研究する学問であり,社会学ではライト・ミルズ(W. Mills)が指摘したように,「社会学的想像力(sociological imagination)」(ミルズ,1966)を働かせることが不可欠であるからである。そこで,上で言いかけたことを事例にして説明してみよう。

私たちの身の回りで,教育とは一体何かを考えてみると,さしあたり子どもの教育が思い浮かぶに違いない。これを,社会学的想像力を働かせて考えてみよう。

第1に,母親が子どもの世話をし,躾をし,算数を教える場合,これは紛れもなく教育である。教えることと,育てることがあわせて行われているからである。教育とは,教授と養育を合わせた営みである。確かに,これは教育であるが,教育社会学の見方としては十分条件にはならない。教育を抽象的に捉えていても,社会的事実に即して捉えていないからである。

そこで第2に,教育を「社会的事実」として眺めると,子どもが誕生して「社会的存在」になるために,教育が必要であると同時に営まれていることがわかる。誕生した赤子が一人で自然に大人になり,一人前になることはむずかしく,その過程には親や兄弟,姉妹をはじめ,地域や社会の多くの人々が介在する。人間教育は人間の集団,組織,社会においてのみ成り立つのである。人間は一人ではなく,集団,組織,社会の中で教育を受ける以上,教育は「社会的機能(social function)」であることがわかる。生まれてきた赤子が「社会的存在」になる過程を「社会化(socialization)」というが,社会化と教育は重複した部分が少なくない。社会化の中で社会の理念や目的に向かって意図的かつ向上的な営みが行われる場合には,教育が行われることになる。社会化は社会のありのままの現実的な営みである半面,教育は善さを追求する理念的・目的的・計画的な営みであるとみなされる。

第3に，子どもの教育は現在では計画的・意図的な教育を模索する学校で行われるのが普通である。そればかりか，家庭，地域，職場，マスコミなどの広く社会全体で行われることも見逃せない。本来，社会を通して教育が行われ，誕生から死亡までの一生涯で生活するあらゆる社会の空間は教育の場となる。だとしても，教授する主体と学習する主体が存在する学校ほど意図的，体系的，組織的な教育が行われる場所は他にないと言っても過言ではあるまい。その意味で現代は，教育の専門機関として社会的に発明された学校が教育の主役であることが注目に値する。学校は広い意味では，保育園，幼稚園，小学校，中学校，高等学校，短期大学，大学，大学院などがある。さらに大学校，専門学校，各種学校，専修学校，カルチャー・センターなどを含むと多種多様であることがわかる。現代人は人生90年の約3分の1の30年程度は学校で過ごしているのである。

　第4に，教育は時代や社会によって異なる事実がある。教育はいつの時代にも社会にも普く通用する画一的なものはなく，時代や社会の固有の営みの所産である。子どもは，農業社会では親や大人の農作業に加わり，見よう見まねの過程を通して一人前に育成された。科学技術と産業主義が組み込まれ，分業化が進行し，専門職が登場した産業社会では，高度の知識を教授する場所として学校が作られ，一人の教師が多くの生徒を教える集団教育が発展した。社会の大量生産・大量消費と学校での大人数教育が似通っているのは，教育がその時代の社会的条件によって形成される事実を示している。その意味では，歴史的に発展した農業社会，産業社会，脱産業社会の時代には，それぞれ固有の教育が展開されてきたのであり，その時代の特色が刻印されている。知識を重視する現代の知識社会（知識基盤社会）は，その似姿としての学校教育を発展させ，創造力，問題解決能力などを重視しているとみなされる。

　このように，子どもの教育を事例にした場合，それは社会的機能の一環として成立し，とりわけ現代では学校に主たる機能が付与されているとみなされる。社会的機能である以上，集団や社会を欠如した教育はないに等しい。

　今は，子どもの教育で説明したが，教育は子どもに限らず，青年，成人，老人など様々な世代の人々の成長発達を軸としたライフサイクルを包括して成り

立つ。したがって，教育は，誕生から死亡までの生涯にわたって，学校を中心としたフォーマル教育を基軸に，社会の至る所で行われるインフォーマル教育を含みながら展開される社会的営みと解される。

2　教育社会学の方法

　教育を社会的事実として捉える学問が教育社会学だとすれば，その方法には様々な側面があるのではないか。そこで，社会学的方法について整理してみよう。

　図序-1に示したように，社会（この中には地域，全国，国際社会などを含む）と教育（家庭，地域，学校，職場，マスコミなどの教育を含む）の関係には，Aは社会から教育への影響＝教育の「社会的条件（social condition）」，Bは教育から社会への影響＝教育の「社会的機能（social function）」，Cは教育の中の社会＝教育の「社会的構造（social structure）」が，それぞれ分析的に捉えられる。

(1) 社会から教育への作用

　第1に，社会的条件について考えてみよう。子どもの教育は，上で理解したように，単なる個人の営みではなく社会の営みである。社会が個人を社会的存在にする「社会化」の営みが作用しているように，社会が個人を立派な人間に陶冶する人間教育の営みがある。

　刻々と変化する社会が教育へ及ぼす作用は，これまた刻々と変化する。それと同時に，巨視的に，農業社会→産業社会→脱産業社会→知識社会，といった変化が生じており，各社会固有の教育が形成されている。有史以来長く持続した農業社会では，昨日と今日と明日の変化は緩慢なため，教育も保守的であり，社会の伝統，風習，慣行が重要な教育の内容となった。長老支配＝ジェロントロジーなる言葉があるように，社会的経験の豊富なお年寄りが絶大な威信をもった。

　これに対して，17世紀に科学革命が出現し，科学技術の制度化が始まり，さらに18世紀頃から発展した産業社会では，産業主義や科学主義が社会に組み込

まれて原動力となるので，社会の新陳代謝が活発化し，教育も社会の単純再生産よりも創造的再生産に比重を置くようになる。そこでは，豊富な経験よりも，社会変化に素早く対応できる創造力の発揮が重要となるのに伴い，老人より

図序-1　社会と教育の関係

社会（地域，全国，国際社会）

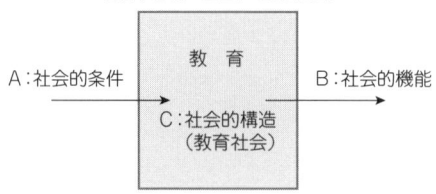

A：社会的条件 → 教育　B：社会的機能
C：社会的構造（教育社会）

も若者が重視される度合いは高まる。19世紀後半の1870年代には，ルソー（J.-J. Rousseau）の『エミール』（ルソー，1962, 1964）に見られるごとく，子どもが社会的に発見されると同時に，主として子どもを対象にした学校が義務教育として登場する。

さらに，20世紀後半の1960年代には，脱産業社会が進行し，電気とコンピューターとが結合したエレクトロニクス革命が起こり，情報化社会が登場した。教育にはIT（情報技術）革命に対応できる能力の開発が求められ，創造力や思考力の重要性が一段と浮上する。さらに，21世紀には知識社会化の時代が幕を明け，情報よりも知識の比重が増大し，教育においては問題解決能力や創造力の涵養が一層重要性を増している。このように，社会が変われば，教育の条件は変容するから，教育は社会によって規定されることが理解できる。

（2）教育から社会への作用

第2に，教育の社会的機能は，社会から教育への影響とは逆の教育から社会への影響に注目する。その主たる内容は人材養成によって社会発展に貢献することである。動物学者のアドルフ・ポルトマン（A. Portmann）は，社会に生まれ落ちた赤子は，1年間の「生理的早産」（ポルトマン，1991）であると指摘したが，そのことを敷衍すれば，一定の養育や教育が欠如すれば，一人前の大人に成人することはできないことを意味する。

社会へ徐々に適応してゆく社会化の過程は，個人の中に社会を組み入れて次第に社会的存在になって行く過程である。G. H. ミード（G. H. Mead）が指摘したように，自己（self）の中ではもって生まれた自分である主我Ⅰと社会を

組み入れてできた客我（Me）とが対話をして，自己同一性＝アイデンティティが形成される。たとえば，IとMeの相互作用の例はコトバの習得にみられる。社会で使用されているコトバは赤子の段階から親や家族を媒介にして内面化されるメカニズムが成立しており，それは「言語的社会化」である。生まれた社会が異なれば，異なるコトバを内面化し，しだいにそれを話すようになる。一般に，子どもは日本に生れれば日本語，中国に生まれれば中国語，アメリカに生まれれば英語を身につけるのが普通である。同じ日本に誕生しても，地方毎の方言を身につける。人間はコトバというシンボルを使用してコミュニケーションを行う動物であるから，コトバの習得はきわめて重要な営みである。コトバが通じない時は，身振り手振りでもある程度コミュニュケーションを行えるが，コトバの威力には及ばない。このような言語的社会化は，社会化の一例である。そのほかに職業的社会化，政治的社会化，経済的社会化など，社会の制度に対応した社会化の過程が見られる。

　上でも言及したが，こうした社会化と教育は重複した部分が少なくない。社会化は人間が社会的存在になるありのままの現実を重視するのに対して，教育は「善さ」を理念的かつ意図的に追求する中で，人間を社会的存在に涵養する現実に力点を置く点に違いが見出される。

（3）教育の中の社会

　第3に，教育の社会的構造は，教育そのものが社会である側面を注目する。教育の場の典型である学校，とりわけその中枢のメカニズムである「教授―学習過程（teaching and learning process）」を事例にすると，そこには教授する教師と学習する生徒（学生）が存在する。教師にも生徒にも社会が反映されている。教師には誕生した社会の性格や社会化の過程を通して形成された社会的性格，属性，役割，などが刻印されている。教師は一般的に中流階層の出身者が多数を占める傾向があると言われる。同時に教師は，中流階層的な文化をもつ家庭，学校，大学を通して社会化をたどり，それらの文化的フィルターで濾過されて養成されるから，上流や下流階層よりも中流階層的な階層文化を身につけていると考えられる。他方，学習者である生徒は，必ずしも中流階層の出身

とは限らず，下流階層の出身者も少なくない。教師と生徒は教育の場たる学校というアリーナにおいて階層的に対峙することになる。

　階層社会，あるいは「格差社会」が進行している場合は，教育への階層差の反映は少なくない。階層的に言語的社会化が異なる点を強調すれば，教師の使う言語と生徒の使う言語には相違があり，両者間にディスコミが起こる可能性が少なくない。中流の生徒は中流の教師の使う言語や教師が身につけている文化に容易に同調するのに対して，そのような言語や文化をもたない下流階層の生徒は同調が困難であり，ドロップアウトする可能性が高くなりがちである。「日常知」から離れた記号操作を要求される学校では，「学校知」あるいは「教育知（educational knowledge）」が伝達される。その意味では，バージル・バーンスティン（B. Bernstein）が英国に関して教育知のコード理論を展開したように，教育によって階層差が縮小されるのではなく，再生産される度合いが少なくないことになる（バーンスティン，1981）。日本では階層差が比較的少ない社会と言われてきたが，最近では格差社会が出現しつつある（佐藤，2000；山田，2004；大竹，2005）。

　社会の一断面である教育の世界には，当然ながら社会の現実が投影される。社会が格差社会の様相を強め，「持てる階層」と「持たざる階層」が分化すると，教育の世界，とりわけ学校や大学へそれが容赦なくもたらされる。このような格差が教育によって克服されがたい事実は，世界的に研究が進められてきた（ジェンクス，1978；バーンスティン，1980）。もちろん，低階層の子弟が才能に恵まれている場合は，上級学校へ進学して，出世する機会がないのではないが，階層，学力，進学機会，社会移動の間には相関があるとみなされる。今日の日本では，低い階層の学力が阻害され，学校や大学への進学が制約される事実が報告されている（苅谷，2001, 2009）。当然，階層による家庭文化，学校文化，大学文化が形成され，再生産される。そこには，ピエール・ブルデュー（P. Bourdieu）の言う「ハビトゥス（habitus）」が形成され，「文化的再生産」（ブルデュー，1991）が進行する背景がある。

（4）方法論の再構築

　このように，教育社会学は，社会と教育の関係を様々な方法によって研究している。上述したように，教育を社会的事実として捉えるところに方法論の特徴がある。それは教育社会学が成立した時点に遡って説明すればわかりやすいだろう。教育社会学は社会学と教育学に起源をもつ学問あるいは専門分野である。いわば社会学と教育学が結婚して，教育社会学という子どもが誕生したのである。その結果，教育を対象に社会学的方法によって研究するところに専門分野としての独自性がある。その意味では，教育経済学，教育政治学，教育心理学，教育行政学，教育法学，等の専門分野と類似した成立事情が読み取れると同時に，異なる個性を保持していると言わなければならない。

　たとえば教育心理学とは，教育を対象とする限り類似性があるものの，社会学と心理学とでは方法論が異なる。前者が教育の社会的事実に焦点を合わせ，後者は教育の心理的事実に焦点を合わせる。前者は教育を社会との関係で巨視的に捉え，社会や集団的背景や原因を中心にした社会的文脈を問題にするのに対して，後者は心理や意識との関係で微視的に捉え，心理的背景や原因を中心とした心理的文脈を問題にする。端的には，「社会学主義」と「心理学主義」の違いがある。このように異なるがゆえに，2つの専門分野は独自性を主張するのであるし，異なる学会を基盤に独自の文化を形成し，独自の行動を行う。しかし同時に，両者は同じ教育を対象に扱う学問であるから，異なるとはいえ，同じ対象を独自の用語や概念で扱っている側面があることは否めない。

　教育，あるいはそれを構成する人間や社会の問題を総合的に捉えようとすれば，専門分野のタコツボから外へ出てきて，学際的に，あるいは学融的に統合しなければならない側面を多分に有しているはずである。いったん成立した学問は「通常科学（normal science）」として発展し，他の学問との交流を拒否する傾向がある。しかし，人間教育を考えれば，専門分化した学問が共同しなければ解明できない事実も少なくないはずであるから，お互いに歩み寄り，自分たちだけにしかわからないジャーゴン（専門用語）を捨てて，共通言語によって共同研究することも不可欠である。そのことは，今日の学問が直面している「科学革命」の問題であり，「知の再構築」の課題であり，方法論の見直しの試

みである。

3　教育社会学の対象

　教育社会学の対象は，『教育社会学研究』誌（日本教育社会学会編，2008）の分類に従えば，次のように実に多岐にわたる。①総論（理論／方法論，学説／学史），②人間形成（総論，社会化，逸脱／非行／病理，ジェンダー，子ども，青年，成人／社会化），③家族（家族関係／親子関係），④学校（総論，制度／政策，行財政／計画，経営／組織，教師／教職，教育指導／教育課程［方法・評価を含む］，カリキュラム，入試／選抜，生徒文化，就学前教育，初等中等教育），⑤高等教育（総論［大学論・学問論を含む］，制度／政策／行財政／計画，経営／組織／教育，カリキュラム／教授法／評価／指導，学校文化／学生生活，中等後教育［専修・学習学校を含む］，大学院／生涯学習），⑥生涯教育／生涯学習，⑦地域社会，⑧文化（メディア／コミュニケーション，異文化間教育），⑨社会構造／社会体制（総論，階層／移動／機会，社会構造／社会変動，政治・権力），⑩経済（人間形成／企業内教育，労働／職業），⑪その他。本書は，これら領域の中では④⑨に比重を置き，③⑦⑧⑪以外の全領域を網羅している点に特色があるとみなされる。

　教育社会学の対象とするかかる包括的な全領域を詳論する紙面がないため，それは割愛し，ここでは別の角度から対象とかかわる特徴を素描することとし，教育社会学を文字的に分解した場合，教育，教育社会，社会，学から構成されることに留意してみよう（新堀，1982参照）。

（1）教　　育

　上でも考察したように，教育には様々な現象がみられる。親世代が子世代へ教える営みが原型である。教えなければ，社会は維持されないから，意図的に教えることは，親の責務である。これは意図的教育である。人間以外の動物も社会を形成しているように見えるが，それは本能であるから，人間のように意識して，意図的な社会を形成して，教育を行っているのではない。その意味で

人間のみが教育を営む動物である。意図的教育を体系化すると専門分野としての教育学が成立する。意図的教育の典型は，学校の教室で行われる教育，すなわち教授―学習である。教師は意図的に教え，生徒は意図的に学習する。教える意思と学ぶ意思が作用するところが学校である。

　しかし，現在では学ぶ意思の乏しい児童・生徒・学生が増えている。学習力の欠如の問題がそこにある。教師の場合も教える意思の乏しい場合が見受けられるようになった。というよりも，生徒に学習意欲がなく，「学級崩壊」や「学校崩壊」の原因になる事例が増えるにつれ，教師が対応できなくなっている側面が少なくないかもしれない。「学問の府」であり，学生の学問へのレディネスが当然醸成されているはずの大学ですら，最近では学習力や学力の多様化した学生が増え，それに対応した初年次教育，リメディアル教育，転換教育などが行われるようになり，大学教員の教育力の限界が指摘されるようになった。広く学校や大学の教師は教育によって俸給を貰っている教育の専門職であるとすれば，このような教育の困難性の現実に対応できないならば，それは教師失格の「問題教師」と言われても仕方がないかもしれない。このような状況が増え，教える意思と学ぶ意思が欠如した学校（大学）になれば，それはもはや教育の世界とは言えず，感化や影響の世界と化す惧れがある。

　もとより教育を研究する学問は教育学である。教育社会学は教育を研究すると同時に，教育学から派生して誕生した学問であるから，教育学の様々な学説，理論，経験を豊富に輸入し，活用している場合が少なくない。教育学は，教育哲学，教育方法学，教育政治学，教育経済学，教育法学，教育心理学，教育行政学，教育経営学，比較教育学，等々，様々な領域が分化して，発達している。

（2）社　　会

　社会は，様々な顔をもっている。歴史的には，農業社会，産業社会，情報社会，知識社会といった顔をもつ。比較的には，アメリカ，イギリス，ドイツ，フランス，中国，韓国，日本といった国家社会が想起される。個々の国家社会は歴史的に発展を遂げているので，歴史的な時代によって，異なる顔をもっていることも当然である。社会はまた，農村社会，都市社会とか，地域社会，国

家社会,国際社会とか,分類方法によって,多様な把握が可能である。このような社会が教育へ与える影響を分析するのであるから,社会の実情を捉えることは基本である。

　社会を研究する学問は社会学であるが,教育社会学は,社会学を方法として成り立つ学問であるから,社会学から種々の方法を導入している。政治社会学,経済社会学,法社会学,あるいは農村社会学,都市社会学,地域社会学,国家社会学,国際社会学,数理社会学,社会病理学,医療社会学,福祉社会学,等々の多様な領域が発達している。教育社会学へ関心を深めることは,これらの教育社会学の親学問たる社会学で発展している学問領域への関心を深めることと共通性があると言ってよかろう。

（3）教 育 社 会

　社会には経済社会,政治社会,宗教社会,科学技術社会など,社会制度によって様々な社会が分化しており,それらが集合して全体社会が形成されている。政治社会は権力と権力が衝突する権力闘争を主たる目的として成り立つ政治が形作る社会であり,権力追求が文化や規範となっている。政治学はホッブスの言うように「万人の万人に対する闘争」（永井編, 1979）を研究する。政治的社会化によって,政治の世界の文化や価値が内面化され,やがて政治的意識や行動が具現される。いずれの全体社会でも政治は社会の目的を実現するために存在するメカニズムであるから,政治が制度化されており,政治の価値によって「利害集団」が形成されている。政党はそのような集団の一つである。

　経済社会は,利潤の追求を基本に成り立つ社会である。いずれの社会も,経済のメカニズムによって,社会の生計を維持するから,経済は社会基盤である。経済の営みが不活発となると,経済不振を招き,社会の活力を喪失し,財政破綻を引き起こし,衰退する。

　現代社会は,経済成長を追求し,市場経済によって生産性の能率,効率,合理化を追求する傾向が強い。農業社会では,筋肉労働によって生産が行われたので,生産性も限られ,それによって養える人口も少ないものであった。江戸時代の日本ではせいぜい3,000万人程度の人口が維持されたのは,余剰人口は

間引き，生産力に見合う規模に維持しなければならない現実があったからである。これに対して現在の日本では，世界的にも豊かな生産性を誇り，1億3000万人近い人口を維持している。産業社会では，エネルギー革命によって大量生産が可能となり，大量の人口を支えることができるようになったお陰である。豊かな社会である先進国は一般に出生率が低下して，人口が減少する傾向がある。日本は世界的にGDP（国内総生産）が高く豊かな社会であるにもかかわらず，合計特殊出生率は1.26（2006），最近1.37（2009）とやや持ち直したものの，全体的には低下の一途をたどっており，21世紀には現在の人口の半分近くに減少するとの危惧がある。

　他方，農業人口が全体の70％程度の高率を占める中国では，国民を養えないために，一人っ子政策を続けてきた。経済社会に注目すれば，世界には産業社会への移行の度合いによって，先進国と後発国，GDPの規模の大きい豊かな国とそれの少ない貧しい国が存在し，「格差社会」が顕著に認められる。

　教育社会は，教育制度と密接に関係した社会を意味する。教育の営みが組み込まれ，教育が機能している社会は，おしなべて教育社会である。学校はその典型である。意図的教育が学校ほど明確に行われていないが，社会には子どもを善い方向へ導く人間教育の営みが組み込まれている。社会化が生まれた子どもを社会的存在に仕立てるメカニズムであるのに対して，教育は意図的に善い子どもを育成し，よい社会を形成しようとするメカニズムである。もっとも，憲法や教育基本法が標榜している理念を基に，教育の目的・目標が具体的に規定されているにもかかわらず，実際には，理念どおりにはならず，「非同調行動」や「逸脱行動」が頻繁に生じる。犯罪や非行はそのバロメータにほかならない。本来善さを求める教育に具現した「社会病理」としての「教育病理（educational pathology）」が見られる（有本，1984）。

　また，ロバート・マートン（R. K. Merton）が分類したように，顕在―潜在，機能―逆機能，を組み合わせると，「顕在的機能・逆機能」「潜在的機能・逆機能」がそれぞれ存在する（マートン，1961；有本，1987）。目に見えた形で善さが実現される場合（たとえば優等生）と同じく実現されない場合（反社会的な非行）があり，また，目に見えない形で善さが実現される場合（隠れた優等生，大器晩

成型）と，同じく実現されない場合（非社会的な非行）がある。上述したように，教育は社会化にくらべ，善さを追求する点に特徴があるが，実際の教育社会では，光と影を伴う様々な教育の営みが観察されるのである。

（4）学

ここで言う「学」とは，教育社会学のことであるから，「学の学」の側面を意味する。いわゆる「研究の研究」「科学の科学」（プライス，1970）の領域と通底し，学問を社会学的に研究することを意味する。それは，教育社会学を対象に社会学的に研究する，「教育社会学の社会学」の領域を意味する。後述する教育社会学の研究はこの視点を指している。教育社会学はどこから来てどこへ向かっているかは，かかる観点からの重要な課題であり，こうした社会学的な研究による学の分析が欠かせない。

4　教育社会学の革新──知の再構築

「学の学」を掘り下げて考えてみると，教育社会学は今後どのような発展を遂げるかが問われることになる。現在の学問の発展は「知の再構築」と密接に関係しており，あらゆる学問が社会変化と自らの学問の変化を照合しながら，新たな学問の創造を模索している最中である。教育社会学の場合も例外ではない。学問が長い年月の間に，神学，哲学，科学，テクノロジー（技術）と原理を転換してきた。コスモロジー（宇宙論）の変遷では，地動説革命，進化論革命，地球環境革命の転換がなされてきた（黒崎編，1997）。歴史的に学問や科学はこうした大きなパラダイム転換を遂げてきたように，現在も変化を遂げているという仮説が成り立つ。その意味では，教育社会学もそれほど大きな転換ではないにしても，それなりのパラダイム転換を遂げて現在に至り，今後も転換を遂げる可能性を秘めていると考えてさしつかえあるまい。こうして，教育社会学はどこから来て，どこへ向かっているのか，という問いが浮上する。

(1) 教育学からの影響

　教育社会学は，社会学と教育学を父と母として誕生した子どもであるから，両者の学的な伝統を遺伝的に体質に組み込みながらも，次第に固有のアイデンティティ＝主体性を形成している専門分野である。従来の教育学は教育を理念的に捉え，「かくあるべし」と規範性，当為性，演繹性を重視する傾向があるが，このようなペダゴジー（pedagogy）ではなく，教育を社会的事実として捉え，存在性，客観性，帰納性を重視する方向の必要性が主張されるようになった。エミール・デュルケームはペダゴジーに対して「教育科学」（science of education）を主張して，その一つとして教育社会学を創始した，教育社会学の父祖である（新堀，1966）。このように，伝統的な教育学では現実への対応が困難になったとき，「パラダイム転換」（中山編，1984）が生じ，新たな学問が誕生する。トーマス・クーン（T. Khun）はこのような状況では「科学革命」（クーン，1971）が生じるとみなした。たとえば，長く信じられていた天動説（地球中心説）では説明できなくなったとき，コペルニクスの地動説（太陽中心説）が出現したし，ガリレオがその実証によって正当性を唱えたのは，その事例である。天動説に対する地動説の関係ほど鮮明ではないにしても，教育学に対する教育社会学の関係にはパラダイム転換に基づく科学革命の力学が作用していると観察できるだろう。

(2) 社会学からの影響

　デュルケームはオーギュスト・コント（A. Comte）の創始した社会学の方法を継承して，教育を社会学的に研究することを提唱した点で，社会学の影響を受けていることがわかる（デュルケーム，1970）。それでは，両親である教育学と社会学のいずれの影響を強く受けているのであろうか。いち早く教育社会学の制度化に成功したアメリカでは，最初は教育学の影響が強かったが，1963年には社会学会に組み込まれ，それまでの「教育的社会学（educational sociology）」から「教育の社会学（sociology of education）」と呼称するようになった。現在は，教育学よりも社会学の影響が強いと言ってよかろう。これに対して日本では，1949年に「日本教育社会学会」が結成された（佐々木，1973）。その名

称は，Japanese Society of Educational Sociology であり，この「教育的社会学」の名称は今日まで継承されている。

　このような経緯を辿ると，アメリカでは社会学，日本では教育学の影響が強いとみなされるが，今日では国際学界において交流を深めている両者が，対象を教育に置きながらも，方法的には社会学に置く点で共通性が高いことは否めない。

（3）諸学問からの影響

　説明したように，主要には教育学と社会学の交配によって誕生した学問が教育社会学であるから，現在でもこれら三者の関係は密接であると言ってよかろう。しかし，これ以外の様々な専門分野からの影響は日増しに強まっていることも見落とせない事実である。上で指摘したように，各専門分野は「知の再構築」によって，新しい状況に対応して学問の革新や新陳代謝を迫られている（有本，2007）。専門分野の固有の論理によって方法論の彫琢を行うのは当然であるとしても，それだけでは限界があるから，他の専門分野との相互作用の比重が高まるのは避けられない。現代科学は伝統的なエートスであるCUDOS（Communality＝公有制，Universalism＝普遍主義，Disinterestedness＝没私利性，Organized Skepticism＝組織的懐疑）（Merton, 1973）が支配する構造から学界と社会が境界を喪失し，モード1とモード2（ギボンズ，1979）が競合する時代へと移行しており，当然ながら専門分野の再編成は回避できない。シャロン・パリーが言うように，専門分野が違えば研究者の社会化は多様に異なる（Parry, 2007）。教師かつ研究者である大学教授を事例にしても，彼らの意識や行動を規定するのは，年齢，性，職階，所属大学と共に専門分野の比重が大きい事実がある（有本編，2008）。このような各専門分野の研究者が交流して，影響を及ぼし合うことによって，各専門分野に変化が生じる。教育社会学と他の専門分野との関係も同様の力学が作用する。影響が大きい他の専門分野は，社会学，教育学，経済学，政治学，心理学，数学，統計学，医学，工学，法学，文化人類学，等であろう。これらの種々の専門分野との学際，学融，交配によって，新たな方法論の模索が行われ，そのような営みを通して試行される「知の再構

築」はやがて機が熟すれば、「パラダイム転換」を帰結することになる。

　様々な専門分野との交流は、社会学の方法論を吟味するから、様々なアプローチを開発する結果を招く。歴史的には、1960年頃からは、総じて、構造機能主義から解釈学的アプローチへの革新が生じており、社会調査、量的調査、構造機能主義などに伍して、現象学、エスノメソドロジー、象徴的相互作用、社会史的アプローチなどが台頭した。インタビュー、エスノグラフィー、ドキュメント分析、映像データ分析などを含んだ「質的研究」が増加する傾向を示している。たとえば、量的調査よりも質的調査を基盤とする質的研究は、1997年にその緒に就き、急速に発展した（北澤・古賀，2008）。対象としては、青少年の逸脱・非行・病理、不登校、自殺、引きこもり、ニート、などをはじめ、マイノリティ、ジェンダー、など多様な問題が手がけられている。1997年から2008年までの10年間を『教育社会学研究』誌の全論文（221本）で調べると、3分の1（74本）を質的研究が占有するという（清水・内田，2009：104）。このことは、教育の本質である社会的事実を捉え「社会を読む」その読み方も方法論的に変化を遂げつつある証拠であると解される。こうした方法論の多様化が進行し、競合・葛藤も深まっている今日では、そのことによって教育社会学が教育を様々な視座から分析し、診断し、処方箋を作成することが可能になっているのでもある。

（4）教育社会学の創造

　教育社会学が教育学や社会学から誕生した歴史を想起すると、誕生から半世紀以上経過した現在は、はたしてこの専門分野は今後も発展を続けるのか、それとも新たな科学革命によって新しい学問が誕生するのかは興味ある問題になろう。量的には、150名の会員でもって結成された学会は、いまや1,400名近くの大きな規模に発展しているから、疑いもなく人気のある学問とみなせるだろう。それと同時に、科学革命によって成長した「通常科学」（Merton, 1973；有本, 1987）が対応できない問題に対しては、新たな専門分野が登場せざるを得ないし、それが教育社会学の中から出現せざるを得ない。

　たとえば、会員の多くが立ち上げた高等教育学会（1997年設立）は250名の会

員を擁して出発し，次第に成長を遂げ，現在（2009年現在）では，約600名の会員を擁するまでに発展した，新興学会の一つである。学問の制度化によって教科書も出版された（有本・羽田・山野井，2005）。上述したように，教育社会学の対象の中に高等教育が含められ，「高等教育の社会学」や「大学の社会学」が教育社会学には成立している点では高等教育学会は教育社会学会との連続性が高く，両者間には学問的な連続性がある。しかし，それのみに留まらず「パラダイム転換」が生じていることは，教育社会学とは異なる他の種々の領域から参画した会員も少なくない事実に如実に示されている。また，この種の新しい学会設置までには至らずとも，上で述べた質的研究の流れに位置し，心理学の学際領域である「臨床心理学」と接点をもつ「臨床教育学」も教育社会学から模索されている（新堀，2004；酒井，2004）。

　こうして，現在の教育社会学は，自己の専門分野の中で新たな課題を十分解決するか，高等教育学会に続く新たな学会を生み出すか，あるいは新たな状況に対応できなくなり「通常科学」の時代を終えるか，このうちどのシナリオを辿るかが注目されるところである。

（5）おわりに

　本章では，教育社会学とは何か，という問いを様々な角度から考えてみた。その結果，教育を社会的事実として研究し，教育を社会学的に研究する学問であることが明らかになった。誕生から死に至るまでの人間の生涯を対象にするから，対象の範囲は広範である。幼児，児童，少年，成人，老人，あるいは初等，中等，高等，成人，生涯の各教育を対象に設定する。これらの対象に対して社会学的想像力を発揮して，社会現象としての教育を分析するのである。親学問である教育学や社会学の伝統や方法論を継承すると同時に，固有の自律した専門分野として，日本ではすでに半世紀以上にわたって，アイデンティティを模索してきた。教育社会学自体が学問の再編成，パラダイム転換，科学革命によって誕生した経緯があるが，同様に現在も他の専門分野が経験しているのと同じように，このような課題に直面しているのは明白であり，「知の再構築」によって，新たな創造性が求められているのである。

学習課題

① いわゆる「社会学的想像力」とは何かを具体的な事例を1つとりあげて説明してください。
② 社会化（socialization）には「個人の社会化」と「社会の個人化」の2つの視点が区別されますが，こどもが日本語を習得する場合を事例にして，両者の視点を説明してください。
③ 教育学と社会学を親学問として誕生した教育社会学には，教育学と社会学とどのような学問的な類似性と相違性があるかを説明してください。

参考文献

有本章 1984「教育の環境と病理」新堀通也・津金沢聡広編『現代社会と病理』第一法規，35-67頁.

有本章 1987『マートン科学社会学の研究——そのパラダイムの形成と展開』福村出版.

有本章 2007「知の再構築——教育社会学の事例」有本章編『21世紀型高等教育システム構築と質的保証——最終報告』広島大学高等教育研究開発センター.

有本章編 2008『変貌する日本の大学教授職』玉川大学出版部.

有本章・羽田貴史・山野井敦徳編 2006『高等教育概論』ミネルヴァ書房.

大竹文雄 2005『日本の不平等——格差社会の幻想と未来』日本経済新聞社.

苅谷剛彦 2001『階層化日本と教育危機——不平等再生産から意欲格差社会へ』有信堂高文社.

苅谷剛彦 2009『教育と平等』中公新書.

北澤毅・古賀正義 2008『質的調査法を学ぶ人のために』世界思想社.

ギボンズ, M. 編著，小林信一監訳 1979 『現代社会と知の創造——モード論とは何か』丸善ライブラリー.

黒崎政男編 1997『サイエンス・パラダイムの潮流——複雑系の基底を探る』丸善株式会社.

クーン, T., 中山茂訳 1971『科学革命の構造』みすず書房.

酒井朗 2004「教育臨床の社会学」『教育社会学研究』5-19頁.

佐々木徹郎 1973「教育社会学の起源と成立」日本教育社会学会編『教育社会学の基本問題』東洋館出版社，27-47頁.

佐藤俊樹 2000『不平等社会日本』中公新書.

ジェンクス, C., 橋爪貞雄・高木正太郎訳 1978『不平等——学業成績を左右するものは何か』黎明書房.
清水睦美・内田良 2009『研究レビュー 質的研究の10年——『教育社会学研究』を中心に』『教育社会学研究』第84集, 103-121頁.
新堀通也 1966『デュルケーム研究——その社会学と教育学』文化評論出版.
新堀通也 1982「教育社会学の歴史と研究領域」, 友田泰正編『教育社会学』有信堂.
新堀通也 編 2004『臨床教育学の体系と展開』多賀出版.
デュルケーム, E., 宮島喬訳 1970『社会学的方法の規準』岩波文庫.
永井道雄編 1979『世界の名著 28 ホッブス』中公バックス.
中山茂編 1984『パラダイム再考』ミネルヴァ書房.
日本教育社会学会編 2008『教育社会学研究』第83集, 東洋館出版社.
原純輔編 2000『日本の階層システム I 近代化と社会階層』東京大学出版会.
原純輔編 2002『流動化と社会格差』(講座社会変動5), ミネルヴァ書房.
バーンスティン, B., 萩原元昭訳 1981『言語社会化』明治図書.
バーンスティン, B., 佐藤智美訳 1980「階級と教育方法——目に見える教育方法と目に見えない教育」カラベル, J., ハルゼー, A. H., 潮木守一編訳『教育と社会変動 上 教育社会学のパラダイム展開』東京大学出版会.
プライス・D., 島尾永康訳 1970『リトルサイエンス・ビッグサイエンス 科学の科学・科学情報』創元社.
ブルデュー, P., パスロン, J. C., 宮島喬訳 1991『再生産——教育・社会・分化』藤原書店.
ポルトマン, A., 高木正幸訳 1991『人間はどこまで動物か』岩波書店.
マートン, R. K., 森東吾・森好夫・金沢実・中島竜太郎訳 1961『社会理論と社会構造』みすず書房.
ミード, G. H., 稲葉三千男・中野収・滝沢正樹訳 2005『精神, 自我, 社会』青木書店.
ミルズ, C. L., 鈴木広訳 1966『社会学的想像力』紀伊国屋書店.
山田昌弘 2004『希望格差社会——「負け組」の絶望感が日本を引き裂く』筑摩書房.
ルソー, J. J., 今野一雄訳 1962/1964『エミール』(上・下) [岩波文庫] 岩波書店.
Merton, Robert King 1973 *The Sociology of Science: Theoretical and Empirical Investigations*, University of Chicago Press.
Parry, S. 2007 *Disciplines and Doctrates*, Springer.

(有本 章)

第Ⅰ部

学校と教育の社会学

第1章　教育制度

　私たちは子どもが学校に通うのは当たり前，通うべきだと思っている。平日の昼間，街で子どもを見かけると，「あれっ」と思ってしまう。初めて会った子どもに「何年生？」と，当然，学校へ通っているものとして尋ねている。学校があること，子どもたちが学校教育を受けることを前提に暮らしている。
　しかし，世界には学校がない国や地域がある。学校教育を受けていない子どもたちがいる。私たちの国でも，かつてはそうだった。
　学校があって，学校で教育を受けることが当然になったのは，なぜなのか。学校教育の仕組みがなぜ成り立ち，それはどのような役割を果たしているのか。本章では，学校教育の仕組み＝制度とその役割について考えたい。

1　教育の制度化と学校教育制度

（1）制度としての教育

　教育の営みに「制度（institution）」を見いだした人物にエミール・デュルケーム（Émile Durkheim）がいる。彼によれば，我々が遂行する行為は個別的には様々である。しかし，俯瞰すれば共通した様式が認められる。社会には広く人々に受け入れられている行為の様式がある。それが社会生活を組織化するための方法となっている。その方法は，当該の社会の人々を拘束している。人間は共同生活を重ねる中で生活に必要な方法を編み出し，次世代に引き継いだ。引き継がれた社会生活組織化の方法が「制度」である。制度で重要なのは，それが歴史的・社会的な産物である点である。この点でそれぞれの社会は固有の制度をもっている（デュルケム，1978）。デュルケームは，このようにそれぞれの社会に所在する社会生活組織化の方法に着目，それを「制度」としたのであるが，この見方に立てば「教育」も制度を成している。
　デュルケームは，「教育」を若い世代の「方法的社会化」として定義した

(デュルケム，1946)。「社会化（socialization）」とは，先行する世代の成員が後続する世代の成員に対して当該の社会の文化を伝達，学習させることで彼／彼女らを当該の社会の一人前の成員にすること，さらにそれによって当該の社会を維持・存続させていくことである。教育を社会化とすれば，それは社会生活を現在と将来において成り立たせていく営みに他ならない。この点で教育は社会生活組織化の手段である。しかも，デュルケームが「方法的」のひと言を付けたように，社会化はそれぞれの社会で，ある定まった方法でなされている。このような点で教育は制度を成している。

「教育の制度」とは具体的に何か。現在の制度の中心は「学校教育制度」である。だが，教育の制度は学校教育制度だけではない。学校教育制度が教育の制度として際立ってくるのは，近代という時代になってからである。

伝統的な共同体には，「イニシエーション（initiation）」と呼ばれる仕組みがある。イニシエーションは，ある社会的・宗教的な地位から別の地位に個人を移行させるための儀礼である。代表的なイニシエーションは成年式である。成年式は子どもから大人へと個人の社会的地位を移行させる儀礼であり，子どもを大人社会へ導く働きをしている。伝統的な共同体では，成年式の方法を定めている。イニシエーションは，伝統的な社会における「教育の制度」である。

中世のギルドに代表される職人の社会には「徒弟制」という教育の制度がある。徒弟制は，親方が弟子を一人前の職人に育て，職人の社会に参入させる方法である。徒弟制には独特の方法があると言われている。徒弟制も「教育の制度」の一つである。

（２）教育の制度化と学校教育制度

ここでは「教育の制度」の例としてイニシエーションと徒弟制を取り上げた。世界には様々な教育の制度がある。それは歴史的にも変化する。教育の制度は多様である。その安定度も一様でない。制度なるものは，「制度化（institutionalization）」の帰結である。家族や共同体で行われる「しつけ」も子どもの教育＝社会化として一定の様式を帯びている。しつけは，一定の行動様式や観念を反復的にあてがうことで子どもを社会化していくことであるから，

その方法にはパターンが見てとれる。しかし、その方法は社会的に決められているわけではない。しつけは、「教育の制度」として安定していない。イニシエーションや徒弟制の場合には、当該の共同体や職人の社会で、ある程度、定まった方法で行われている。しかし、広がりは限られている。

今日の社会における主要な教育の制度は「学校教育制度」である。学校教育制度は、しつけ、イニシエーション、徒弟制などと比べようもないほど制度化されている。学校の歴史は古代にまで遡る。しかし、そこでの教育は今日の教育とは大きく異なっている。違いは、何よりも制度化の違いである。教育の歴史において今ある「学校」が登場するのは近代になってからである。近代社会は、教育の制度化を促進した。学校＝近代学校を産み出し、高度に制度化した教育の仕組み――近代学校教育制度――を成立させた。

(3) 学校教育制度の特質

近代社会に進展した教育の制度化とは何だったのか。言い換えれば、近代社会に端を発し、今日に引き継がれた近代学校教育制度の特質は何か。

その第1は統一性・普遍性である。今日の学校教育制度は国家的な規模で統一されている。たとえば、制度が規定する「小学校」はどれも「小学校」であることに変わりはない。義務教育段階では、国民すべてを一様に制度の対象に据えている。この点は、近代以前の「学校」なるものと大きく異なっている。一例を挙げれば我が国の場合、江戸時代の寺子屋は、それぞれが個別につくられ、個別に教育を行っていた。それに対して明治政府は、学校教育制度を定め、国家・国民的な規模で統一的に学校をつくり、各学校の教育を統一的に規定した。国家・国民という限定はあるものの、普遍的な広がりをもつ教育を生み出した。

特質の第2は体系性である。今日の学校教育制度は、まずもって段階的に区分されている（学校段階）。「初等」「中等」「高等」などがそれである。重要なのは、各段階がただ区分されるだけでなく積み重ねられて配置され、下位の段階と上位の段階が制度的に接続されていることである。この接続のことをアーティキュレーション（articulation）というのであるが、これによって各段階が

タテに結びつけられ，学校教育制度がシステムとなっている。

　学校教育制度は，段階に加えて系統でも区分されている（学校系統）。学校教育制度は下構型の系統と上構型の系統に分けられる。下構型の系統は，大学への進学準備教育を目的とする学校が上から下へと構築されてきたもので，上位の階層の教育要求を満たしている。対して上構型の系統は，国民の教育を担って制度化された学校が庶民の教育要求の高まりの中で，あるいは職業教育の必要から下から上へと教育年数を延ばしてきたもので，庶民の教育要求を満たしている。こうした歴史的な発展構造は，現在の学校教育制度をも規定し，それをヨコに区分けすることになっている。「進学準備教育」「国民教育」「職業教育」といった区分がそれである。さらに歴史的に見ると，社会の変化はこのヨコの分化を，なお一層，促進した。分業の進展に合わせて職業教育が分化したり，権利の保障を重視する中で障害者の教育が制度化されたりした。かくして現在の学校教育制度は，目的別，性格別に区分されたヨコの類別から成り立っている。この場合，重要なのは，制度全体の中で類別の度合いが決められている点である。たとえば，進学準備教育・国民教育・職業教育を，どの程度，分離・統合するかは，制度全体の中で決まっている。学校教育制度は，系統的にもシステム化されているのである。

　特質の第3は正当性である。しかも制度が多重に正当化されている点である。学校教育は法に依拠し，法の体系の中で規定されていて，法的正当性をもっている。法の正当性を保障するのは国家や地方公共団体の権力＝公権力である。公権力によって裏付けられ，法的に正当化されている点が学校教育制度の特質である。このことは学校教育制度が「公教育制度」として成り立っていることに他ならない。

　学校教育制度は社会生活組織化の方法として日常生活の中に根付いている。その点で社会的にも正当化されている。実際，我々の周囲には，学校教育にかかわるモノやシンボルがたくさんある。施設・設備，教具・教材，教育課程・時間割，教科書，教員とその集団，教員免許……学校教育に関係するモノやシンボルには事欠かない。学校教育はモノやシンボルによって可視化され，概念化されていると言ってよい。学校教育の制度は，実在するモノやシンボルによ

って形を与えられ、すでにそこにあるものとして人々に受け止められ、正当化されている。「外形的正当性」とでも言いうるもので支えられている。

近代学校教育制度の正当性は、機能が社会的に確認されることで保たれている。「学校で知識を身につけた」「卒業して就職した」「学校の指導で非行が減った」……我々は、日々、そうした事実を生きている。教育の普及が社会の秩序維持や発展に役立っている様も見て取れる。このように学校教育制度は「機能的正当性」によっても支えられている。

言説も重要である。我々の周りには学校教育についての言説空間が出来上がっている。その空間は、制度を正当化するイデオロギーに満ちている。制度の「外形的正当性」も「機能的正当性」も、言説化されて流布していればこそ、学校教育制度の支えとなっている。「言説的正当性」も制度の支えである。

以上のように今日の学校教育制度は、統一性、体系性、正当性を特徴としている。近代社会は、教育に統一性、体系性、正当性を付与することでそれを制度化した。近代学校教育を生み、近代特有の制度として確立した。

なぜ、これが起こったのか。教育の制度化を推し進めた力は何だったのか。近代学校制度発祥の地、ヨーロッパを例に見ておこう。

2　学校教育制度の成立と発展

(1) 学校教育制度化の背景

第1は、18世紀に始まる近代国民国家の成立である。近代国家はそれまでの身分制を基礎とする絶対主義国家と異なり、主権をもつ国民に基礎を置いている。したがってそれを統一する場合の課題は何よりも「国民」の形成にある。そこで近代国家は、教育を国家統一のための手段としてみて「よき国民」の形成に着手した。すなわち、家族や共同体、教会などが個別に担っていた教育の機能を公権力で集約し、学校を設置し、それを担わせた。そして広く人々に共通の言語、教養、価値観などの教授を行った。近代国家はその政治的要請に従い、「よき国民」を形成するために学校教育の制度化を推し進めたのである。

第2は、産業化である。産業革命に端を発する産業社会の成立は、職業社会

を一変させた。産業社会を支えるのは，高度な知識や技術，能率・効率・勤勉・節約などの態度を身につけた人材である。しかるにこうした知識・技術・態度は目新しく，伝統的な教育では伝授し難いものである。そこで脚光を浴びたのが学校である。産業化が要請する知識や技術，態度を伝授し，新たな職業社会に人材を供給するための機関として学校がつくられた。産業社会を支える人材を安定的に供給する仕組みとして学校教育の制度化が進められたのである。

産業化と，学校教育の制度化との関連については，別のつながりもある。その一つは，伝統的な社会秩序の解体に対する対応としての学校教育の制度化である。産業化は人々を農村から都市へと移動させた。国境を越える移民も促進した。それまでの生活様式を一変させ，社会の規範的な秩序を解体させた。家族や地域社会，職業団体から教育機能を奪い取った。解体する秩序を再建するためには，伝統的な教育装置に代わる新たな装置が必要となる。その役割を担ったのが学校である。社会秩序の再編のための学校教育の制度化である。

今一つは児童問題との関連である。産業化は別の観点からみれば資本主義化である。資本主義が社会経済を支配する中で，児童労働や貧困，浮浪など，様々な問題——児童問題——が生じてくる。問題の発生は，子どもを社会的に保護する必要を喚起した。その必要に応ずる場とされたのが学校である。学校に収容して，子どもを問題から遠ざける。学校教育は，資本主義が生み出した児童問題を解決する手段として制度化されることになったのである。

第3は，民主化である。近代社会の成立は人々を身分制度から解放した。新たな社会勢力として市民階層が台頭する。権利意識が高まる中で，教育を国民の固有の権利とする考え方も生まれてくる。身分制度が撤廃され，人々に社会移動の機会が開かれる。機会が，皆に平等に与えられることが価値とされる。このような民主化の動きを背景に，さらには民主化をより一層推し進めるものとして学校教育が重視される。国民に教育の機会を保障し，社会的機会獲得の機会を平等に与える手段として，学校教育の制度化が促進されたのである。

（2）学校教育制度の発展

先に学校教育制度は「段階」と「系統」からなることを述べた。その後の学

校教育制度の発展は，第1には，庶民を対象にした基礎段階の教育が，下から上へと延伸されていくこと，すなわち国民教育を目的とする学校系統が下から上へと形づくられていくこと（上構型の学校系統の発展）である。

　基礎段階の学校制度が形づくられた国々にあっては，速度に違いがあるものの，次第に就学率が伸びていく。社会の発展とともに経済的なゆとりが生じ，子どもを労働力とする必要が薄れてくる。教育を受ける権利が定着する。官公庁や企業など近代的セクターにおいて学校教育を受けた人材の採用が一般化する。学校教育を受けていることが就職の条件とされ，社会的機会獲得のチャンスが学校教育によって強く規定されるようになってくる。こうしたことを背景に就学率が伸びたのである。そしてこの流れが，基礎段階の教育の延伸につながっていく。就学年限の延長を経て，新たな段階を「中等段階」としてその上に積み重ねることになったのである。

　ところで，中等段階の学校制度には2つの役割が課せられていた。一つは，今も述べたように，基礎段階の教育＝国民教育を延長して課す役割である。国民国家が成熟するとともに，国民に，より高い資質・能力が求められる。国民からの教育要求も高まってくる。そうした要求に応えて中等段階の学校制度が整備されることになった。いま一つは，職業教育の役割である。産業化が進む中で職に就く人々に対する職業的能力の要求も高度化する。分業が進み，その能力が分化する。中等段階の学校制度には，国民教育のみならず職業教育をより分化させて行うことが期待された。

　学校教育制度の発展の第2は，上の段階から下の段階へと制度が整備されることである（下構型の学校系統の発展）。かつて大学は貴族のための教育機関であり，入学者は特定の階層出身者に限られていた。しかし，市民社会の成立とともに貴族以外の階層にも門が開かれる。台頭する市民階層に進学機会が付与される。古典語を用いる大学教育に備えて準備教育を行ってきた古典語学校も，市民階層の出身者を受け入れるようになってくる。中等教育段階の学校制度が，上から下へと整備されてきたのである。

　このように中等段階の学校制度は，下から構築された国民教育・職業教育の役割を担った学校制度と，上から構築された進学準備教育の役割を担った学校

制度と2つの系統から成り立つのであるが,そこで問題化したのが両者の関係である。2つの系統をどのように関連づけ,中等教育段階を新たにどのように形づくるかがその後の課題となっていく。

　課題の第1は,前者の系統を高等教育へと接続することである。下からつくられてきた学校制度を行き止まりにせず,高等教育につながるものとして再定義することである。下からの系統は庶民教育の延長にあり,この系統の学校制度を上につなぐことは高等教育の機会を庶民に開放する意味をもつ。高等教育の機会の開放と平等化をどのように図るかが中等教育の整備を方向づけることになっていった。

　第1の課題をさらに前進させると両方の系統を一つに統合することになる。国民教育・職業教育としての中等教育と進学準備教育としての中等教育を「一つの中等教育」として制度的に統一しようという課題である。ちなみに両系統の統一は,まずは初等段階において目指された。それを達成すべく19世紀末から20世紀の初めのヨーロッパ諸国において「統一学校運動」が展開されている。この運動は,その後,中等段階に広がった。

　以上,公教育制度成立後の学校教育制度の歴史的発展をその構造に着目して略述した。この発展は,「教育の制度化」の視点からすれば,「教育の制度」が「学校教育制度」として統一性,体系性,正当性を獲得してきた過程であるとみなし得る。近代国家は,国家・国民的規模で統一的に学校をつくり出し,各学校における教育を公教育として統一した。その後,上構,下構,2つの系統の学校制度が発展した。この発展は,異なった段階の学校を接続するものであった。さらに,上構・下構の2つの系統が重なる中等段階では両者を関連づけることが課題となった。そしてその統合が目指された。このようにして学校制度の体系化が進展した。さらに,この過程は学校教育に関する法制が整備される過程でもあった。加えてこの過程を通して,国民の多くが学校に通うようになった。学校の機能も向上した。実体化した学校教育は,人々の認識するところ,語るところとなり,法的にも社会的にも正当性を獲得した。このような過程を経て制度化が進展し,現在の学校教育制度が形づくられたのである。

3 学校教育制度の現在

(1) 学校教育制度の諸類型

現在の学校教育制度は，近代ヨーロッパに代表される近代社会において歴史的・社会的に形成され，発展してきたものである。但し，それは一律にではない。発展の過程において多様な姿を見せている。

一般に学校教育制度は，制度の発展構造を基礎に「複線型」「分岐型」「単線型」の3つに分けられる。

① 複線型

「複線型」は，歴史的に言えば下構型と上構型の系統が並列する形態であり，進学準備教育の系統と国民教育の系統がそれぞれ別々になっている。この形態では，階層的に上に位置する子どもは下構型の系統で，下に位置する子どもは上構型の系統で学ぶこととなり，教育は階層的に差別化されている。階層のみならず，性別や宗教，人種，障害の有無など，社会的カテゴリーによって異なった目的をもった学校系統が設定されることもあり，「複線型」は，帰属主義・属性主義に基づく学校制度となっている。

② 分岐型

「分岐型」は，下位の段階で系統が一つに統一されているものの，上位の段階では複数の系統に分けられている形態である。先に「統一学校運動」について触れたが，分岐型の形成にはこの運動がかかわっている。系統を統一することの意味は，階層や性別などの社会的なカテゴリーの違いによって受ける教育が異なることを避けること，換言すれば，より能力に応じた教育を実現しようとするところにある。そのため，複線型に比べてこの型の学校制度は業績主義・能力主義的である。ただ，高等教育につながる系統が，ある段階より上で残っている点で，なお，属性主義・帰属主義的である。

③ 単線型

より業績主義・能力主義的な形態が「単線型」である。どのような社会的カテゴリーに属していようと能力に応じて等しい教育を受けられるように制度的

に保障しようとするのが単線型である。そこでは初等—中等—高等の学校段階がオープンに積み重ねられ，能力に応じて誰でも上位の段階の学校へ進学することができるようになっている。この点で単線型の学校制度では，教育の機会均等が，少なくともインプット（入学）の段階では制度的に保障されている。そのため教育が社会移動の手段として機能する可能性も高くなっている。

　ここまで学校教育制度の三類型を紹介した。この類型は理念的な類型であって，国ごとに学校教育制度は様々である。学校教育制度は単純に一つ類型に納まるものではない。類型を基本しながらも変異が存在している。さらに歴史的にも変移が認められる。学校教育制度は，歴史的・社会的に多様である。

　学校教育制度は近代ヨーロッパに源をもつ，ある意味で特異な制度である。今なお，制度が整っていない国や地域も存在する。そうした国や地域にあっては，この先，どのような形で教育が制度化されるか，不明である。もちろん，近代学校制度がきわめて普遍性が高く，優位な制度であることは否定できない。しかし，教育の制度化は様々な形で可能である。現に，開発途上の国や地域の一部では，「学校教育」の枠外で，特定の集団を対象に一定の様式の学習を用意する教育が行われ，それが「ノン・フォーマル教育（non formal education）」として制度化されている。逆に，学校教育制度が主流となっている国において，家庭を拠点に学習を組織化する「ホームスクーリング（homeschooling）」が，オールタナティヴな制度として生まれつつもある。学校教育制度は，それ自体，普遍的・絶対的ではあり得ない。

（2）学校教育制度の諸機能

　学校教育制度の機能の1つめは言うまでもなく社会化＝人間形成である。「よき国民」を形成するために共通の言語，教養，価値観を身につけさせること，職業に必要な知識や技術，技能・態度を身につけさせること，専門的な知識・技術を学ばせること，個人のアイデンティティを形成することなどである。

　2つめの機能は，青少年の時間や空間，さらには内面を管理することである。ミシェル・フーコー（Michel Foucault）は，「近代学校」は「一望監視装置」が組み込まれた収容施設であると指摘した（フーコー，1977）。「一望監視装

置」とは，1点から多くの人間の挙動・内面を見通すことのできる管理装置である。学校は人を管理するための収容施設であるというのがフーコーの見方であるが，学校制度においても同様のことがあてはまる。義務教育制度が確立したことで，青少年は人生の一時期，学校に「収容」されることになった。この間，青少年は学校の監視＝管理下に置かれる。青少年の時空間が，彼・彼女らの内面をも含んで監視＝管理できることは，学校を取り巻く社会，とりわけ変動する社会にあって揺らぎがちな規範・秩序を維持するためにプラスとなる。

3つめの機能は，人を類別するカテゴリーを生み出し，個人を差異化，同定することである。現在の学校教育制度は，学校を「小・中・高・大」といった段階に区分している。さらに校種や学科など系統により類別している。学校教育制度は法的にも社会的にも正当化されていて，制度が形づくるカテゴリーは，人々の認めるところとなっている。加えて学校教育制度は，そこに大方の子どもたちを帰属させている。こうしたところから，たとえば「小学生」「中学生」「高校生」といった区分は，子どもたちを類別する正当なカテゴリーとなっている。学校教育制度は，子どもたちを制度が規定するカテゴリーに区分・差異化し，彼・彼女らが何者であるかを同定するはたらきをしているのである。

このことは，4つめとして，学校教育制度が資格付与の機能を果たしていることでもある。代表的な資格は学歴である。学歴は，学校教育によって身につけた資質・能力の証としての意味をもっている。それだけでなく象徴的な意味もそこにある。学歴だけで人を判断することも行われる。さらに資格は，特定の社会へ参入するためのものでもある。ランドル・コリンズ（Randall Collins）が「資格社会（credential society）」と称した社会にあっては，特定の集団への加入をコントロールするゲート・キーパーとしての働きをする（コリンズ，1984）。集団への加入をコントロールすることで，そこに加入する個人のアイデンティティを形成・管理したりもする。学校教育制度は，集団への加入と個人のアイデンティティを形成・管理する機能を果たしている。

5つめの機能は，選抜・配分である。学校が子どもたちを選抜し，然るべき社会的地位に配分する機能をもつことは周知のことである。その機能を背後から支えているのが学校教育制度である。着目すべきは制度の構造である。制度

が段階で区切られ，さらに上位の段階ほど在学する子どもの数が限られている。そのことで段階と段階の間で否応なく選抜・配分が起こってくる。上位の学校に進学する子どもと，しない子どもが区別される。中等以上の段階で設定されている学校の系統別の類別も，選抜・配分を必然にする構造である。類別された学校・学科などがあるために，子どもの振り分けが必然化しているのである。

学校教育制度は，他にも様々な機能を果たしている。学校教育制度は文化を標準化・正統化する機能を果たしている。学校で教える知識や技術，技能や態度，ものの見方や考え方，行動の仕方，より一般的に言えば文化は，学校が制度化されていればこそ，標準的・正統的な文化として受け止められる。「学校で教わった」「学校で学んだ」は，そのことの"善さ""正しさ""美しさ"などの証である。学校教育制度は，学校を通じてある種の文化を伝達することで，それを標準化・正統化している。我々は，制度としての学校教育を頼りに文化の価値を判断している。

このような学校教育制度の機能は，まとめてしまえば社会と文化の再生産の機能である。制度は当該の社会において広く受け入れられている社会生活組織化の方法であり，それゆえにそれ自体，保守的で，新たなものを生み出すよりも，現状を維持するはたらきをする。しかも学校教育制度は，統一性，体系性，正当性を特質としている。その点で，学校教育制度の機能が，当該の社会と文化の再生産に傾くのも無理からぬところである。

とはいえ，制度は人がつくり出し，維持しているものである。その点で，変わり得るし，変革し得るものである。社会や文化の変化の中で学校教育制度も変化するし，その変化によって社会や文化も変わっていく。

4　教育の制度改革と現代社会

（1）学校教育制度の揺らぎと改革

現在の学校教育制度は，歴史的に獲得した統一性，体系性，正当性を特質とし，安定している。しかし，そこには，上述のような経緯で発展してきたがゆえの制度的な矛盾や葛藤，そのための揺らぎが存在している。

その1つめが，類別と統合の揺らぎである。学校教育制度の発展が及ぼしたインパクトの一つは，教育の拡大である。このことは，教育を受ける人々の多様化を意味している。さらに分化・高度化する社会は，多様な人材を求め，その輩出を学校教育に期待する。学校教育制度に関しても，それを多様化する動きが生じてくる。そこでは，類別の強い制度が構想される。

　一方，教育の拡大は「大衆教育社会」を出現させた。そこでは先の動きとは裏腹に，人々の欲望が一つ向きに方向づけられ，他人と同じ教育が求められる。社会の側も，分化・高度化の行き過ぎに対する警戒から，逆に教育に共通性，統合性を求めてくる。そこでは，統合に向けた制度が構想される。このように現在の学校教育制度は，類別を志向するか，統合を志向するかで揺れている。

　2つめが，卓越と平等の揺らぎである。学校教育制度は，下構型と上構型の2つの系統を基軸に発展した。このことは，制度自体が2つの異なるベクトルを含んでいることを意味している。下構型は原点を高等教育に置いていて「上に高い」教育を志向する。下構型の学校系統は「横に広い」教育を志向する。2つの流れを接合し，体系化してきた今日の学校教育制度は，卓越と平等のバランスをどのようにとるかの課題を抱えている。卓越性を重視し制度の選抜度を上げると「落ちこぼれ」が生まれてしまう。逆に平等性を重視し，制度の選抜度を下げると「浮きこぼれ」が生じてしまう。能力主義をどの程度，制度に組み込むかが問われている。このことは，2つの系統が社会階層の違いを背景にもつだけに厄介である。教育の格差と社会の格差は連動する。卓越性が特定の社会層のみの引き上げことにつながることは社会的な格差を助長しかねない。学校教育制度は，卓越性と平等性のゆらぎの中に置かれている。

　3つめの揺らぎを挙げると，社会化と個性化の揺らぎである。教育の営みは，本質的には社会化の営みである。「教育の制度」も基本的には「社会化の制度」である。しかし，今日の学校教育制度は，近代という時代に生まれ，その時代に発展を遂げている。近代は「個人の時代」である。教育に関して言えば，そこには「個性化」のベクトルが働いている。「個性に応じた教育」「個性を伸ばす教育」として，その制度化を求める圧力が存在している。この圧力が，「社会化の制度」としての教育の制度に見直しを求めてくる。学校教育制度は，

高度に制度化された，近代における最大にして最強の教育の制度である。その制度に個性化のベクトルが組み込まれることで，個性化のベクトルはさらに強化される。「社会化の制度」としての学校教育制度が個性化を推し進めるという皮肉な結果が起こってくる。

　学校教育制度は，一見，安定した制度である。しかし，今，見てきたような揺らぎの中にある。矛盾や葛藤を本来的に内包している。であればこそ，そこに制度の変化・変革可能性が生まれてくる。現に，学校教育制度がすでに確立した国においても教育の制度改革が進められている。その改革は，分化と統合，卓越と平等，社会化と個性化といった軸に沿って，相対するベクトルをどう調整するかをめぐって展開していると見ることが可能である。

（2）問い直される制度としての学校教育

　学校教育制度を取り巻く状況は，大きく変化している。もはや，それが成立した当時の状況ではあり得ない。新たな状況が生じている。新たな状況で無視し得ないのは，何よりも「グローバリゼーション」である。

　グローバリゼーションは，近代国民国家の問い直しを伴っている。グローバリゼーションの流れの中で，国家とは何か，国民とは何かが改めて問われている。この問い直しは，国民国家にベースを置く近代学校教育制度に大きなインパクトを与えている。従来の国民教育に基礎を置く制度的な枠組みで対応していけるかどうか，その点が課題となっている。国境が意味をもたない時代であればこそ，新たな国民意識を育成することを制度の課題とする見方もある。

　「市場化」も新たな状況である。国家や社会の統制を前提につくられた今日の学校教育制度が市場化に対応していけるのか，あるいは新たな制度の創出が必要なのか。個人の選択を基軸とする市場化の流れの中で，そのことと，国家・社会の統制を基軸とする近代学校教育制度の調整が始まっている。

　「ポストモダン」な状況も，近代学校教育制度にとってその根幹を揺るがす事態である。ポストモダンな状況のもとで，何が真で，何が正しく，何が善いのかが定めにくくなっている。そうした状況の中で「教育」なるものの営みが可能かどうか。教師が児童や生徒を価値的に導くという「教育」の形式も含め

て，近代学校教育制度の在り方が問われている。

　ジョン・マイヤー（John W. Meyer）は，高度に制度化された今日の学校教育が，社会化や選抜・配分といった実質的な機能の側面においてではなく，制度として形を整えているという形式的な側面において人々に正当化されていることに目を止め，学校教育をある種の儀礼として位置づけた（Meyer, 1977）。一方，現代社会の特徴を「学校化社会（schooling society）」の言葉でもって捉えたイヴァン・イリッチ（Ivan Illich）は，フルタイムの義務教育を規定した近代学校教育制度に「価値の制度化」を見て，人々が「制度化された価値へ依存」する様を批判した。そして学校教育制度を闇雲に信じ，そこを受動的に通過していく様を「進歩の儀礼化」として表現した（イリッチ，1977）。マイヤーの場合は学校教育制度の高度に制度化された形式であり，イリッチの場合は学校教育制度が保障する教育の価値であるが，両者とも，学校教育が「制度」であるがゆえに人々の信仰の対象となり儀礼化していると見ている点で同じである。二人とも同様に，近代学校教育という「教育の制度」の到達点に「儀礼」を見たのである。

　グローバリゼーションや市場化，ポストモダンなどの今日の社会状況を背景にした近代学校教育制度の問い直しは，マイヤーやイリッチに比べれば，学校教育制度の内実に信頼を置いている点で，なお，楽観的である。学校教育制度をラディカルに問い直すならば，学校教育も「教育の制度」の一つであって，他の形の制度もあり得るという立場に帰着する。イリッチが提唱する「学習のためのネットワーク」もその一つであり，様々な形で提唱・実践されているオールタナティヴな教育の中には，その範疇に入るものも存在している。

　いずれにしても，「教育の制度」としての学校教育は岐路にある。「制度」は人が形づくるものであり，常に制度化の過程にある。「教育の制度」は今も制度化され続けている。

第Ⅰ部　学校と教育の社会学

> **学習課題**
> ① 近代学校教育制度の特質は何か。何を背景に，どう制度化されてきたのか考えてみよう。
> ② 学校教育制度にはどのような形があり，どのような機能を果たしているか調べてみよう。
> ③ 今日，学校教育制度は，どのような課題を抱えているか話し合ってみよう。

参考文献

コリンズ，R., 新堀通也訳 1984『資格社会』有信堂高文社.

デュルケム，E., 宮島喬訳 1978『社会学的方法の規準』岩波書店.

デュルケム，E., 田邊壽利訳 1946『新譯 教育と社會學』日光書院.

フーコー，M., 田村俶訳 1977『監獄の誕生』新潮社.

学校教育制度研究会 2008『要説　教育制度　新訂第二版』学術図書出版社.

イリッチ，I., 東洋・小澤周三訳 1977『脱学校の社会』東京創元社.

Meyer, J. W. 1977 "The Effects of Education as an Institution" *American Journal of Sociology*, vol.83‐1, pp.55‐77.

文部科学省 2008『諸外国の教育動向2007年度版』明石書店.

（飯田浩之）

第2章 学　　校

　　学校は，誰もが通ったことのある，身近な組織である。しかし，学校は学校特有の特徴を持っており，小学校，中学校，高校といった学校の種類によっても異なっている。本章ではまず第1節で，他の組織と比較した学校の構造上の特徴を概観し，2節ではそれを説明する様々な理論を学び，3節では学校・学級の規模，4節では小学校と中学校，5節では高校の学級や教育上の組織について学ぶ。最後に，6節では学校に対する社会の期待と改革の動向を学ぶ。

1　文鎮型の学校組織

(1) 教育の基本組織としての学級

　学校の最も基本的な目的である教育は，学級を基本的な単位として行われる。学級は授業の基本単位であるとともに，学校生活の基本的な単位でもある。ホームルームとも呼ばれことからわかるように，社会の中の家族のような，学校の中の生活共同体である。教師は学級という大きな「家族」の中で親の役割を果たしている。

　ただし，選択科目が増加する中学校や高校では，必ずしもホームルームとしての学級で授業が行われないことも多くなる。

(2) 文鎮型の学校組織

　学校は，教育の基本単位としての学級の集合体から成る。学校は，教育の基本単位としての各学級が横に連結して一つの学年集団を形成し，さらに各学年集団が縦に連結した組織である。そして，学校には，全校共通の特別教室や体育館，図書室などの専門施設があり，職員室や事務室がある。授業は各学級の担任教員や教科専門の教員によって分担され，教務・生徒指導等の学校事務の

第Ⅰ部　学校と教育の社会学

図2-1　文鎮型組織としての学校組織

	保健室・図書室・体育館・特別教室等	校長 教頭	校務分掌 各種委員会	事務・職員室
3年	3-A	3-B	3-C	3-D
2年	2-A	2-B	2-C	2-D
1年	1-A	1-B	1-C	1-D

大半は校務分掌として教員間で分担され，協同的に遂行される。そして校長や教頭など管理職のもとで調整される。このような組織を図示すると，図2-1のような形をしており，しばしば，学校は文鎮型組織であると言われる。

学校では学校全体としての一貫した教育指導や経営が必要である。たしかに学校は多数の学級から成り立っているが，学年間・学級間での連携や指導の共通性が必要であり，学校全体として教育経営が必要である。そのため，本章の最後に触れているように，近年は校長，教頭に校務分掌の主任等を加えた校務運営組織がつくられ，校長をリーダーとする学校経営が指向されている。

2　学校組織に関する諸理論

社会には様々な種類の組織がある。学校はどのような種類の組織であるかについて，数多くの理論がある。まず，19世紀末のドイツの社会学者テンニース（Ferdinand Tönnies）は，組織を大きくゲマインシャフトとゲゼルシャフトに分類した。ゲマインシャフトは，共同社会と訳され，地縁血縁で人々が緊密に結ばれた社会である。これに対して，ゲゼルシャフトは利益社会と訳され，人々が契約で結ばれた社会である。学校は，教育という目的を達成するために人為的に作り出された公式組織であるから，この2分類ではゲゼルシャフトに属する。

（1）強制的・功利的・規範的組織：エツィオーニの類型論

社会学者エツィオーニ（Amitai Etzioni）は，成員の組織への服従の形態によ

って組織を3つに類型化した。括弧内はその典型的な組織である。

> 強制的組織：肉体的拘束や暴力による服従（刑務所，精神病院など）
> 功利的組織：功利的利益による服従（企業など）
> 規範的組織：規範への同調による服従（宗教組織，政党など）

学校は，3つの類型の中では規範的組織に最も近いと考えられる。しかし，義務教育，厳格な出席の点検，教室の学級秩序維持のための規律などを考慮すると，強制的組織としての側面も有している。また，学校では成績が重視され，成績によって上級学校への進学や将来の社会的地位が規定されるから，成績を主要な報酬とする功利的組織の側面も有している。

（2）官僚制組織としての学校

学校の組織に関する理論の中で最も古典的で有力な理論が官僚制理論と専門職理論である。

社会学者マックス．ウェーバー（Max Weber）は，近代社会は合理化という趨勢のもとにあり，組織は，家産的組織や人格的組織から官僚制組織が支配的になっていくと論じ，官僚制組織の特性を論究した。19世紀の近代国家の所産である学校は，教育行政機構の一端を占めており，学校は官僚制組織の側面を有している。

官僚制組織は，階層的職務秩序，機能的専門的分業，職務としての役割定義（標準化），手続きに関する規則（文書化）といった性格をもっている。すなわち，組織はピラミッド形の地位のヒエラルキーがあり，仕事は担当部門で専門的に分業され，各担当部門の職務の内容は法令で規定され，顧客にはわけ隔てなく公式的・非人格的態度で対処する。

一つの学校にもそのような構造が認められる。法律に基づいて学校には校長や教頭の管理職がおり，数人から数十人もの教諭や養護教諭，事務職員を監督している。学級は最大40人という学級の編制に関する法律に従って編制され，授業は学習指導要領に従って行われ，検定を受けた教科書が使われている。

しかし，学校や学級での実際の活動をみると，官僚制組織とはいえない点も

多い。第1に、教室での日常の授業や生徒指導の大部分は教員にゆだねられており、教員はかなりの自己裁量の余地をもっている。第2に、官僚制組織では職務は画一的・非人格的に行われるのに対して、教室での教師と児童・生徒の人間関係はきわめて人格的である。学級は人為的に創られた集団であるが、家族のような共同体的な性格をもっている。このように、学校は純粋な形の官僚制組織であるとは言いがたい。

（3）専門職組織としての学校

他方、学校の教員は専門職であり、学校は専門職組織であるという考え方もある。専門職業者（profession）は、医師や弁護士など高度な知識や技能をもち、顧客の依頼に応じて専門的なサービスを行う職業の一種である。専門職業者は自己の専門的判断に従って職務を遂行するだけでなく、欧米では専門職団体を結成して、成員の行動倫理を厳しく策定し、逸脱者に対しては資格を剥奪したりする。

たしかに、学校教員は、大学で教職や教科に関する高度な教育を受けた専門家であり、教員免許状を有している。しかも、学級での授業や生徒指導についてかなりの大きな裁量を与えられている。しかし、教員の知識や技能の専門性の程度は医師や弁護士などと比較すると低いと言わざるを得ない。授業は国が定めた学習指導要領に準拠して行わなければならず、検定済み教科書を使用しなければならない。公立学校教員には公務員としての行動上の制約もある。このように考えると、学校教員は自律的な専門職ではないし、学校を純粋な専門職組織としてみることはできない。学校の教師は「半専門職」とか「疑似専門職」であるという見方もある。

結局、学校は純粋な意味での官僚制組織でも専門職組織でもなく、両者の性格を部分的にあわせもった独特な複合的な組織であると言えよう。

3　学校・学級の規模

学校と学級の規模については、教育上適正な規模が定められている。あまり

表 2-1　学校の平均規模（2009年度）

	学校数	1校あたり平均値			教員1人あたり児童生徒数	1学級あたり児童生徒数
		児童生徒数	教員数	学級数		
小学校	22,258	317	18.8	12.5	16.8	25.4
中学校	10,864	331	23.1	11.2	14.4	29.7
高校	5,183	646	46.2	—	14.0	—

（出所）文部科学省『学校基本調査』平成21年度版。

にも大規模であれば教師と児童・生徒の人間関係が希薄化し，きめ細かな指導ができにくくなるし，逆に小規模であれば学校での集団活動が不十分になり，児童・生徒一人あたりの教育経費も大きくなるなどの理由からである。

(1) 学校規模

我が国には，小学校，中学校，高校あわせると，約4万校近くの学校がある。1校あたりの平均規模をしらべると，表2-1のようになる。小学校と中学校の1校あたり児童・生徒数は300人強，教員数は20人前後で，学級数は11から12である。他方，高校の平均規模は，生徒数，教員数とも中学校の約2倍となっている。

小学校と中学校の学校規模については，「12学級以上18学級以下を標準とする」という学校教育法施行規則の規定があり，これが適正規模とされている。高校については，公立では本校で240人を下回らないと規定されている*。しかし，現実には12学級を下回る小規模な小中学校は約半数を占めており，1学年1学級で入学定員に満たない小規模高校も数多い。それは，我が国では少子化によって児童生徒数が減少している地域が多いからである。平成の市町村合併が一段落した今，小中高校とも，学校の再編統廃合が始まっている。

＊公立高等学校の適正配置及び教職員定数の標準等に関する法律第5条による。

(2) 学級規模

戦後直後の第1次ベビーブーム世代が学校に入学した1950年代には50人を超える大規模学級が多く，「すし詰め学級」と呼ばれていた。そこで当時の文部

第I部　学校と教育の社会学

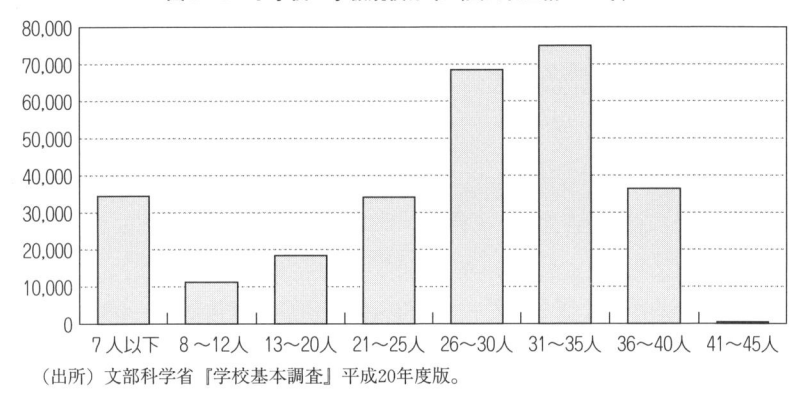

図2-2　小学校の学級規模分布（国公私立計2008年）

（出所）文部科学省『学校基本調査』平成20年度版。

省は，1959年度以来，教職員配置改善計画という政策によって学級規模を縮小し，公立義務教育学校の教育条件を改善してきた。1964年度からは45人学級，1980年度からは40人学級の実現をめざす計画を実施し，1990年代初頭には40人学級が実現した。

　2008年現在の全国の小学校の学級規模の分布は図2-2に示している。31人から35人までの学級が最も多いが，7人以下の小規模学級も多い。なお，40人を超える学級が少数あるが，ほとんどが私立の学校である。

　40人を下回る小規模学級を期待する国民の声は大きいが，国レベルでは財政難から実現していない。しかし，1990年代末に地方自治体の裁量で小規模学級を編制することが認められるようになった。その結果，独自に財源を負担して30人や35人の小規模学級を編制する地方自治体が増えている。なお，民主党に政権交代後，学級規模縮小の動きがみられる。

4　小学校と中学校における教育組織

(1) 学校種別による多様性

　学校の種類によって，校内の教育組織はかなり異なっており，教育段階が上位の学校ほど組織は複雑になる。まず，小学校と中学校は学年制であり，学校間の教育課程の異質性は小さいが，高校では単位制が採用され，複数の学科か

ら編成されるようになり，学校間の教育課程の異質性も大きくなる。さらに，小学校では学級担任制が採用され，原則として学級担任が全教科の授業を担当するが，中学校や高校では，教科担任制で，各教科の専門教員が授業を担当している。

（2）TT，少人数学習

　日本の学校の伝統的な教育方法は，多数の児童・生徒からなる教室での一人の教師による一斉授業であった。しかし，1990年代以降，義務教育段階の学校では，児童・生徒の興味関心やニーズに応じたきめ細かな指導を行うことを目的とする様々な学級教授組織が登場した。

　国の公立義務教育学校教職員定数改善政策の一環として，1993年度から2人の教員で授業を行うティーム・ティーチング（TT）が全国的に実施された。教員が交代で授業をしたり，一方が主，他方が従となって教えたり，一方が教え，他方が机間を巡視して児童・生徒に個別指導することもある。実施教科は，算数・数学が最も多く，中学校では英語で，外国人教員（ALT：Assistant Language Teacher）と英語教員がペアになった授業が実施されている。2人の教員との協同での授業は，授業が活性化し，机間巡視などで児童・生徒に対する細かな指導もできる。TTを通して相手の教師から指導法を学ぶ機会にもなるなどのメリットが期待される。

　2001年度からは，少人数学習が実施されてきた。小学校では国語・算数・理科，中学校では英語・数学・理科で，ホームルームを分割し，少人数学習集団での学習指導が行われた。その実施形態は多様であり，1学級を2集団に分割したり，2学級を3集団に分割することもある。また学習集団の編成も，能力混成編成・習熟度別編成・テーマ別編成などの形態がある。

（3）習熟度別指導

　小学校中学年以上になると，児童・生徒の学力格差が大きくなる。学力や習熟の程度が低い生徒に焦点をあてた授業をすると，習熟の程度が高い生徒にとっては授業がつまらなくなることもありうる。逆に高度な授業をすると，理解

できない生徒が増大する。そこで，少人数学習指導の際に集団を習熟度別に編成したり，特定教科について学級を習熟度別に編制することがある。

　学校がどのような集団編制を採用するかは，児童・生徒の実態や学校の教育方針などによって影響される。たとえば，児童・生徒の多様な興味関心に応じた教育をしようと意図すれば，類型制を採用するだろう。生徒の学力や到達度に適したレベルの授業を行おうとすれば，習熟度別に編成を採用するだろう。しかし，異なる集団や学級に配属されることにより，生徒の間に優越感や劣等感が醸成され，基礎的な集団に配属された生徒の士気が低下し，その学校や学級の風土が荒廃する恐れもある。一つの学級に学力の異なる生徒間の切磋琢磨や学びあいを重視したり，生徒間の平等を重んじ差別感をなくそうとして能力混成の学級集団を採用する学校もある。

　　＊アメリカでは能力混成学級と能力別（習熟度別）学級を比較した数多くの研究がなされている。Boocock（1980：173）によれば，教育効果については両者に大差ないという研究が最も多いが，次に混成学級が有利，能力別学級が有利の順であったという。また，学力の高い生徒は混成学級を好むこと，低学力の生徒は能力別学級の下位学級に配属された場合，混成学級に配属された生徒よりも学力は向上せず，スティグマが自尊心を傷つけるという。

　TTや少人数学習，習熟度別指導を実施するために，常勤教員や非常勤講師が多数雇用された。わが国の教師1人あたり児童・生徒数は国際的には先進国並みであるのに平均学級規模が大きい一因は，このような文教政策のためである。生活集団としてのホームルームを解体して学習集団を編成することの是非，習熟度別指導については多くの議論がある。それらの教育上のメリット・デメリットについては，今後の詳細な調査研究が必要である。

5　高校における教育組織

（1）多様な学科と学級編制

　高校になると，生徒の興味関心や将来の希望進路も多様化してくる。多くの学校で多様な学科・コースが設けられ，選択科目も多くなる。入学者選抜も行

われるため，学校間での多様性や学力格差も大きくなる。以下，本節では学校内の教育組織を中心に述べる。

　ホームルームとしての学級は様々な形で編制される。学級編制の類型には，大きくカリキュラム・グルーピングと能力グルーピングの2種類がある（耳塚，1986）。前者は生徒の興味関心や教授内容に基づいて生徒を学級に配属することで，学科制，コース・系列制，類型制（文系・理系等）などがある。後者は能力や到達度に基づいて学級に配属することであり，習熟度別（能力別）編成，セッティングなどがある。

　高校のカリキュラム・グルーピングの典型は，学科である。学科の種類は大きく普通科と専門学科に分けられるが，専門学科は職業教科だけでなく国際，体育，理数など多様になっている。

　戦後教育改革期の1948年に旧制中学校・高等女学校・実業学校は新制高校になったが，その直後，GHQの指示により小学区制・男女共学・総合制の3原則による高校再編成が実施され，1949年に普通科と専門諸学科からなる「総合制」高校が生まれた。しかし，複数キャンパスからなることもある複合的な学科編成，越境入学の増加などに対する批判，旧制実業学校の解体に対する不満，産業教育の振興の声の増大などにより，1956年以降，戦後教育体制が大幅に見直しされることになった。総合制高校から職業高校が分離独立し，1960年代には科学技術重視政策により多数の職業高校が新設され，さらには衛生看護科や情報処理科など多様な学科が新設された。

　高度成長期には職業高校からは多数の技術者・技能者が社会に送り出された。しかし，数度の経済不況による就職難，大学進学者の増大により，職業高校の地盤沈下が進行した。第二次ベビーブーム世代の高校入学に伴う1980年代の新増設期には，主に普通科高校が設置された。

（2）1990年代以降の高校教育改革

　高校進学率は1974年に90％を超え，1992年には95％に達した。高校教育の普遍化，生徒の多様化，中退者増大，職業高校の就職難，大学進学希望者増大などを背景に，1990年代には戦後の高校教育の大幅見直しがはじまった。

臨時教育審議会では個性尊重の教育が提唱され，1991年の中教審答申で総合学科が提唱された。1994年より文部科学省には高校教育改革推進室が設置され，総合学科，単位制高校，中高一貫教育など，特色ある学校・学科・コース等が設置され，学校間連携，学校地域連携などが推進されてきた。学科の種類の多様化を反映して，従来の職業学科は専門学科と呼ばれるようになった。

　生徒の興味関心やニーズに応じた教育を最も徹底して行うのがアメリカの高校である。アメリカの高校は大規模な総合制高校であり，多種多様な授業科目が提供されている。学校はあたかも巨大なショッピングモールにたとえられる。ショッピングモールの特徴は，商品の多様性と選択の自由にあり，様々な店が様々な商品を陳列しており，通路の大勢の顧客はそれらの店の商品を眺め，気に入った商品があれば購入する（パウエルら）。総合制高校においては，生徒は，多くの授業の中から興味ある授業を選び，その授業が行われている教室に移動するのである。

　わが国でも戦後直後，新制高校では生徒の授業科目選択を尊重するカリキュラムが採用されていた。しかし，生徒はどの科目を選択したらよいか迷うことも多く，不得意な授業を回避したり単位修得が容易な科目を選択するなどの傾向が見られた。学校側も授業科目間の履修生徒数の多寡に対応した教員配置に困難を感じたために，見直しを余儀なくされた。1956年の高校指導要領改訂時に自由選択制は廃止され，代わって学校側が文系や理系など，授業科目の履修パターンを予め設定した類型制が採用され，今日に至っている。1990年代に全国的に設置された総合学科では，多種多様な授業科目が開設され，生徒の主体的な授業科目選択が期待されている。ただし，系統的な学習のガイドラインとして，人文科学，社会科学，自然科学，国際文化，健康スポーツ，芸術，ビジネス，情報などの系列やコースが設けられている。

　しかし，高校の教育課程の弾力化が進むにつれて，普通科高校でも科目選択の幅が広まることにより，両者の違いは小さくなってきている。教育における規制緩和と自由化の流れの中での高校教育改革が1990年代に初頭に実施されて以降，かなりの年月が経過した。この間に，我が国では学力低下が社会問題となり，基礎基本の重視，応用力・活用力の育成が教育上の課題とされるように

なった。2009（平成21）年3月の新学習指導要領では，必修科目が強化された。1990年代以降の高校教育の多様化・個性化の方向性にも見直しがなされようとしている。

6　学校への期待と学校経営

（1）様々な教育問題と学校への期待の増大

学校では様々な問題が発生している。いじめ，不登校，非行・犯罪，中退など児童・生徒の行動上の問題は，マスコミを通じてセンショーナルに伝えられ，教育問題は，我が国の大きな社会問題となっている。これらの原因や背景は，個々の事例により多様であるが，家庭におけるしつけや学校における指導の不十分さも一因となっている。学校は，家庭や地域と連携をとりながら，全校が一体となった生徒指導体制を確立することが求められている。

1999年に刊行された『分数ができない大学生』がきっかけになって，学力低下が社会的な教育問題となった。その本では，大学生が分数の問題を解けない原因は，大学の少数科目入試にあると書かれていたが，その後，学力問題は初等中等教育に波及し，学力「低下」問題へと発展した。果たして学力が低下したのかどうかが議論された。教育社会学者は，学力や意欲，勉強時間などの低下や児童・生徒間での格差が生じていることを示され，低下の原因の一つとして1980年代以降の学習指導要領のゆとり教育も指摘された（苅谷・志水，2004）。

文科省は当初は学力の低下には懐疑的であったが，OECDによる国際学力調査PISA2003の結果の発表後，読解力や数学・理科の応用力が低く，学力の低下傾向が進んでいることを認め，徐々に学力向上へと政策の舵を切った。

（2）新しい教育システムへの動き

このような動きは，中央教育審議会の審議にも反映され，2005（平成17）年10月の答申「新しい時代の義務教育を創造する」において，「教育の目標を明確にして結果を検証し質を保証する」ことが提言され，インプットとアウトプットについては国が，その間のプロセスについては地方公共団体や学校が，責

図2-3　義務教育の構造改革：国と地方の役割分担

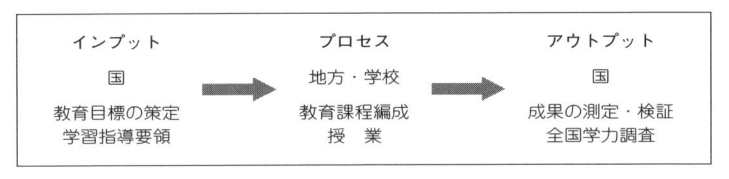

```
インプット           プロセス           アウトプット
   国              地方・学校              国
教育目標の策定      教育課程編成        成果の測定・検証
学習指導要領          授　業           全国学力調査
```

図2-4　学校経営のPDCAサイクル

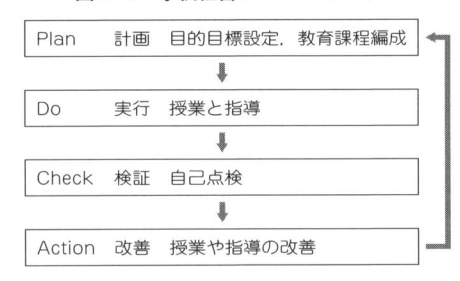

```
Plan    計画    目的目標設定，教育課程編成
          ↓
Do      実行    授業と指導
          ↓
Check   検証    自己点検
          ↓
Action  改善    授業や指導の改善
```

任を持って遂行するという大きな枠組みが設定された（図2-3）。

　そして，学習指導要領など国が設定したスタンダードが実際に達成されているかを評価・検証するための方策として，2007（平成19）年4月に全国の小・中学校で「全国学力・学習状況調査」（全国学力テスト）が実施された。同調査は，国語と算数・数学の学力調査の他に，学校質問紙調査と児童生徒質問紙調査からなっている。地方教育委員会と学校は，自己の地域や学校の現状を把握し，指導方法の改善に生かすことが期待されている。

　2002（平成14）年から各学校は自己点検・評価の実施とその公表を努めることになった。2006年には義務教育諸学校における学校評価ガイドラインが公表された。各学校は自ら目標を設定し，PDCAサイクルの中のC（検証）の客観的なデータのエビデンスに基づいてA（改善）が行われることが期待されている（図2-4）。

（3）学校運営組織の改革

　1980年代半ば以降，経済社会の市場経済化，規制緩和の流れの中で，教育においても様々な政策が実行された。たとえば，個性尊重の教育，学校選択制，

学級編成に関する地方自治体の裁量権の増大などが推進された。児童・生徒や保護者，地域住民のニーズに応えるために学校評議員制度などが導入されたが，学校自身が自律的な学校運営ができるような運営体制の構築が必要である。

　授業や生徒指導等は各学級だけでなく，学校全体としての方針の策定，学年間・教科間等での連絡調整が必要である。学校の管理運営組織は，ラインとしての管理運営の長としての校長とそのとして教頭がいる。さらに，教務，生徒指導，進路指導，保健などの全校的な校務分掌組織や各種委員会は，授業の傍ら，各教員が分担・協力して運営されている。校長のリーダーシップの下，組織的・機動的な学校運営が行われるよう，それらの校務分掌業務を責任を持って遂行する職として，2007年6月の学校教育法改正により主幹教諭の職が設置された。校長，教頭，主幹教諭（または主任），事務長などからなる校務運営会議を中心として学校の組織的運営が行われることになった。

　様々な学校運営の改革は，学校が家庭や地域と連携しながら，保護者や地域住民の信頼に応える教育を一層推進することを目指している。学校はまた，どのような教育を目指して，どのように教育を実施し，そしてそれがどの程度成果があったかを評価し，保護者や地域社会に説明していくことが必要である。

　これらの学校教育の改革が始まってまだ日が浅い。どのような成果があり，また問題点があるのか，長期的な検討が必要である。なお，2009（平成21）年秋に民主党を中心とする政権が発足し，1980年代半ば以来推進されてきた文教政策には何らかの修正が加えられるであろう。今後の文教政策にどのような変化が見られるか注目される。

学習課題

① 学校は，企業や役所，政党，軍隊，宗教団体などとどのように異なっているか，考えてみよう。
② 学校や学級の規模の大小によって授業や児童・生徒の学校生活はどのように異なるか，考えてみよう。
③ TTや少人数学習指導，習熟度別授業の長所と欠点を考察しなさい。
④ これまでに実施された様々な教育改革はどの程度成果が上がっただろうか，調べてみよう。

第Ⅰ部　学校と教育の社会学

参考文献

ウェーバー, M., 世良晃志郎訳 1955『支配の社会学』創文社.
エツィオーニ, A., 綿貫譲治訳 1976『組織の社会学的分析』培風館.
岡部恒治・戸瀬信之・西村和雄編 1999 『分数ができない大学生』東洋経済新報社.
苅谷剛彦・志水宏吉編 2004『学力の社会学』岩波書店.
高旗正人 1992 「学級集団と教育」友田泰正編『教育社会学』有信堂, 123 - 141頁.
耳塚寛明 1986 『高等学校における学習——習熟度別学級編成に関する調査』国立教育研究所.
耳塚寛明 1992 「社会組織としての学校」柴野昌山他編『教育社会学』培風館, 72 - 90頁.
Sarane S. Boocock, 1980, *Sociology of Education : An Introduction,* 2nd ed, Houghton Mifflin.
Christopher J. Hurn, 1993, *The Limits and Possibilities of Schooling : An Introduction to the Sociology of Education,* 3rd ed, Allyn and Bacon.
Arthur G. Powell, Eleanor Farrar, and David K. Cohen, 1985, *The Shopping Mall High School : Winners and Losers in the Educational Marketplace,* Houghton Mifflin.

（山崎博敏）

第3章 カリキュラム

「ゆとり教育から脱ゆとり教育へ」――

2008（平成20）年3月に，新幼稚園教育要領，新小学校・中学校学習指導要領が告示されたとき，各新聞は，いっせいに一面トップでこのことを報道した。その前にも，特に読売新聞は，ゆとり教育からの決別を訴える一大キャンペーンを展開していた。各紙や他のマスコミも，学力の問題，英語教育の問題，道徳教育の問題等を学習指導要領との関連で連日のように報道していた。

学校教育は，未来を担う子どもたちを育てる場である。子どもたちが，学校で何を学び身につけるかは，国の将来を左右するといってもよい。子どもたちは，学校で学ぶことをすべて身につけるというわけではないが，少なくとも，計画レベルにおいては，将来をになう子ども像が考慮されているはずである。だからこそ，国民やマスコミは，学校で何が教えられているのかに興味をもつ。

一般に，学校における教育計画をカリキュラムと呼び，そのカリキュラムは，様々な要因を考慮して作成される。そして，実施され，評価しつつ改善されていく。この大きな流れはきわめて社会学的事象だと言える。本章では，このダイナミズムを，マクロ・ミクロの両視点から見ていくことにする。

1　カリキュラム研究の領域

まず，カリキュラムとは何か。先に学校における教育計画といったがもう少し詳しく見てみよう。学校は，子どもたちを育てる場である。子どもたちの何を育てるのか。それは教育の目的ということになる。その目的を達成するために，子どもたちに何を教え学ばせるのかが考えられる。これが教育内容である。したがって，この教育内容は，目的によって多様に考えられるし，発達段階や社会的な情勢なども反映させなければならない。

そして，それをどのように教え学ばせるのかが重要である。それが教育方法

である。教育方法には，どのような順序（筋道）で教えていくのかという教育内容の構造化に関する側面と，具体的な学習指導に関する側面がある。どちらにおいても，子どもたちの発達段階や実態を考慮しなければならない。

さらに，そのような指導の結果は，目的に照らして評価される。そこから，教育内容や教育方法の改善が図られ，また同じようなプロセスを経ながら教育活動が発展していく。

このような一連の教育のプロセス全体においてカリキュラム研究は関係することになるが，特に教育の内容とそれをどのように配列して発達段階に応じた指導をするのかという指導内容の構造化に関する側面が中心的に取り上げられる。

特に教育社会学研究では，教育内容のイデオロギー性や社会的変化との関連，教育成果との関連，教科書分析，隠れたカリキュラム等について焦点化されることが多い。実際のカリキュラムそのものの形成過程について，取り上げられることは少ないように思われる。

これからのカリキュラム研究においては，未曾有の社会的変化を体験する子どもたちに，将来を予測していかに適切なカリキュラムを提供していくかが最も重要な課題である。それは，与えられるカリキュラムだけではなく，自ら作り出すカリキュラムの側面を考慮したものである必要がある。予測が難しい社会においては，常に新しい課題が起こってくるということであり，その状況に応じた学びを学習者自身が主体的に行わなければならないからである。そのためのカリキュラム開発が望まれる。このような視点は，特に社会との関連で教育を探究する教育社会学のカリキュラム研究において求められると言えよう。

では，実際に我が国の学校で取り組まれるカリキュラムについて，具体的にどのように考えられ実践化されていくのか。まずは，マクロな視点から我が国の教育課程政策について見ていくことにしたい。

2　学校のカリキュラム編成にかかわる法的規定

カリキュラムの編成を，法律では，教育課程の編成と表現される。我が国で

は，教育は日本国憲法の理念の実現を担うものとして重視され，学校は公の性格をもつものである（教育基本法の第6条）ことから，学校において指導する内容についても，法的な規定が設けられている。

（1）教育基本法

まず，教育基本法であるが，改正教育基本法においては，教育の目的（第1条），教育の目標（第2条）をはじめ，義務教育（第5条），学校教育（第6条），幼児期の教育（第11条），学校，家庭及び地域住民等の相互の連携協力（第13条）等について述べられている。これらは当然に学校におけるカリキュラムに反映される。

ここで特に留意しておきたいのは，教育の目的である。第1条で教育の目的は人格の完成にあることを示し，第2条では，その人格の完成を目指す教育においては，知徳体を調和的に養うことと，その基盤となる人間としての生きる姿勢（態度）として求められる道徳性の育成をあげている。そして第11条では，幼児期から人格の基礎づくりを行い，第3条では，生涯にわたって人格を磨き豊かな人生が送れるような学びができる社会を創っていくことを提唱している。

（2）学校教育法

次に学校教育法には，義務教育及び各学校段階の目的及び目標が掲げられている。「第2章　義務教育」においては，第21条で，「一　学校内外における社会的活動を促進し，自主，自律及び協同の精神，規範意識，公正な判断力並びに公共の精神に基づき主体的に社会の形成に参画し，その発展に寄与する態度を養うこと。」など10の目標が示されている。
そして，「第4章　小学校」では，第30条の2項で「生涯にわたり学習する基盤が培われるよう，基礎的な知識及び技能を習得させるとともに，これらを活用して課題を解決するために必要な思考力，判断力，表現力その他の能力をはぐくみ，主体的に学習に取り組む態度を養うことに，特に意を用いなければならない」とし，さらに第31条で，「児童の体験的な学習活動，特にボランティア活動など社会奉仕体験活動，自然体験活動その他の体験活動の充実に努める

ものとする」と明記している。そして，第33条で「小学校の教育課程に関する事項は，第29条及び第30条の規定に従い，文部科学大臣が定める」となっている。これらは中学校に準用される（第48条，第49条）。

（3）学校教育法施行規則

そして，具体的な教育課程については，学校教育法施行規則に示される。小学校であれば，「第2節　教育課程」の第50条に「小学校の教育課程は，国語，社会，算数，理科，生活，音楽，図画工作，家庭及び体育の各教科，道徳，外国語活動，総合的な学習の時間並びに特別活動によって編成するものとする。」（平成23年度より）となっている。

そして，第51条では，「小学校の各学年における各教科，道徳，外国語活動，総合的な学習の時間及び特別活動のそれぞれの授業時数並びに各学年におけるこれらの総授業時数は，別表第1に定める授業時数を標準とする」（平成23年度より）とし，第52条で「小学校の教育課程については，この節に定めるもののほか，教育課程の基準として文部科学大臣が別に公示する小学校学習指導要領によるものとする。」と示されている。

（4）学習指導要領

その「小学校学習指導要領」には，総則の1番目に，「各学校においては，教育基本法及び学校教育法その他の法令並びにこの章以下に示すところに従い，児童の人間として調和のとれた育成を目指し，地域や学校の実態及び児童の心身の発達の段階や特性を十分考慮して，適切な教育課程を編成するものとし，これらに掲げる目標を達成するよう教育を行うものとする。」と明記されている。すなわち，カリキュラムの編成は各学校が責任をもって行うものであること。その際，以上のような法令及び学習指導要領に従わなければならないということである。

第3章　カリキュラム

3　学習指導要領の作成過程

では，各学校におけるカリキュラム編成において従わなければならないとされる学習指導要領は，どのようにして作成されるのであろうか。

（1）全面実施直後から次の改訂に向けての作業が始まる

学習指導要領は，公示されれば，改訂された部分を中心として内容の理解と趣旨の徹底を図るための様々な取り組み（講習会や講座，指導資料の配布等）がなされる。そして，その趣旨に従ったカリキュラムが段階的に編成され（2～3年間の移行期間），3～4年目からは新しい学習指導要領に基づくカリキュラム編成及び指導が全面実施される。

そして，全面実施の翌年くらいから，次の改訂に向けての作業が始まるのである。教育課程実施状況調査は，ペーパーテスト（小学校では国語，算数，社会，理科，中学校ではさらに外国語が加わる）と調査研究協力校による調査が行われる。それらの結果は，各学校にも配付される。もちろん，全国学力調査も参考にされる。なお，道徳教育と特別活動については，これらとは別に悉皆調査で，新教育課程による推進状況の調査が行われる。また，幼稚園も観察等による調査が行われている（今回の改訂に向けては「小学校英語活動実施状況調査」や「学校における体験活動の実施状況調査」，「職場体験の実施状況調査」などを新たに行っている）。これらは，次の改訂に向けての重要な基礎資料となる。

なお，研究開発校や教育課程研究校，道徳教育推進校等を指定し実践研究を行う文部科学省の学校及び地域指定事業も，有力な情報源となる。

（2）中央教育審議会及び教育課程部会での審議

学習指導要領は，文部科学大臣が告示するとなっている。学習指導要領は，ほぼ10年ごとに改訂される。そのための審議は中央教育審議会においてなされる。文部科学大臣は，そのたびごとに，「初等中等教育の教育課程及び指導の充実改善方策について」中央教育審議会に諮問し，答申をもとに改訂を行う。

2008（平成20）年3月（幼稚園教育要領，小学校学習指導要領，中学校学習指導要領），2009（平成21）年3月（高等学校学習指導要領，特別支援学校教育要領・学習指導要領）に改訂された学習指導要領に関しては，どのような審議の経緯があったのかを見ていこう。

　1998（平成10）年に改訂された学習指導要領が全面実施された翌年の2003（平成15）年5月15日に，文部科学大臣が中央教育審議会に対して「今後の初等中等教育改革の推進方策について」包括的な諮問が行われている。そして10月には「初等中等教育における当面の教育課程及び指導の充実改善方策について」答申を行った。文部科学省では，それにもとづいて，学習指導要領の一部が改正されている。

　第3期中央教育審議会が発足するに当たり（任期は平成17年2月～平成19年1月），その最初の会合（第47回総会）で，文部科学大臣から国の教育課程の基準全体の見直しについて検討するよう要請があった。それを受けて，中央教育審議会初等中等教育分科会教育課程部会で39回，小・中・高等学校の部会を11回，各教科等の専門部会を合計89回開いている。

　そして，2005（平成17）年の10月に出された本審議会の「新しい時代の義務教育を創造する（答申）」などを踏まえ，2006（平成18）年2月に教育課程部会が「審議経過報告」をまとめ公表している。意見募集を行いその結果を踏まえて，4月に中央教育審議会総会において教育課程部会の「審議経過の報告」について報告されている。その後各部会での審議を重ねて平成19年1月の中央教育審議会総会において「第3期教育課程部会の審議の状況について」報告を受けて意見交換がなされた。

　そして，3月に第4期教育課程部会が発足し，引き続き全般にわたっての審議が行われている。

　第4期教育課程部会の会長は，兵庫教育大学学長の梶田叡一，副部会長は，独立行政法人大学評価・学位授与機構長の木村孟と，学校法人渋谷教育学園理事長，渋谷教育学園幕張中学校・高等学校長の田村哲夫が務めている。委員は29名であった。研究者，学校教育関係者，企業関係者，教育関係団体関係者，有識者，行政関係者などから選ばれている。各専門部会の委員は，それぞれに

第3章　カリキュラム

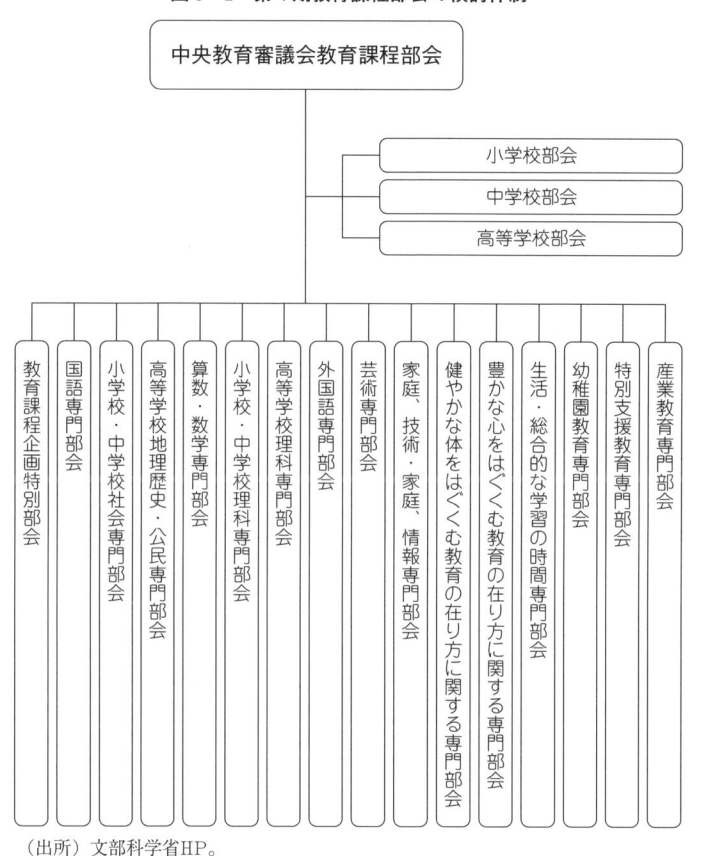

図3-1　第4期教育課程部会の検討体制

```
          中央教育審議会教育課程部会
                    │
              ├── 小学校部会
              ├── 中学校部会
              └── 高等学校部会
```

（下部の専門部会、右から左へ）
- 教育課程企画特別部会
- 国語専門部会
- 小学校・中学校社会専門部会
- 高等学校地理歴史・公民専門部会
- 算数・数学専門部会
- 小学校・中学校理科専門部会
- 高等学校理科専門部会
- 外国語専門部会
- 芸術専門部会
- 家庭、技術・家庭、情報専門部会
- 健やかな体をはぐくむ教育の在り方に関する専門部会
- 豊かな心をはぐくむ教育の在り方に関する専門部会
- 生活・総合的な学習の時間専門部会
- 幼稚園教育専門部会
- 特別支援教育専門部会
- 産業教育専門部会

（出所）文部科学省HP。

おいて，15名から25名であった。

　それらの専門部会等の意見を反映しながら，教育課程部会から，11月7日に「教育課程部会におけるこれまでの審議のまとめ」（案）が出された。その後，教育課程部会の懇談会という形で，関係団体からのヒアリングを行っている。それに合わせて一般からの意見募集も行っている。

　「教育課程部会におけるこれまでの審議のまとめ」（2007年11月7日）にかかわる意見募集は，期間が11月8日から12月7日の1カ月間。提出方法は，郵便，FAX，電子メール。意見募集の結果は1140件であった。

第Ⅰ部　学校と教育の社会学

　また，関係団体からのヒアリングの状況は，以下の通りである。ヒアリングを行ったのは，校長会関係，幼稚園関係，教育委員会関係，教職員関係，体育・文化関係，大学関係，PTA・青少年関係，経済団体関係から，都合42団体であった。

　それらを踏まえて，2008（平成20）年1月27日の中央教育審議会総会（第63回）において，「幼稚園，小学校，中学校，高等学校及び特別支援学校の学習指導要領等の改善について」（答申）が決定され公表された。

　その中には，小学校・中学校の標準授業時数が，学年ごとに，各教科，道徳，外国語活動（小学校のみ），総合的な学習の時間並びに特別活動にわたって明記されている。高等学校は，教科科目及び単位数が示される。これらは，そのまま学校教育法施行規則の改訂案となる。

（3）学習指導要領の改訂

　各教科等の指導内容の具体的文言は，それぞれの協力者会議で検討される（協力者会議という名称は1998〔平成10〕年の改訂時からなくなったが，文部科学省から出される解説書には，巻末に作成協力者として示されるので，この名称をそのまま使うことにする）。教育課程部会には，各教科等の改善の方針の案を担当の事務官と教科調査官が中心になって作成したものを発表する。その原案づくりにあわせて，具体的に学習指導要領の文言の案も検討する。

　協力者会議の運営は，担当の教科調査官が中心になる。主査と副主査を委員の中から選び，主査が司会をつとめる。当然，審議は，中央教育審議会答申や教育課程部会の審議内容等をもとになされる。協力者会議から専門部会に提案を行っていくこともある。

　なお，協力者会議の進行にあわせて，文部科学省内部においても検討会が設けられる。その席では，各担当の教科調査官が説明することになる。ときとして，協力者会議での意見と合わない意見が出されてくる場合がある。そのときは，担当の事務官と教科調査官が調整を図ることになる。

　このような審議を経て，学習指導要領の具体的文言が創られていく。それらの具体について，教育課程部会で審議されるわけではない（もちろん報告はあり

それに対する意見は述べられる)。審議会や専門部会で出される基本的方針に従って，協力者会議や内部の検討会で練られていくのである。

そして，学習指導要領の原案である白表紙本が，一般に公開される。約1カ月間にわたり，各関係団体や組織，専門家等から意見を聴取し，修正を図る。その後，文部科学省告示で新しい学習指導要領が公表される。

このような学習指導要領の作成過程を，どのように見ることができるであろうか。学習指導要領は，学校教育法の条項そのものの記述に直接関係するものではないので，国会での審議は行われない。文部科学大臣が定め公示することになっている。それは，文部科学省が責任をもって行うということである。そのために，中央教育審議会に文部科学大臣が諮問し，その答申を受けて具体的な改善を図ることになる。文部科学省においても独自に調査や協議，会合等を行っている。そのプロセスを見ていると，国会での審議ほどではないが同様に，国民に開かれた形で行われていることがわかる。そのことが理解されていない。

(4) 教育課程の政策及び学習指導要領の改善に関する教育社会学的研究

教育社会学研究におけるカリキュラム研究は，マクロな視点とミクロは視点が求められることは，すでに述べた通りである。教育課程の政策及び学習指導要領の改善に関する研究は，特にマクロな視点が求められる。我が国の教育社会学研究は，教育政策，教育計画に関する研究の分野を切り開いてきた歴史がある。たとえば，東京大学の教育社会学講座の教授であった清水義弘は，国の教育政策や教育計画を直接対象とする研究を提案し，優れた弟子の養成を行った。また，広島大学の教育社会学講座の新堀通也は，日本の教育地図や教育病理の研究という視点から，国の教育政策や教育計画の分析を行った。その意味では，教育政策や教育計画に関するマクロ的分析は，教育社会学の得意とする分野であるが，教育課程に関する研究では，十分であるとは言えない。

最近では，東京大学の教育社会学講座をリードしていた苅谷剛彦を中心とする研究グループが，教育課程の結果である学力を分析することから，教育課程政策への批判的検討を行っている。しかし，それらの分析も，教育課程の改善というより，階層と学力の実態把握や，格差社会の解消といった方向に力点が

いっているようである。それらは大変重要なことであるが、教育課程の改善という視点から見ると、まだまだ不十分なように思える。さらに、教育課程の改善に向けてマクロな視点からの分析と提案が求められる。

その際、どのような切り口があるのかについて若干提案したい。

第1は、国で教育課程が決定されていくしくみ（プロセス）に関する研究である。そのしくみ（プロセス）そのものが、きわめて社会学的な構造やダイナミズムを有している。本章で述べた事柄は実態把握を主としたが、それらをもっと詳しく分析していく必要がある。そして、どのように改善していけばよいのかについて積極的に提案していくことが求められる。

そのことは、特に文部科学省が教育課程の決定においてどのような役割を果たしているのかを具体的に明らかにすることにもなるし、国としての責任ある立場からどのように役割を果たしていくのか、つまり教育課程政策の立案・審議・決定過程における文部科学省のあり方を提案することにもなる。

また、過去との比較、外国との比較研究等を通して、そもそも教育課程とは何なのか、国がどのような責任を負わなければならないのか、現実の社会においてどのような方法が考えられるのか、といったことを明らかにすることができる。

第2は、教育課程の決定のプロセスにおける、特に社会的ニーズと教育課程政策のあり方に関する分析研究である。それは、教育社会学が最も得意とする社会と教育の関係に関する研究の教育課程研究への適用である。社会的ニーズを大切にした教育課程行政は不可欠であるが、その社会的ニーズをどのように押さえるか。そしてそれを、どのように教育課程政策の中に反映させるかである。

社会的ニーズは、現状だけではなく、過去を振り返りながら、そして未来を展望しながら捉えなければならない。また、立場によって正反対のこともある。それらをどのように押さえ、教育課程政策の中に取りいれていくのか。たとえば、最近では、道徳教育に関する教育課程上の改善、外国語教育の問題、総合的な学習の時間や選択教科に関する問題などがある。

このような研究から、社会的ニーズに応じた学習内容とはどのようなものな

第3章　カリキュラム

のかについての研究も進展することになる。

　第3は，子どもたちの実態と教育課程政策のあり方についての研究である。いわゆる学力調査は，いろんな立場から行われている。文部科学省が行う子どもの学習実態に関する調査は，先に指摘したように，各教科等にわたって綿密に行われる。

　しかし，課題はそれらをどのように解釈して教育課程政策に生かすかである。ゆとり教育の批判として，1977・78（昭和52・53）年の学習指導要領改訂から続いている学習内容の削減について指摘される。確かに1977・78年の学習指導要領の改訂では，学習内容の1割削減が行われた。1989（平成元）年では，ほぼ現状維持であったが，1998（平成10）年の改訂では学校週五日制の影響もあり，3割削減がなされたとされる。各教科においてばらつきはあるが，ここ30年間にわたって学習内容が削減され続けてきたことは事実である。

　それはどのようにして行われたか。文部科学省が行う調査から，改善内容や基礎的学習内容に関する達成度調査や到達度調査などから，子どもたちに理解が難しいと思える内容を下学年に下げたり，削除したり，簡略化したりする形で行われた。つまり子どもたちの実態に合わせたわけである。

　その結果，学力低下が問題にされるようになった。つまり，子どもたちの実態に応じて教育課程を改善しなければならないが，その実態をどう解釈するかで政策が変わってくる。達成度や到達度が低ければ，その部分をもっと重視して改善を図るか，程度を下げる改善をするか，そのことを考慮しつつもより高い達成目標や到達目標を設定するか，である。

　ここにおいて，教育理念的ニーズと社会的ニーズと子どもの実態との関連における教育内容の決定方法に関する研究が真剣になされることになる。さらにそこに，政治的ニーズが入ってくる。教育は政治から中立でなければならないが，政治的ニーズは常に教育内容に入り込んでくる。政策の実行は，政治の力による以上，教育と政治は密接な関係にある。特定の政党の政策の中に教育内容にかかわる事柄が出てくるのは当然のことである。大切なのは，政治的ニーズに対して，教育理念的ニーズや社会的ニーズ，子どもの実態等から的確に対応できているかどうかである。

第Ⅰ部　学校と教育の社会学

　これらについての研究も，以上に述べた３つの切り口を総合的に捉えることによって進められることになる。そのような意味からも，教育社会学的視点からのカリキュラム研究が求められるのである。

4　各学校におけるカリキュラムに関する研究

　次に，教育社会学的視点からのミクロなカリキュラム研究について見てみよう。ここでは，各学校におけるカリキュラム開発のあり方に関する研究の方向性を示すことにしたい。

（1）学習指導要領は教育課程の最低基準

　まず，確認しておきたいことは，文部科学大臣が告示する学習指導要領は，学校で教える教育課程の最低基準であるということである。文部科学省では，学習指導要領は「全国的に一定の教育水準を確保し，全国どこにおいても一定水準の教育を受ける機会を国民に保障する」ものであり，「国民として共通に身に付けるべき学校教育の目標や内容を示した国の基準」であるとしている。だから，各学校においては「地域や学校の実態及び児童（生徒）の心身の発達段階や特性を十分に考慮して」それらの指導の徹底を図らなければならないのである。

　その上で，学習指導要領の総則には，「学校において特に必要がある場合には，第２章以下に示していない内容を加えて指導することができる」と示されている。ただし，「第２章以下に示す各教科，道徳，外国語活動（小学校のみ）及び特別活動並びに各学年の目標や内容の趣旨を逸脱したり，児童（生徒）の負担過重となったりしないようにしなければならない。」としている。

（2）弾力的運用

　さらに，学習指導要領には，各学校の創意工夫が発揮できるよう様々な弾力的運用に関する記述が見られる。

① 内容の指導における弾力化

　総則には，内容の記述の順序は「特に示す場合を除き，指導の順序を示すものではない」とし，各学校の創意工夫を求めている。また，目標及び内容を2学年まとめて示す教科を多くし，その場合の指導は，「2年間を見通して計画的に指導することとし，特に示す場合を除き，いずれかの学年に分けて，又はいずれの学年においても指導するものとする。」としている。さらに，総則は，各学校において指導内容の「まとめ方や重点の置き方」の工夫，「合科的・関連的な指導」の工夫を求めている。

② 時間割における弾力化

　各教科等の授業時数は，学校教育法施行規則に示される。授業は，「年間35週（小学校の第1学年については34週）以上にわたって行うよう計画」することが義務づけられている。しかし，「効果的な場合には，これらの授業を特定の期間に行うことができる」ことや，1単位時間も年間授業時数を確保する中で弾力的に設定できることが示されている。各学校において時間割を多様に工夫できるのである。

③ 指導方法における弾力化

　総則には，指導方法における創意工夫が強調されている。特に「体験的な学習や問題解決的な学習」，「児童（生徒）が学習課題や活動を選択したり，自らの将来について考えたりする機会を設ける」こと，「個別指導やグループ別指導，繰り返し指導，学習内容の習熟の程度に応じた指導，児童（生徒）の興味・関心に応じた課題学習，補充的な学習や発展的な学習を取り入れた指導，教師間の協力的な指導など」の工夫を行い「個に応じた指導の充実を図る」ことが求められている。

　また，家庭や地域の人々の参加・協力も提案されている。そして，「小学校間，幼稚園や保育所，中学校及び特別支援学校などとの間の連携や交流を図るとともに，障害のある幼児児童生徒との交流及び共同学習や高齢者などとの交流の機会を設ける」ことなどが求められている。それらを具体化することによって，多様な授業の展開ができるようになっているのである。

（3）学校におけるカリキュラム研究に関する教育社会学的視点

　以上のことを踏まえて，学校におけるカリキュラム研究において，教育社会学的視点がどのように貢献できるのかについてまとめておきたい。

　第1に，各学校の特質に応じたカリキュラム開発における貢献である。各学校の実態や子どもの実態に応じたカリキュラムを計画していく場合，地域的ニーズや学校の特質，子どもの実態に関する分析が必要であり，それらを自校のカリキュラムにいかに反映させるかは，教育社会学的視点からの指導方法や学習形態の工夫，家庭や地域の人々との連携・協力などが不可欠である。学校におけるカリキュラム研究は，常に方法との関連が求められる。カリキュラムと指導方法は一体的に捉える必要があるが，教育社会学的視点を取り入れることによって，社会的自立のための学習支援という意味合いを強く出すことができる。さらに，集団規範の問題や，学習の場の広がりなども深く言及することができる。

　第2は，子どもを主体とした総合的視点を必要とするカリキュラム研究への貢献である。カリキュラム研究は，現状分析に終わるのではなく，これからのカリキュラムのあり方について積極的に提案していくことが必要である。現状分析において優れた成果をあげてきた教育社会学は，そのことを踏まえてこれからのカリキュラムのあり方について研究を深め，具体的な提案を行っていけるようになることが求められる。

　たとえば，今日求められるカリキュラムは，教師と子どもたちが一緒に創り発展させていけるものである。特に道徳教育においては，子どもたち自らが道徳的価値の大切さに気づき，考え，判断して，具体的に道徳的実践のできるようにするためのカリキュラムが求められる。それを具体化していくためには，道徳的価値の自覚を深め道徳的実践力を養う道徳の時間を中核としながら，関連する教科の学習や学級での日常生活，環境整備，家庭や地域との連携等も考慮して，子どもたちが道徳学習を発展させられるカリキュラムが必要である。子どもたちの内面が耕されれば子どもたちの学習意欲や実践意欲は多様に培われることから，その後の学習は子どもたちが自ら切り開いていく部分をしっかりと押さえておかねばならない。そのような総合的視点からのカリキュラム開

発は，教育社会学的思考を最も必要とする（具体的提案として総合単元的道徳学習論が開発されており，成果も確認されている）。

さらに，総合的な学習の時間のカリキュラム開発，特別活動のカリキュラム開発などは，教育社会学的視点が最も効果的に発揮される分野であると言えよう。

第3は，カリキュラムの開発と指導方法を一体化した研究への貢献である。教育社会学の分野では，伝統的に授業研究が盛んに行われている。広島大学の教育社会学講座の末吉悌次，片岡徳雄を中心とした研究，東京教育大学（現在は筑波大学）の教育社会学講座の馬場四郎，山村賢明を中心とした研究は，その後も引き継がれている。その中心課題は，授業を人間関係や社会的自立との関連で分析し具体的提案を行うことであった。それらは当然にカリキュラム開発と結びついてくる。特に，子どもを主体としたカリキュラム開発においては，協同的な学びや社会的自立力の育成が不可欠である。プロジェクト学習なども盛んに取り上げられるようになると考えられる。そういった学習を充実させるためには，カリキュラム開発と指導方法を一体化した教育社会学的視点からの研究が特に求められるのである。

第4は，カリキュラムの評価，診断に関する研究への貢献である。カリキュラム研究においては，評価や診断に関する研究が重要である。教育経営学においては，常に取り上げられるが，その際教育社会学的視点が重視される。つまり，カリキュラムの目的は，教育目標の実現であり，その評価には，様々な要因がかかわってくる。それらは，個と集団の両側面から評価しなければならない。個と集団の関係に関する研究は教育社会学の得意分野であり，そのような評価や診断をもとに新たなカリキュラム開発もできる。

このようなことを考えると，学校のカリキュラム研究に教育社会学はもっと積極的にかかわる必要があると言えよう。

なお，ここでは，義務教育段階におけるカリキュラム研究について言及したが，今後は高等学校や大学におけるカリキュラム研究も盛んになると思われる。それらについても，教育社会学的視点がいっそう重視されると言えよう。

第Ⅰ部　学校と教育の社会学

> **学習課題**
> ① 学校教育と人格形成と教育内容をつなげて考えてみよう。
> ② 自分はどのようにしてこのような生き方（価値観）を身につけてきたかを探ってみよう。
> ③子どもの発達に合わせつつ社会の変化に対応する教育課程について学習指導要領の変遷をもとに考えてみよう。

参考文献

安彦忠彦 2006『教育課程編成論』日本放送出版協会.

押谷由夫 2001『「道徳の時間」成立過程に関する研究』東洋館出版社.

押谷由夫 1995『総合単元的道徳学習論の提唱』文溪堂.

田中耕治編 2009『よくわかる教育課程』ミネルヴァ書房.

（押谷由夫）

第4章 教　　室

　「より良い授業を創るためには，とにかく子どもたちを落ち着かせることが必要なのです」。授業実践を対象とする研究者なら，誰もがいちどは耳にしたことのある，学校の先生たちの率直な声である。つまり，「あらかじめ生徒指導上の問題を解決しておかない限り，どんな学習指導も成り立たないのです」，「良い授業をしたくても，生徒指導上の問題に日々忙殺されてしまうのです」という訴えである。

　たしかに「教育問題」と称してマスメディアが報じる事柄を眺めていると，「学級崩壊」，「授業不成立」，「対教師暴力」，「いじめ」，「不登校」等の多くは，生徒指導上の問題に起因しているように見える。したがって「より良い授業をするためには，まず子どもたちを落ち着かせることが大切なのです」という考え方は，一見，説得力をもって私たちに響いてくる。

　しかし，果たして本当にそうだろうか？　この章を読むあなたには，ここでぜひとも発想を転換してみてほしい。つまり，「より良い学習指導を成り立たせるためには，事前に生徒指導上の問題を解決しておかなければならない」と考えるのではなく，むしろ「より良い学習指導の実践を積み上げる中にこそ，質の高い生徒指導が実現しうる」という考え方である。

1　教室という空間

（1）ある授業観察記録から

　初夏の陽光に包まれた小学4年生のクラスである。児童数32名。4校時の国語，教材はあまんきみこの『白いぼうし』であった。子どもたちは正面を向いて整然と並んでいる。始業とともに，子どもたちは一斉に各自のペースで音読を始めた。

　担任の先生は，この授業の中でグループ学習を採り入れ，話し合いを通して学習を深めるとともに，子どもたちの人間関係を育むことをめざしていた。そのため，まずは子どもたちが自らの考えを整理できる個別学習の時間をとり，

ペア学習によって互いの意見を確かめ合い，その後に4人ひと組の小集団を編成する方法を採用していた。

筆者はこの授業の中で子どもの発言回数に注目していた。ここに言う「発言」とは，教師の指名で子どもが起立し，全員に向けて行う発言（発表）のことである。すると45分の授業中，発言のあった回数は合計37回であった。単純に計算しても，1分間に約0.8回の発言があったことになる。教室の雰囲気も落ち着いており，一見すると授業に対して積極的な子どもが多い印象を受けた。

しかし，この37回とは「のべ数」である。つまり，実際に発言した子どもの「実数」に注目すると，それは12人にとどまっていた。さらにこの12人のうち，3回以上の発言をした子どもはわずか5人。しかしこの5人による発言は合計26回にのぼっていた。つまり，全体で37回あった発言の7割以上を，たった5人の子どもたちが占有した計算になるのである。

教室の授業で特定の子どもたちに発言が偏ることは，この授業に限らず，これまで私たちが身をもって体験したことであろう。その原因を教師の指導技術にばかり求めることはできない。ここではむしろ，教室という空間そのものがこのような偏りを生じさせた原因だと捉え，その起源と成り立ちを探ることから始めよう。

(2) モニトリアル・システム（助教法）

ひとりの教師に対して約40人の子どもたちが，おのおの割り当てられた机と椅子に座っている。私たちになじみの深い「教室」という空間は，飛躍的な工業化を始めた「近代」という時代と密接に結びついて生まれたものである。ここではその歴史を振り返ってみよう。

19世紀初頭のイギリスで，異なる宗派に属していた2人の人物が，まったく同時期に同じような空間を「発明」した。ひとりはイギリス国教会の従軍牧師として，当時派遣されていたインドのマドラスで，イギリス人兵士と現地女性との間に生まれた混血孤児の教育に取り組んでいたアンドリュー・ベル（Andrew Bell）である。もうひとりはジョセフ・ランカスター（Joseph Lancaster）というクウェーカー教徒の青年で，イギリス貧民街の子どもたちに読み書

第4章　教　室

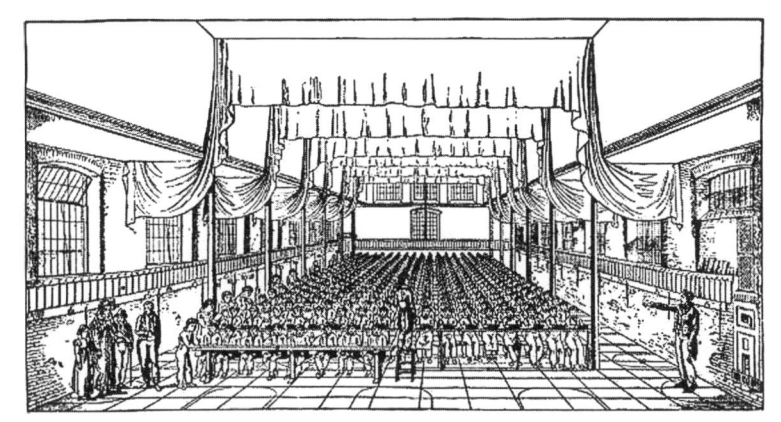

図4-1　モニトリアル・システム（ベル・ランカスターシステム）

き計算を教えていた。

　この2人が、異なる場所でほぼ同時に「発明」した仕組みが「モニトリアル・システム（monitorial system）」である。2人の名前をとって「ベル・ランカスターシステム」とも呼ばれる。これは、ひとりの教師がすべての生徒を教えるのではなく、生徒の中から比較的優秀な者、あるいは年長の者を「モニター（助教）」として選び出し、選ばれたモニターたちがそれぞれ約10人の生徒を「クラス」として受け持ち、教える仕組みであった。

　モニトリアル・システムの教場は非常に広大であった。10人前後のクラスは生徒の能力別に編制され、横一列に座っており、これが20列近くにもなる。それぞれの列の左端にはクラス・モニターが立ち、その代表である生徒が教場の中央正面にジェネラル・モニターとして立つ。このジェネラル・モニターに指示を与えるのが教師であった。

　この仕組みは次の4つの特徴を含んでいた。第1に、少ないスタッフ（教える者）で、一度に大量の子どもたちに知識を伝達できるという点で、非常に安価で効率的であった。第2に、生徒（モニター）が生徒を教えるのだから、複雑な内容や方法をできるだけ単純化した教授法の開発が必要となった。第3に、教育内容と生徒の学習進度による「等級制」がクラス編制の原理であった。そして第4に、教場の整然とした配置は、教師が生徒を一望に監視し統制する装

置としてきわめて有効に機能した。

それまでの伝統的な学校のあり方に対して、当時現れたモニトリアル・システムはきわめて画期的な仕組みであり、「学校」の様相を一変させた。というのも、それまでの伝統的な学校では、教師と生徒の一対一的なかかわりが中心であり、学ぶ内容もその方法も偶発的で計画性を欠き、教師の恣意に任されることが多かったからである。

これに対してモニトリアル・システムは、教育における知識伝達のありかたを徹底して標準化・規格化し、安定的・効率的・計画的に大量の子どもたちを教える仕組みとして誕生した。当時、産業革命期にあったイギリスでは、あたかも機械装置（生産工場）のように見えるモニトリアル・システムを、洗練された最先端の教育の仕組みとして歓迎した。そして、イギリス本土はもちろん、西欧諸国をはじめとする諸外国へと、瞬く間に広まったのである。

(3) 一斉授業形式の採用と普及

教室とは、限られた時間にできるだけ多くの知識や技能を、大量の児童・生徒に効率良く伝達することを目的として人為的に作られた空間である。この目的にかなう教授法として採用されたのが「一斉授業（一斉指導）形式」であった。

日本に一斉授業の様式を導入したのはアメリカ人教師、マリオン・スコット（Marion Scott）である。スコットは1871（明治4）年に来日し、大学南校、東京英語学校などの教師を務めた後、1872（明治5）年から2年間、東京師範学校の教師として活躍した。当時の師範学校では、小学校の教科を教材にして小学教則・授業法を教授し、さらに小学教則や教科書の作成を行っていた。その教授法の概要を記録した初代師範学校長、諸葛信澄の著書『小学教師必携』(1873) によると、スコットはペスタロッチ主義（開発教授）の教授法を、事物の提示と問答法によって行っていたことがわかる。

その内容は、きわめて具体的な手順にまで及んでいた。たとえば「教師は始業の5分前に廊下まで出向き生徒の来るのを待つ」、「1、2、3の号令で本を出させる。生徒は号令を聞くと両手を机の上に置き、1で机のふたを開き、2

で本を出し，3で閉じさせる」等々である。スコットは師範学校での授業を通して，このような教師の行動様式，授業展開の方法，授業中に望ましい児童・生徒の態度，教科書や掛け図，板書や石盤などの教具の使用法に至るまで，一斉授業の展開を支える方法を伝えた。この一斉授業の様式は，1889（明治22）年に東京帝国大学に招聘されたドイツ人教師エミル・ハウスクネヒト（Emil Hausknecht）によって，さらに定型化されることになる。これを支えたのは，ハウスクネヒトが紹介したヘルバルト派の教授理論であった。

今日，私たちが慣れ親しんでいる学習指導案の「導入・展開・まとめ」という形式の原型は，ヨハン・フリードリヒ・ヘルバルト（Johann Friedrich Herbart）の高弟，ツィスコン・チラー（Tuiskon Ziller）が考案した「五段階教授法（予備・提示・比較・概括・応用）」にあると言ってよい。明治20年代にハウスクネヒトが導入したこの教授理論は，伝達と記憶を中心とする授業の様式と技術の定型化を促し，当時の日本の教育界に深く浸透した。すなわち，1時間の授業を組みあげ，その内容をわかりやすく教える「手続き」として，あらゆる授業はこの五段階を踏まえねばならず，すべての教材研究や教材解釈をこの形式に当てはめねばならないと，多くの教師たちは考えたのである。

（4）一斉授業形式の問題点

このように「教室」という空間のありようは，その中で営まれる学習指導のありかたをも規定した。教室の中央正面に黒板と教卓が在り，それに向かって子どもたちの机と椅子が整然と並ぶ空間配置は，教師が一斉授業を行うのにきわめて都合良くできた構造である。いわば，教室という「ハード」は，「ソフト」である教授法や教師―生徒間関係のありかたをも規定したのである。

しかし，この一斉授業形式は以下の点で問題を抱えている。第1に，教師の説話，発問，指示等が教室のコミュニケーションの大半を占めるため，学習に対する子どもたちの自主性を損ない，その姿勢を受動的，消極的なものにしがちである。その結果，授業の中で子どもたちのヨコのかかわりを築くことが困難になる。

第2に，あらかじめ教師が構想し，用意した学習指導案の枠内でしか授業を

展開し得ないため，子どもたちのはみ出した思考やつまずきを手がかりとして，さらなる問題解決への展開を図ることが難しくなる。逆に言えば，教師の用意した正答にかなう子どもの発言が評価されがちになり，それ以外の子どもたちの存在を脇に追いやる可能性を含んでいる。

　第3に，授業に対して積極的なごく一部の子どもたちと，学習に意欲を失う多数の子どもたちとを分断し，しかもその関係を固定しがちになる。さらに，そうして授業に積極的な子どもたちを中心として，教師の発問に競って手を挙げるといった競争的人間関係が教室を支配するために，お互いを許し合ったり，助け合ったり，支え合ったりする協同的な雰囲気が育ちにくくなる。

　このように，一斉授業形式は「読める子ども，できる子ども，わかる子ども」だけを相手に展開する傾向が強い。本節の冒頭に掲げた事例で言えば，その45分の中で，授業に対して積極的・意欲的に「参加」した子どもは，わずか5人であったと言って良い。しかしこの子どもたちも，今後，学年が上がるにつれ，また中学，高校へと進学する中で，授業中の発言を控えるようになるだろう。すると教室ではますます教師が一方的に話し，子どもたちは懸命にその話を書き取り，板書を書き写すだけの「作業」に時間を費やすことになる。

　授業とは教師が喋り続ける過程ではなく，子どもたちの学習を深める過程である。読めないものが読めるようになり，できないことができるようになり，わからないことがわかるようになるための過程が「授業」である。にもかかわらず，一斉授業形式は子どもたちに「書き写す」といった単調な「作業」を強いることとなり，「言われたことについていくのがやっとこさ」という子どもを大量に生み出すことになる。

2　教室の人間関係

（1）社会的役割としての教師

　教室という空間は教えることの効率性を最優先にした装置（ハード）であり，その仕組みに忠実であろうとすれば，自ずと一斉授業形式（ソフト）を採用することが最も理にかなった選択となる。このような画一化と規格化を特徴にも

つ点で，教室は「非人格的」な空間であると言える。

　ここで「非人格的」という意味について，もう少し考えてみよう。たとえばあなたの学級担任が，何らかの事情で学校を辞めなければならなくなったとしよう。その後，あなたのクラスは，担任のいない状態で年度末まで過ごすことになるだろうか？　答えは「否」である。当初の混乱はあるものの，間を置かずに新たな大人が学級担任として配置されるはずである。つまりあなたのクラスの担任という役割は，唐突に職を辞したその人物にしかできないものではなく，いわばいくらでも代わりがきくものなのである。

　このように，特定の人物のパーソナリティに依存しない関係にあることを「非人格的」と呼ぶ。教師と子どもたちとの人間関係は，その人格を介さない「社会的役割」によって結びつく「非人格的な関係」として出発しているのである。

　自然発生的な相互の信頼と愛着に基づいた関係に在ることを「第一次集団」と呼ぶ。これに対して，あらかじめ規定された社会的役割の中に成立する関係を「第二次集団」と呼ぶ。したがって，教師と子どもたちとの人間関係は，その出発点では「第二次集団」的である。教師は「子どもたちのため」では無く，学校の外側にある「社会の要請」に応えるために，子どもたちに一定の学力を身に付けさせ，これを高めることに取り組まなければならない。したがって教師には，宿命的に権威主義的な性格がつきまとうのである。

（2）「制度的指導者」としての教師

　社会学者のウィラード・ウォーラー（Willard Waller）は，このような教師の役割，すなわち社会的に割り当てられた役割・職業として学習指導を行う者のことを「制度的指導者」と呼んだ。そして，こうした非人格的関係にあることが，私たちの人間的な営みとの間で様々な齟齬を来すことを，その著書『授業の社会学（*The Sociology of Teaching*）』（1932）の中で述べている。

　しかしウォーラーは，直ちに「教師は制度的指導者から人間的指導者にならなければならない」とか「第二次集団的な関係を第一次集団的な関係にしなければならない」とは言わない。社会学者ウォーラーにとっては，教師が自然発

生的な「人間的指導者」になれないことは明らかである。むしろ「制度的指導者」として一定の権威主義的性格をもたざるを得ないことを現実として受け容れようとするところに、ウォーラーの特徴がある。

この現状肯定的とも思えるウォーラーの主張は、しかし、より良い教育をめざして現実を変革する理論を提示したいという志に満ちたものであった。たとえば、ウォーラーが見たのは、授業の秩序を維持するために子どもにおもねるのではなく、むしろ適切な社会的距離を維持しようとする教師の姿であった。同時にその社会的距離が子どもを傷つけないよう、一定の思いやりを込めた言葉かけをしている様子も示している。

また『授業の社会学』の終章は、生徒による自主的な学校運営の思想を提案したものとして興味深い。ウォーラーは、現在の学校に拡がっている制度的・画一的な統制ではなく、「子どもがある程度の自主性を獲得したならば、これを手がかりにして、最後には学校における統制の意味を新しく会得させなくてはならない」(ウォーラー、1957：562) と述べている。つまり、権威主義的な関係から出発せざるを得ない学校教育の営みが、その根本的な性質を維持しつつも、制度的指導者としての教師による日々の実践を通して、子どもの人格の健全な発達をめざすべきことを示しているのである。

(3) 教室授業の会話構造

それでは実際に、教室の授業の中で、教師と子どもたちはどのようなコミュニケーションを繰り返しているのだろうか。一斉授業に特有の構造を会話分析の手法で明らかにしたのは、ヒュー・メーハン (Hugh Mehan) である。メーハンはその著書『授業を学ぶ (*Learning Lesson*)』(1979) の中で会話分析の手法を用い、授業のコミュニケーションの構造や秩序がつくられる様態を分析した。

メーハンによると、教室における授業のコミュニケーションは、私たちが日常に行っている会話とは著しく異なる構造をもっている。それは教師の主導 (**I**nitiative) で始まり、子どもたちの応答 (**R**esponse) を受けて、さらに教師がその応答を評価 (**E**valuation) するという「I-R-E」の構造を成している。とりわけ、子どもたちの「応答」に対して、常に教師が「評価」を加えるとこ

ろが，一般の会話とは著しく異なる特徴である。たとえば「そうですね，よくわかりましたね」とか「そうかな？　もうすこし考えてみようね」といった教師の言葉は，それ自体，子どもにとってすでに「評価」の意味をもつ言葉である。しかも多くの場合，教師は自ら発する問いの答えを知ったうえで，それを知らない子どもたちに発問するのである。

　また，会話の主導権を終始一貫して教師が握っていることからも明らかなように，授業のコミュニケーションは，教師が子どもたちを統制する権力関係を内包している。子どもたちが教室での学習に向き合い，意欲的に参加するためには，まずこのような授業に内在する「かくれたカリキュラム」に適応することが必要なのである。

（4）教室のかくれたカリキュラム

　私たちが当たり前のように過ごしてきた学級や授業の中には，それと気づかれない方法で，子どもたちに適応を強いる様々な要素がある。このことを「かくれたカリキュラム」と呼び，その存在を指摘したのはフィリップ・ジャクソン（Philip Jackson）の『教室での生活（Life in Classrooms）』(1968) である。

　ジャクソンによれば，教室は次の3つの特徴を有している。まず，教室とは，数十人の子どもたちが「群れ (crowds)」として生活している場所である。その中で子どもたちは，他の子どもとのかかわりの中で，自分勝手な振る舞いをしないことや，与えられた課題に専念することや，時間をきちんと守ることなどの「忍耐」や「辛抱」を学ばなければならない。

　また，教室は授業の場面に限らず，たえず子どもたちを「評価」（ジャクソンは「賞賛 (praise)」という言葉を用いている）にさらす場でもある。評価する主体はなにも教師に限らない。子どもたちが互いに親しい仲間をつくっているその背後には，常にお互いの行動や態度に対する評価が隠れているし，なによりも「そのように他者から見られているかもしれない自分」を自分自身で評価することが，一人ひとりの子どもの中で繰り返されている。

　そして教室は，教師という「大人」の権力 (power) が統制する場所である。親の権力が子どもにとって無条件の承認に基づく人格的なものであるのに対し

て，教師の権力は，子どもたち自身，なんら承認した憶えのないところで，社会的な役割関係の中に現れる非人格的なものである。

ジャクソンによれば，子どもたちが教室の生活に適応するためには，読み（Reading），書き（Writing），計算（Arithmetic）という教科内容の3R'sだけではなく，「かくれたカリキュラム」としての3R'sを学ばなければならないという。具体的には，教室に特有の「群れ」，「賞賛（評価）」，「権力」といった要素に通底する3R's，すなわち規制（Regulations），規則（Rules），慣例（Routines）である。

もちろん，「かくれたカリキュラム」には，否定的側面と肯定的側面の両面がある。卒業後の子どもたちが，学校の外で彼らを待ち構える企業社会へとスムーズに入って行けるためには，「かくれたカリキュラム」による社会化が避けられないとジャクソンは言う。なぜなら「かくれたカリキュラム」は，学校の外に在る社会の価値観を内包しているからである。

私たちにとって大切なことは，どんな教室にも，またどれほど進歩的な実践を行っている学校にも「かくれたカリキュラム」が存在することを意識することであり，また，それが子どもたちにいかなる影響を及ぼしているかを知ろうとすることであろう。

3　学習指導における人間関係

（1）授業改善をめぐる2つの方向

ここまで見たとおり，教室とそれを成り立たせている様々な構造は，そもそも子どもたちを画一化し規格化しやすいように出来上がっている。教室にかくれたカリキュラムは，子どもたちに一定の方向への適応を強いている。制度的指導者としての教師の役割は，「子どもたちの求めに応じて」ではなく，学校の外側にある「社会からの要請」に応えて授業を行うことにある。しかもそれは一定の資格を有する者によっていつでも置き換え可能な「非人格的」なものである。さらに「一斉授業」という形式は，このような教室の特性や教師の社会的役割を忠実になぞった方法論と捉えることもできる。

しかし，これらのことは，4月当初の学級，すなわち未だ「群集（群れ）」の状態にあり，規律と秩序をもつ「集団」にはなっていない教室の姿を描いたに過ぎない。教育の目的は，一定の時間をかけ，より良い価値をめざして子どもたちの変容を促すことにある。第二次集団として出発せざるを得ない教室の中で，教師は1年という時間をかけて，教師と子ども，また子ども同士の信頼と愛着を育み，これを第一次集団へと変容させる努力をしていると言えるだろう。その努力は，特に戦後の日本の教師たちが連綿と取り組んできた，校内研修を中心とする授業改善の取り組みに現れている。

戦後日本の授業実践史をひもとくとき，それは先に述べたような一斉授業形式が本来的に抱える問題点を克服し，これを改善しようとした歴史であった。その一つの方向は，学習の個別化を促す方向であり，いわゆる習熟度別学級編成や個別指導・少人数指導などがこれに当たる。その一方，学習の集団化を促す方向では，小集団学習，グループ学習，バズ（buzz）学習といった実践がある。ここでは特に，学習の集団化による授業改善の取り組みに注目してみよう。

（2）ひとつの事例から

中学2年生の理科の授業である。場所は理科室。単元は電気回路であった。冒頭，教師は前時のふりかえりと本時の導入を一斉授業形式で講話していた。生徒たちは4人ひと組になって1つのテーブルを囲み，おとなしく前を向いて聞いていた。この時間の課題は，教師から各自に手渡された実験道具（豆電球2個，リード線2本（もしくは1本），単一電池1個のセット）を用いて，豆電球が点灯する場合としない場合とを整理し，豆電球内部の配線，すなわち回路の規則性を見出すことにあった。

非常に熱心なこの先生は，私費を投じて実験道具を購入し，生徒一人ひとりに渡るよう，その数を確保していた。子どもたちのうち，ある者は嬉々として，またある者は黙々として実験に取り組んでいた。しかし，実験の開始からわずか5分足らずで，教室には別の雰囲気が支配し始めた。

先に点灯させることに成功した子は，「できた，できた!!」と嬉しそうに大声をあげていた。その傍らで，未だ点かない生徒たちは困ったような顔をして，

あれこれと配線を試していた。「点いた人は別のつなぎ方も試してみなさい」という教師の指示にもかかわらず、できた子の中で他のつなぎ方を試した子はわずかであり、多くは早々に飽きた様子であった。そして他の子に話しかけたり、ひどい場合には要らぬちょっかいを出し始めたりしていた。

（3）学習の集団化による一斉授業の改善：一人一役と輪番制

　「一人ひとりが自分の道具で自分の実験ができるように」という教師の配慮は、何故子どもたちに届かなかったのだろうか？　また本来ならば、「点灯する場合としない場合を整理し、そこから豆電球内部の回路を類推すること」が課題の授業であったにもかかわらず、実際には「点灯するか、しないか？」をめぐる「競争」になってしまったのはなぜだろうか？

　それは教師の善意に基づく細やかな配慮、すなわち、一人ひとりに実験道具のセットを渡したことに要因がある。むしろ、4人ひと組のグループに、実験道具をワンセットしか与えなかったとしたらどうだろうか。その場合、教師は次のような指示を出す必要がある。すなわち、誰もがひとり1回は配線を試し、試し終わったら次の人に実験道具を渡すこと。そして各自が試した繋ぎ方とその結果を、グループの他の生徒がノートに丁寧に記録すること。そしてグループのメンバーが試した全てのつなぎ方について、点灯した場合としなかった場合とを整理し、あとでクラス全体に報告する生徒を決めておくことである。

　このようにすることで、グループの誰もが一定の役割（実験者、記録者、報告者）を担うことになり、授業に対して全員が参加する機会を得ることになる。加えてこの授業の場合、豆電球内部の回路を見出すことが課題であるから、「点かなかった場合」も、「点いた場合」と同様に大きな意味をもっている。つまり個別に実験道具を与え、いつまでも点灯させられないでいる子に対して、ことさら劣等感を抱かせることもない。むしろ「できなかった場合」の「なぜ」をグループで問うことが、子どもたちの学習に深みを与えるのである。

（4）教室の多様性と異質性

　学習の集団化による授業改善は、授業中の子どもたちの人間関係に注目し、

第4章 教室

その協同を促すことに力を注いでいる。なかでも協同学習の理論は，教室の中に個性や学力差を含めた多様性や異質性が存在することを授業の阻害要因と考えるのではなく，むしろ積極的な教育的意義・役割を担うものと捉えている。すなわち授業とは，教師の与える課題に対して，その教室に集う子どもたちが知恵を寄せ合い，集団で課題解決に取り組む集団過程であり，すぐれて社会的な営みなのである。

　たとえば小学6年生で習う真分数同士の割算を例にとってみよう。真分数同士の割算が「できる子」の多くは，正答に至るまでの一連の手続きを鵜呑みにしているに過ぎない場合がある。すなわち，「除算記号÷」を「乗算記号×」に置き換え，除数の分数の分母と分子をひっくり返し，約分は「たすきがけ」に行い，乗算は分母同士，分子同士で行うという「手続き」である。

　一方，「できない子」の多くにとっては，さっきまで「÷」であった記号が何故唐突に「×」になるのか，そのうえで除数の分母と分子を逆転させるのはなぜか，約分は「たすきがけ」で行うにもかかわらず，何故に乗算は分母同士，分子同士で行うのか，その手続き自体に対する「なぜ？」が呑み込めないために，そこから一歩も先に進めないのである。

　この「できる子」と「できない子」を比べた場合，物事を一生懸命に理解しようとしているのは，果たしてどちらの子だと言えるだろうか？　「できない子」がみんなの前で「判らない！」と臆することなく発言できる雰囲気があれば，それまで「できる子」と思われていた子どもたちも，実は正答に至る手続きを鵜呑みにしていただけであり，その原理や本質を理解していなかったことが明らかとなる。ここにお互いが学習を深め合うきっかけが生まれる。

　仮にこのような子どもたちを習熟度によって別扱いするとどうなるだろうか？　一見，進度の遅れがちに見える子どもの問いかけが，教室の中に共有されないばかりではなく，進度の早く見える子どもたちが，さらに学習を深める機会をも奪うことになってしまう。したがって，教室の子どもたちの多様性や異質性は，決して授業を妨げる要因なのではなく，むしろ重要な教育的意義・役割を担っているものと捉えるべきなのである。

第Ⅰ部　学校と教育の社会学

表4-1　集団学習論による「学力」

	課題遂行（達成）機能 (Task Performance Function)	集団維持（形成）機能 (Group Maintenance Function)
集団レベル （学習集団）	【Ⅰ】学習目標の達成 （みんなで課題解決を進める力）	【Ⅱ】目的に対する協同：集団風土 学級のまとまり（凝集性） （みんなで課題を共有し協同する力）
個人レベル （学習者）	【Ⅲ】知的学力：個人の知的能力 （個々の学習者が知的理解を深めること）	【Ⅳ】学習意欲の向上 （仲間とのかかわりの中で，個々の学習者が学習意欲を高めること）
	教師が与える学習課題　　↑	集団規範（支持的風土）　　↑

（5）「学習する集団」の2つの機能：課題達成機能と集団維持機能

　「群集」として始まる教室の人間関係を，主に授業という「課業」を通して規律と秩序ある「学習する集団」に育むことが，教師に課せられた役割である。このとき教師は子どもたちの集団の「課題遂行機能」と「集団維持機能」の両方を育むことが必要である。課題遂行機能とは，与えられた課題を子どもたち一人ひとりが自らの課題として受けとめ，これを解決することで集団の目標達成を果たそうとする機能である。ここで言う課題とは，毎回の授業時間に教師が子どもたちに与える「めあて」や発問等のことである。

　一方，集団維持機能とは，このような課題遂行を支える「集団の人間関係」を良好に築こうとする機能である。学級のまとまりが良く（＝凝集性が高く），どの子も自分の教室に居心地の良さを感じられる協同的人間関係を作ることである。ただしこれは単なる「なかよし集団」を作ることに終わってはならない。授業中の課題を子どもたち一人ひとりが「わがこと」として受けとめ，力を合わせてその解決をめざそうとする「課題解決型の集団」でなければならない。

　表4-1は集団学習論が考える「学力」である。これまで「学力」と言えば，ともすると個人の問題とのみ捉えられがちであった。つまりテストの点数が示す個別の「知的学力」（Ⅲ）を「学力」と捉え，その高低に目を奪われることが多かった。しかしこの表によれば，「知的学力」とは「学力」の全体像の一部を構成するに過ぎない。むしろ大切なことは，仲間とのかかわりの中で学習に向き合う意欲が高まり（Ⅳ），みんなで課題解決に向けた目的を共有し（Ⅱ），力を合わせてその課題解決を進めて行こうとする（Ⅰ），いわば「他者とのか

かわりの次元に位置する学力」なのである。

（6）支持的風土を育む

このような「学習する集団」をつくるには，その集団規範として「支持的風土」を育むことが大切である。支持的風土とは，子どもたちがお互いを支え合い助け合う雰囲気（学級風土）のことである。子どもたち一人ひとりにとって，自分の学級が単なる「所属集団」ではなく，心理的な居場所と思えるような「準拠集団」とすることである。

ここで本章の第1節に掲げた事例を思い出してほしい。この授業では，一部の子どもたちが発言を独占していた。グループでの話し合い活動を採り入れていたものの，そこで話し合ったことを踏まえた「グループの意見」ではなく，発言をした子ども本人の意見が突出する傾向が見られた。つまり教室の中で控えめな子は，発言力をもつ子に「タダ乗り」し，また逆に発言力のある子は，控えめな子が授業に参加する機会を奪っていたのである。

形式的に小集団学習の方法を採り入れても，そこに「みんなで学ぶためのルール」が共有されていなければ，かえって一斉授業形式に特有の欠点が浮き彫りになるのである。支持的風土を育むために必要な「みんなで学ぶためのルール」とは，たとえば次のようなものである。すなわち，(1)他の子の発言や行動に対して，相手の立場でその考えをくみとるよう心がける，(2)他の子のまちがいや失敗を笑ったり非難したりしない，(3)発言の少ない人から積極的に参加してもらうようお互いに譲り合う，(4)他の子の間違った発言やはみ出した考え方を，さらに学習を深めるきっかけと捉える，といった事柄である。

このようなルールは，日常の授業場面でさらに具体的な実践を繰り返す中で，初めて子どもたちに内面化されるものである。第2節の事例で述べた「一人一役」と「輪番制」はその一例である。そのさい，一人一役が「適材適所」であってはならないことに注意が必要である。なぜなら適材適所とは，授業における子どもの役割を固定させてしまい，「目立つ子」と「目立たないおとなしい子」といった具合に，教室での子どもの立場を固定してしまうからである。

教室での授業実践は，すべての子どもたちがあらゆる役割を経験できるよう，

その機会を開くものでなければならない。そのための授業改善への取り組みは，いわば「教室」という空間（ハード）が私たちに強いていることへの抵抗だと言い得るのである。

学習課題

① 本章で述べたことを踏まえ，一斉授業形式が抱える問題点について3〜4人のグループで話し合ってみよう。
② その問題点を克服するための手立てを，各自が専門とする校種や教科，また，実習授業で担当する単元等に引きつけて，具体的に考えてみよう。

参考文献

ウォーラー，W., 石山脩平・橋爪貞雄訳 1957『学校集団——その構造と指導の生態』明治図書出版.
片岡徳雄 1979『学習集団の構造』黎明書房.
佐藤学 1996『教育方法学』岩波書店.
髙旗浩志 2006「教育における『協同』の再検討」日本協同教育学会編『協同と教育』第2号，12-19頁.
髙旗正人 1981『自主協同の学習理論』明治図書.
柳治男 2005『〈学級〉の歴史学——自明視された空間を疑う』講談社.
Mehan, H. 1979 *Learning Lessons*, Teachers College Press.
Jackson, P. W. 1968 *Life in Classrooms*, New York, Holt.

（髙旗浩志）

第5章 児童・生徒

　いじめや不登校，学校内暴力といった児童・生徒の問題行動が，定期的に新聞紙上やテレビのニュース，ワイドショウなどを賑わせている。そのような報道を見聞きし，人々は様々な子ども像を思い浮かべることであろう。"今の子どもたちは病んでいる"と考える人もいるであろうし，"「普通の子」が突如キレたりするので怖い"と考える人もいるであろう。また，"今の子どもたちはなにを考えているのかわからない"として子ども像をイメージすることを放棄する人もいるであろう。

　それでは，教育社会学的な観点からみた場合，児童・生徒の問題行動から浮かび上がってくる子どもたちの姿とは一体どのようなものなのであろうか。教育社会学では実証的データにもとづいた議論が重視されるということを踏まえ，本章では，いじめや不登校，生徒文化に関する実証的な研究を紹介するとともに，それらの研究から垣間見られる子どもたちの姿について検討することとしたい。

1　いじめ問題からみた子どもたち

　本節では，いじめ問題から浮かび上がってくる子どもたちの姿について検討する。まずは，いじめに関する理論的枠組みとして「いじめ集団の四層構造論」について説明する。次に，「いじめ集団の四層構造論」においていじめ抑止のキーパーソンとされている「傍観者」に着目し，彼らがいじめを黙って見ている理由について筆者が行った調査をもとに検討する。その中で浮かび上がってくるのは，いじめに対して無関心な子どもたちの姿である。最後に，子どもたちがいじめに対して無関心であることの社会的背景として「プライバタイゼーション（privatization）」を取り上げ，子どもを含めた若者全般に見られる特徴について検討する。

（1）いじめに関する理論的枠組み：「いじめ集団の四層構造論」

　「いじめ集団の四層構造論」とは，森田洋司ら（1986）によって提唱されたものであり，いじめを被害者と加害者に加え「観衆」と「傍観者」とを含めた四層構造で捉える必要がある，とする考え方である。「観衆」とは，いじめに直接手を下さないものの，いじめを周囲で面白がったり，はやしたてたりする子どもたちである。「傍観者」とは，いじめが行われているのを知っていながらも見て見ぬ振りをする子どもたちである。

　今でこそこのような考え方は「当たり前」に思われるかもしれないが，「いじめ集団の四層構造論」が提唱される以前においては，いじめは被害者と加害者の2者間の問題として捉えられがちであった。たとえば，『児童心理』（金子書房）という雑誌がある。この雑誌は1947（昭和22）年に発刊され，現在でも教育関係者を中心とする多くの人々に読まれている。この雑誌において「いじめ」をタイトルに含む論稿が初めて現れるのは1971（昭和46）年のことであるが，その後，1980年代半ばにいじめが社会問題化したことにより，いじめに関する論稿は飛躍的に増加する。1980年代の論稿を見ると，いじめの要因として被害者の特性に触れているものが少なからず見受けられる。つまり，この当時においては"いじめの原因は被害者側にもある"という考えがある程度支持されていたと推察される。

　このような状況のなか「いじめ集団の四層構造論」が提唱されたことは，2つの大きな転換をもたらした，ということで非常に大きな意味があった。1つは，被害者の立場の転換である。かつて，加害者と同様に被害者もまた，教員による「指導の対象」であった。いじめの要因は被害者にもあると考えられていたからである。しかし「いじめ集団の四層構造論」が提唱され，いじめの要因は学級集団の在り様にあるという考えが学校現場に浸透したことにより，被害者は「保護される対象」へと，その立場を大きく換えた。このことが，これまで不当な暴力にさらされ，かつ，その不当性を訴えたとしても十分に聞き入れてはもらえなかった被害者にとって，大きな救いとなったことは想像に難くない。

　もう1つは，教員による指導のあり方の転換である。かつて，教員による指

導は，被害者と加害者といった「個人指導」に偏っていたと考えられる。しかし「いじめ集団の四層構造論」が学校現場に浸透したことにより，学級集団全体への働きかけ，つまりは「集団指導」が重要視されることとなった。このことは，これまでいじめが問題であると認識しつつも，それを解決するための有効な手立てをもたなかった教員にとって，指導の方向性を示したという点で非常に大きな意味があったと考えられる。

（2）なぜ子どもたちはいじめを黙って見ているのか：いじめに無関心な子どもたち

「いじめ集団の四層構造論」では，いじめを黙って見ている「傍観者」がいじめ抑止のキーパーソンとして期待されている。彼らがいじめを止めに入る「仲裁者」となったり，加害者に対して冷ややかな態度で臨むことによって，いじめは解消の方向へと向かうと考えられたからである。

しかし，実際のいじめ場面において，いじめを目撃した子どもたちがいじめの仲裁役となることはきわめてまれである。以下では，"なぜ子どもたちはいじめを黙って見ているのか"という点について筆者が行った調査の結果[*]を紹介し，そこからうかがえる子どもたちの姿を探ることとしたい。

　　＊詳細については，久保田（2008）を参照のこと。

筆者は大学生を対象とした回顧調査をもとに，子どもたちがいじめを黙って見ている理由について検討を行った。その結果，次のようなことが明らかとなった。第1に，いじめを目撃した経験がある者の6割以上は傍観的態度をとっていた，ということである。

第2に，傍観的態度をとるに至った理由は多様であること，である。理由は大きく次の5つに分けられる。①いじめへの恐怖（被害者を多少なりとも助けてあげたいと思いつつも，加害者や新たないじめの標的となることを恐れている），②関与の否定（身近で起こっているいじめを自分と切り離して考え，いじめへのかかわりを拒否している），③被害者への帰属（いじめの原因は被害者にあると考えている），④事態の楽観視（目撃したいじめをそれほど重く受け止めていない），⑤快楽的動機（いじめを見るのを楽しんだり，おもしろがったりしている）の5つである。

これら5つのうち、着目したいのは「関与の否定」である。いじめを黙って見ていた理由として最も多かったのは「いじめへの恐怖」であったが、「関与の否定」はそれに次いで多かった。つまり、かつて子どもであった大学生は、「自分には関係ないから」「自分がいじめられていたわけではないから」「助けても自分はとくをしないから」などの理由からいじめを傍観していたのである。

それではなぜ、いじめに対して無関心な者が多いのであろうか。その背景には、「プライバタイゼーション（privatization）」という社会の大きな変化があると考えられる。以下では、この問題について考えてみたい。

（3）いじめに無関心な子どもたちが現れてきた社会的背景：「プライバタイゼーション」に着目して

「プライバタイゼーション（privatization）」とは、現代社会を特徴づける価値意識であり、「『公』重視から『私』尊重への転換であり、社会が近代化していく過程で、生きる意味や価値を私的な生活世界に求める傾向が強まること」（森田・清永，1994：31）である。「私事化」とも訳される。「プライバタイゼーション」の典型例としては、「マイホーム主義」があげられよう。日本が高度経済成長を迎えた時代において、家庭を犠牲にして会社のために滅私奉公するサラリーマンは少なくなかったであろう。しかし、近年では、会社での立身出世よりも家庭を大事にする「マイホーム主義」のサラリーマンは多い。このようなサラリーマンが誕生したことと「プライバタイゼーション」とは、決して無関係ではないであろう。

「プライバタイゼーション」については、肯定的側面と否定的側面とが指摘されている。肯定的側面としては、"いままでないがしろにされがちだった私生活や『私』性を大切にする傾向が生まれてきたこと"があげられる。一方、否定的側面としては、"人々が、社会や集団へのかかわりを弱め、私生活へと隠遁する傾向や社会的な無関心を生み出し、自分を大切にするあまり、自己利害だけが突出する傾向が強まってきたこと"があげられる（森田・清永，1994）。"クラスメートがいじめられていたところで自分には関係ない"という態度は、「プライバタイゼーション」の否定的側面が顕在化した結果であると考えられ

るのである。

　しかし，いまの子どもたちは他者に対して全くの無関心なのか，といえば必ずしもそうではない。この点については，近年話題となった『電車男』を例に考えてみたい。『電車男』とは，パソコン上の匿名掲示板である「２ちゃんねる」から発生した物語である。掲示板の内容は本として出版され，映画やマンガにもなった。『電車男』の内容は次の通りである。ある「オタク」の男性が，電車内で酔っ払いにからまれている女性を助ける。女性は，お礼として男性に有名ブランドのカップをプレゼントする。プレゼントには連絡先が記入されていたことから，男性は女性に電話する。そのことがきっかけとなり，男性と女性は食事やデートを重ねるようになり，最終的に付き合うことになる。これだけだと，ありがちなラブストーリーである。しかし，『電車男』の最大の特徴は，主人公である男性が，女性とのやりとりの一部始終を「２ちゃんねる」と呼ばれるパソコン上の匿名掲示板に報告し，その掲示板を見た人々から様々なアドバイスを得ているところにある。

　なぜ主人公の男性は，身近な友人ではなく，不特定の人間に相談をもちかけたのであろうか。また，なぜ『電車男』がこれほどまでに若者の共感を呼んだのであろうか。ここから，「プライバタイゼーション」の影響を受けた現代の若者の特徴を垣間見ることができる。現代の若者は，周囲の人間に必要以上に干渉されたくない（したくない）という思いを抱いている一方で，何らかの形で人とつながっていたいという相矛盾する感情を持ち合わせているのではないだろうか。このような若者の相矛盾する感情を満たす上で，インターネットは最適のツールであると言える。インターネットによるコミュニケーションは対人的コミュニケーションとは異なり，自分の都合の良いときだけ他者とかかわることを可能にする。また，気に入らない相手とのコミュニケーションを回避することも可能である。つまりは，自分の殻に閉じこもりつつも，他者とかかわっているという感覚を得られるのである。

2　不登校問題からみた子どもたち

　本節では不登校問題から浮かび上がってくる子どもたちの姿について検討する。まずは，文部科学省調査をもとに，学校に行くことを当たり前だとは思わない子どもたちが現れてきたことについて説明する。次に，そのような子どもたちが現れてきた社会的背景について説明する。最後に，子どもたちを登校するように促すために学校にはなにが求められるのか，という問題について，逸脱の社会学理論である「ボンド理論」（社会的絆の理論）を取り上げ，検討する。

(1) 文部科学省調査からみた不登校：登校を自明視しない子どもたち

　ここでは，文部科学省調査から不登校問題について考えてみたい。文部科学省調査を参考にするのは，「不登校の定義」によるところが大きい。この点については，文部科学省による「いじめの定義」と「不登校の定義」との比較から考えてみたい。

　文部科学省はいじめを「当該児童生徒が，一定の人間関係のある者から，心理的・物理的な攻撃を受けたことにより，精神的な苦痛を感じているもの」と定義している。文部科学省がこのような定義を用いるようになったのは，2006（平成18）年度からである。それ以前においては，「自分より弱いものに対して一方的に，身体的・心理的な攻撃を継続的に加え，相手が深刻な苦痛を感じているもの」と定義されていた。このように定義が変更されたものの，いずれの定義も「被害者の苦痛」をいじめ定義の構成要件としていることに着目してもらいたい。

　続いていじめの把握方法についてである。文部科学省の調査対象は子どもではなく，学校である。つまり，いじめかどうかの判断は学校側に委ねられているのである。このことは，「被害者の苦痛」をいじめ定義の構成要件としていることと相矛盾している。

　一方，文部科学省は不登校児童生徒を「何らかの心理的，情緒的，身体的あるいは社会的要因・背景により，登校しないあるいはしたくともできない状況

にあるため年間30日以上欠席した者のうち，病気や経済的な理由による者を除いたもの」と定義している[*]。このように，不登校児童生徒であるかどうかは出席日数によって決まるところが大きいため，不登校児童生徒の数はいじめの件数と比べてより実態に近い数字であると考えることができる[**]。

> [*] 当初は「学校ぎらい」を理由に50日以上欠席した者が不登校児童生徒とされていたが，1991（平成3）年度から「50日以上」が「30日以上」に変更となった。また，1999（平成10）年度から「学校ぎらい」に代わり「不登校」という用語が用いられるようになった。
> [**] ただし，加野（1998）が指摘しているように，不登校かどうかを判断するのは最終的には学校側であることに留意する必要がある。

以上を踏まえ，まずは不登校児童生徒数の時系列的推移から見てみたい（図5-1）。この結果より，次の2つを指摘できる。1つは，小学校では不登校の子どもの数に大きな変化がないのに対し，中学校では不登校の子どもの数は増加傾向にあること，である。もう1つは，小学校よりも中学校で不登校の子どもの数がはるかに多いこと，である。

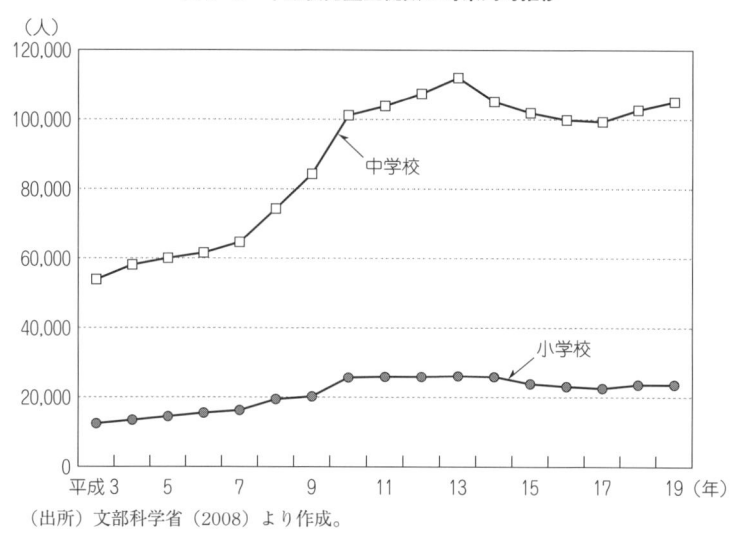

図5-1　不登校児童生徒数の時系列的推移

（出所）文部科学省（2008）より作成。

続いて，不登校状態が継続している理由を見てみたい（表5-1）。これを見

ると，「不安など情緒的混乱」の割合が最も高く，小学校で42.0％，中学校で33.4％となっている。次いで多いのが「無気力」であり，小学校で28.1％，中学校で28.6％となっている。「無気力」の具体例としては，「無気力でなんとなく登校しない。登校しないことへの罪悪感が少なく，迎えに行ったり強く催促すると登校するが長続きしない」といったことがあげられている。

表5-1 不登校状態が継続している理由（2007年）

区　分	小学校	中学校	計
いじめ	1.0	1.1	1.1
いじめを除く他の児童生徒との関係	8.7	14.1	13.1
教職員との関係	1.7	0.8	0.9
その他の学校生活上の影響	5.2	7.4	7.0
あそび・非行	0.9	10.9	9.1
無気力	28.1	28.6	28.6
不安など情緒的混乱	42.0	33.4	35.0
意図的な拒否	6.1	6.6	6.5
その他	20.6	9.8	11.8

（出所）文部科学省（2008）より作成。

　注目したいのは，「無気力」が理由で不登校状態が継続している子どもの割合が小学校，中学校ともに多いことである。ここからうかがえるのは，学校に行くことを自明視しない子どもたちの姿である。このような子どもたちが現れるようになったのはなぜなのか。次項ではこの問題について考えてみたい。

（2）登校の自明性の低下の社会的背景

　学校に行くことを自明視しない子どもたちが現れてきたことについては，滝川一廣（1996）の指摘が参考になろう。滝川によれば，昭和20年代における長欠率の著しい高さの背景には，戦後の生活困窮や保健環境の悪さがあった。その後，生活水準と保健環境の向上とともに，長欠率は急速に低下していった。
　しかし，昭和30年代半ばから長欠率は低下の勾配を緩め，さらには昭和50年を境に急速に上昇していった。このような長欠率の上昇の理由について，滝川は，学校から聖性と絶対性とが失われていった点を指摘している。かつて，学

校は豊かな近代社会を実現するために重要不可欠なシステムとして機能していた。ところが，高度の産業社会と豊かな日常生活が一般のものとなることによって，学校の聖性と絶対性は成り立たなくなり，子どもたちが学校に行くことの自明性は薄らいでいったのである。

　また，樋田大二郎（2001）は，子どもたちの中で登校の自明性が低下した社会的背景について，より詳しく論じている。樋田は，かつて登校が自明視されていた背景として，学校の進路形成機能やアイディティ形成機能に着目している。子どもは成人とは異なり，「社会人」や「職業人」のような社会的アイデンティティをもたない。このような子どもたちにとって，学校は社会的アイデンティティを獲得する上での重要なリソース（資源）を提供する。具体的に言えば，子どもたちは学校における成績などを通じて，学校内での自分の相対的位置づけを獲得し，自分が社会的にどういった存在であるのかを知るのである。このことは，卒業後の進路を控えた高校段階においてより一層顕著である。高校において，子どもたちは自分の通う高校の序列や高校内の成績序列を進学先や就職先と対応づける（対応づけられる）ことにより，将来の社会的地位達成や職業的地位達成に対する自己認識を深めていくからである。

　しかしその後，学校は進路形成機能やアイデンティティ形成機能を衰退させていくこととなる。その理由として，樋田は次の4つをあげている。第1に，就職者については，男子高卒労働者のマニュアル・ワーカー化の進展と女子労働者の事務職化の進展の結果，高校の学科と就職先との対応が崩れ，高校での学習内容と関係なく就職先が決まるようになってきたこと，である。第2に，専門学科高校において高卒後に進学する者が増加したこと，である。第3に，進学者については，受験競争の緩和等にともない，かつてほど勉強しなくなったこと，である。第4に，高校の進路形成機能の変化により，近年では高卒無業者が主要な「進路」の一つとなったこと，である。

　さらに，樋田は，子どもたちの中で登校の自明性が低下した社会的背景として，学習内容の面で子どもの教育ニーズに応えるのは学校以上に進学塾や予備校であるという事態が生じつつあること，などについても言及している。

　以上のことを踏まえると，子どもたちが学校に行くことはもはや当たり前で

はない時代が訪れつつある，と言えるだろう。

（3）子どもたちを学校につなぎとめるものは何か：ボンド理論を手がかりに

　子どもたちの中で学校に行くことの自明性が薄らいでいくなか，学校は子どもたちの登校を促すために何ができるのであろうか。この問題を考えるにあたっては，森田洋司（1991）が参考となる。森田は，不登校という現象を，ボンド理論（社会的絆の理論）によって解釈しようと試みている。ボンド理論とは，トラビス・ハーシ（Travis Hirschi）によって考案された，犯罪行動を説明するための理論のことである。その特徴は，従来の逸脱研究が"人々はなぜ逸脱するのか"という問いのもと人々が逸脱する原因を明らかにしようとしていたのに対し，"人々はなぜ逸脱しないのか"という正反対の問いのもと，人々を社会へとつなぎとめている絆を明らかにしようとしたところにある。ハーシによれば，社会的絆は「愛着（attachment）」「コミットメント（commitment）」「包絡（involvement）」「信念（belief）」の4つである。

① 愛　着（attachment）

　「社会の規範は，定義上，社会の成員によって内面化されている。それゆえ，規範を破棄することは，他の人々の要求や期待と正反対の行動をすることである。もし人が他の人々の要求や期待を気にかけないとしたなら，すなわち，もし人が他者の意見に鈍感であるとしたなら，彼はその点で規範に拘束されていない。規範の内面化や良心，超自我の本質は，このように個人の他者に対する愛着に存在する」（Hirschi, 1969：18）。つまり，他者による「愛着」により，人々は規範を遵守するのである。

② コミットメント（commitment）

　慣例的行動において蓄積してきた投資の量に応じて，逸脱行動は抑制される。たとえば，慣例的行動を行うことによって得られた学歴や職歴は，逸脱行動を抑制するのに十分な効力を発揮する。このような法に従うことにおける合理的な要素が，「コミットメント」と呼ばれるものである。

③ 包　絡（involvement）

　「慣例的行動に関係させられる人々は，約束や最終期限，勤務時間，計画な

どのようなものに拘束されているため，逸脱行動を遂行するための機会はほとんど生じない」(Hirschi, 1969：22)。それゆえ，慣例的行動に巻き込まれていることもまた，逸脱行動を抑制する上で機能する。
④ 信　念 (belief)
「人々が社会における規則に従うべきだとする程度は異なり，さらに，人が社会の規則について従うべきだと信じることが少なくなるにつれて，彼がそれを放棄することは多くなる」(Hirschi, 1969：26)。つまり，社会的規則の道徳的妥当性における信念の違いが，逸脱行動の生起を左右するのである。

以上を踏まえ，森田は，「学校ぎらい」の感情が一部の子どもたちに見られるものではなく，多くの子どもたちに共通して見られることに着目し，"子どもたちはなぜ学校に行かないのか"という問いではなく"子どもたちはなぜ学校に行くのか"という問いのもと，子どもたちを学校へとつなぎとめている絆について検討を試みている。それは次の4つである。第1に「対人関係によるボンド」である。これは，友人や教師との対人関係上のつながりを意味する。第2に「手段的自己実現によるボンド」である。これは，将来の目標へのつながりとそこでの自己実現を意味する。第3に，「コンサマトリーな自己実現によるボンド」である。これは，コンサマトリーな欲求充足を学校生活から得ている度合いを意味する。第4に「規範的正当性への信念へのボンド」である。これは，校則や学校におけるきまり（登校時間や出席など）を正当なものとして受容している度合いを意味する。森田によれば，これらの絆が弱まることによって不登校行動は発現する。

今後，学校に行くことを自明視しない子どもたちはますます増加していくだろう。このような状況のなか，学校は子どもたちにとって意味や価値のある場として認識される必要性に迫られていると言えよう。

3　生徒文化からみた子どもたち

本節では，生徒文化に着目した研究から浮かび上がってくる子どもたちの姿

について検討する。まずは，生徒文化の定義と生徒文化を研究することの意義について説明する。次に，日本における生徒文化研究を紹介する。紹介するのは，次の2つである。1つは，高校間格差に着目した研究である。これらは主に高校生を対象とした質問紙調査をもとにしている。これらの研究から，生徒集団の多様性と学校による生徒集団のタイプの違いを知ることができるであろう。もう1つは，ジェンダーに着目した研究である。紹介する2つの研究はエスノグラフィーをもとにしている。これらの研究から，より実態に即した，女子高校生のリアルな姿をうかがうことができるであろう。

（1）生徒文化とはなにか

　生徒文化とはなにか，という点について説明するにあたり，学校文化への言及は避けて通れない。生徒文化は，学校文化を構成する下位文化の1つだからである。

　白石義郎（1985）によれば，学校文化とは「学校集団に特有な行動様式，とりわけ，その背後にある価値パターンと集団規範」（128頁）のことである。学校文化は，次の2つの下位文化から構成される。1つは教師文化であり，もう1つは生徒文化である。教師文化とは「教師集団に特有な価値パターンや規範のこと」（128頁）であり，生徒文化とは「生徒集団に特有な価値パターンや規範のこと」（128頁）である。

　それではなぜ，生徒文化に着目する必要があるのか。それは，生徒側と教師側とで同一の物に対する意味づけや解釈が大きく異なることがあり，その際，様々な問題が引き起こされる可能性があるからである。たとえば，学業成績一つをとってみても，教師の意味づけと生徒の意味づけとは大きく異なる可能性がある。教師にしてみれば，生徒の学業成績は生徒を評価する際の重要な判断材料であり，学業成績の良い生徒は教師から好意的な印象をもたれているかもしれない。一方，生徒にしてみれば，学業成績は教師への従順さを示す指標として否定的に捉えられており，学業成績の良い生徒は周囲の生徒から冷ややかなまなざしを向けられるかもしれない。このような場合，教師側が生徒の学業成績をあげるためにいくら尽力したところで，その努力が報われることはあま

り期待できないであろう。

　また、いじめについても、子どもたちは教師とは異なる意味づけをしている可能性がある。森田洋司ら（1994）が行った調査によれば、加害者では「相手に悪いところがあるから」をあげる者が最も多く（65.5％）、観衆では「相手に悪いところがあるから」（36.6％）、「おもしろいから」（38.2％）をあげる者が多い。このようにいじめの正当性を認める傾向は、加害者や観衆といったいじめに積極的に関与する子どもたちに限って見られることではない。「『いじめ』にたいする価値判断」について見てみると、「積極的肯定」（少しぐらいはあった方がよい）、「消極的肯定」（大したことはない）、「条件つき容認」（理由によっては必ずしも悪くない）を合計した割合は、小学生で半数近くであり、中学生では6割近くに達している。このうち「条件つき容認」をあげる者は、性別や学校段階を問わず最も多く見られる。以上のことを踏まえると、多くの子どもたちはいじめを全否定しているわけではなく、"場合によっては許される行為である"、と意味づけていると言えるだろう。いじめに対する子ども側の意味づけと教師側の意味づけとの隔たりの度合いは、学校や学級によって大きく異なると考えられるが、その隔たりが大きければ大きいほど、いじめ解決に向けた教師側の努力が実を結ぶことはきわめて困難となっていくであろう。

　これまで生徒文化の定義と生徒文化に着目することの意義について論じてきた。次項以降では、日本における生徒文化研究を紹介するとともに、そこから浮かび上がってくる子どもたちの姿について検討したい。

（2）高校間格差に着目した生徒文化研究からみた子どもたち

　生徒文化に着目した研究に最も早い段階で着手したのは、アメリカやイギリスである。白石義郎（1985）は、アメリカやイギリスにおける研究から明らかとなった生徒文化の特徴として、①生徒集団はいくつかの小集団に分かれており、それらはそれぞれ異なった価値パターンと集団規範をもつこと、②社会階層と学校による生徒の差異的処遇が、生徒文化を分化させる強力な要因となっていること、③学校ランクに対応した形で、生徒文化が分化していること、などをあげている。

これら海外の研究には，階級や社会階層的視点にもとづくものが比較的多く見られる。たとえば，ポール・ウィリス（Paul Willis）は，イギリスにおいて階級が再生産されるメカニズムについて，実に興味深い論を展開している。彼の描く労働者階級の子どもたちは，決して成績優秀な中産階級の子どもたちをうらやんだり，ねたんだりすることはない。むしろそのような子どもたちは，彼らにとって軽蔑の対象となる。労働者階級の子どもたちは，男としての傲岸さや人をうならせるような立ち居ふるまい，仲間同士の結束などに大きな価値を置いているからである。このような彼らの文化は労働者階級の文化と親和性が高いため，労働者階級の子どもたちは自ら進んで労働者となる。結果として，階級が再生産される，というのである。

それでは，日本における生徒文化研究はどういったことを明らかにしてきたのか。日本の研究は，高校進学率の増加にともなう高校間格差の拡大を背景として，学校の階層により生徒文化の状況が異なることを明らかにした。たとえば，武内清（1981）は公立高校を，生徒の中学時の成績と4年制大学進学率にもとづき3つにランク分けし，これら3つの間で支配的な生徒文化のタイプが異なるのかどうかを検討している。その結果，①学校ランクが上位の学校では「勉強型」の生徒文化が優位であるのに対し，中位・下位の学校では「反抗型」の生徒文化が優位であること，②一つの学校ランクに一つの生徒文化が対応するというのではなく，各学校ランクに複数の生徒文化が存在すること，などを明らかにしている。

また，耳塚寛明（1980）は，生徒文化の分化を促す要因について検討している。その結果，①学業成績と生徒文化のタイプとが密接に関連していること（成績上位者に向学校文化，下位者に反学校的下位文化をもつ者が多いこと），②進路志望と生徒文化のタイプとが密接に関連していること，③学校の組織文脈と生徒文化のタイプとが密接に関連していること（「名門」高校ほど，また，工業科高校に比して普通科高校の方が，向学校的下位文化と親近性が高いこと），④生徒文化のタイプは，進路希望よりも組織文脈と大きな関連をもつこと，などを明らかにしている。

さらに，大多和直樹（2001）は，1979年と1997年という2時点で実施された

調査をもとに，生徒文化の構造の変化が見られるのかどうかについて検討している。その結果，①学校階層において下位に位置づく学校ほど学校の価値に同調しにくくなるという「地位欲求不満説*」の基本構造は，両時点において存在するとともに，このような傾向に変化は認められなかったこと，②「地位欲求不満説」の構造は，1979年の時点ではどの階層の学校でもある程度認められたのに対し，1997年の時点では上位に位置づく学校ほど顕著に認められるようになったこと，などを明らかにしている。

   *「地位欲求不満説」とは，アルバート・コーヘン（Albert K. Cohen）に代表される逸脱の理論のことである。コーヘンによれば，非行下位文化とは，より大きな社会構造が提示する規準を満たすことのできない者たちが，集団的に自分たちが満たすことが可能な新たな規準を確立したことの結果である。

以上を踏まえると，日本における生徒文化研究は，子どもたちの逸脱行動を理解しようとする試みの中で発展してきたと言っても過言ではないであろう。

（3）ジェンダーに着目した生徒文化研究からみた子どもたち

ジェンダーとは，生物学的性差とは異なり，文化的・社会的に形成される性差を意味する。なお，以下に紹介する2つの研究は，質問紙調査ではなく，エスノグラフィーの手法を用いている。エスノグラフィーとは，学校現場に直接足を運び，子どもたちの様子を観察したり，子どもたちにインタビューをするなどしてデータを収集する，という手法のことである。このような手法を用いることにより，子どもたちの姿をより生き生きとした形で描くことが可能となる。

宮崎あゆみ（1993）は，ある女子高校における2つのコース（TコースとAコース）に在籍する生徒を対象に観察を行っている。Tコースのカリキュラムは受験科目中心であり，そこに属する生徒は主に4年制大学への進学を希望している。一方，Aコースのカリキュラムは家庭科や芸術の科目が多く，そこに属する生徒は主に就職または専門学校への進学を希望している。宮崎が明らかとしていることは，次のようなことである。

第1に，生徒たちは大別して，「勉強グループ」「オタッキーグループ」「ヤ

ンキーグループ」「一般グループ」の4つのグループに分化していること、である。

　第2に、各グループで規則への対応や、外見（制服の着方など）、学校外での世界の広がり、学校の勉強などの価値づけ、性役割観が大きく異なることである。「ヤンキーグループ」の子たちは、学校に対して反抗的であり、外見も派手（短いスカート、茶髪、化粧をするなど）である。また、学校外での行動範囲や交友関係が広く、学校での勉強に価値を置いていない。加えて、キャリア志向の者と家庭志向の者とに分かれている。一方、「勉強グループ」の子たちは、規則を守り、学校の規定通りの服装をしている。また、学校外の世界の広がりをもたない傾向にあり、学校での勉強に価値を置いている。加えて、キャリア志向の者が多い。

　第3に、各グループが互いのグループを批判しあっていること、である。たとえば、「ヤンキーグループ」の子たちは、「勉強グループ」や「オタッキーグループ」の子たちのことを「いいこちゃん」「おしゃれをしない」などと批判している。その一方で、「勉強グループ」や「オタッキーグループ」の子たちは、「ヤンキーグループ」の子たちのことを「かっこつけてる」「品がない」などと批判している。

　また、上間陽子（2002）は、ある偏差値底辺校の女子高校に在籍している生徒を観察した結果にもとづき、次のようなことを明らかにしている。第1に、生徒たちは大別して、「トップ」「コギャル」「オタク」という3つのグループに分化しており、グループ間には階層的な秩序があること、である。「オタク」が最も下層に位置づけられており、「コギャル」、「トップ」となるにつれて階層が高くなる。「コギャル」の子たちは、「オタク」の子たちを様々な形で排除することで、自分たちの方が格が上であることを誇示する。また、「トップ」の子たちに憧れをもち、彼らのスタイルを取り入れようとする。

　第2に、「コギャル」はもともと消費社会的な資質を備えているのではなく、学校に入学し、メディアや「トップ」の子たちのサブカルチャーを流用することにより、「コギャル」として生まれ変わる、ということである。当該女子高に通う子たちは当初から「自由奔放」であったわけではなく、いじめられた体

験をもつ者が9割を占めており，高校になってから初めて遊び出すものが大半である。彼らの「コギャル」としての振る舞いは，かつての低学力や人間関係における嫌な思い出を忘れ，「コギャル」として新しく生まれ変わるための試みなのである。

学習課題

① 中学校段階でいじめや不登校が深刻化する理由について考えてみよう。
②「学級崩壊」からうかがえる子どもたちの姿とその背景について考えてみよう。
③ 過去の学校体験を振り返り，自分が所属していたグループの文化について考えてみよう。

参考文献

ウィリス，P.，熊沢誠・山田潤訳 1996『ハマータウンの野郎ども――学校への反抗 労働への従順』ちくま学芸文庫．

上間陽子 2002「現代女子高校生のアイデンティティ形成」『教育学研究』第69巻第3号，47-58頁．

加野芳正 1998「不登校問題の社会学に向けて」『教育社会学研究』第68集，5-23頁．

久保田真功 2008「いじめ傍観者の被害者への援助抑制理由とその規定要因に関する分析――大学生を対象とした回顧調査をもとに」『子ども社会研究』14号，17-28頁．

白石義郎 1985「学校文化と生徒文化――生徒の社会学」柴野昌山編『教育社会学を学ぶ人のために』世界思想社，128-144頁．

滝川一廣 1996「脱学校の子どもたち」井上俊ほか編『こどもと教育の社会学』岩波出版，39-56頁．

武内清 1981「高校における学校格差文化」『教育社会学研究』第36集，137-144頁．

中野独人 2004『電車男』新潮社．

樋田大二郎 2001「不登校現象からみる学校教育の変容――登校自明性の低下とパノプティコンの拡大」『教育社会学研究』第68集，25-43頁．

耳塚寛明 1980「生徒文化の文化に関する研究」『教育社会学研究』第35集，111-122頁．

宮崎あゆみ 1993「ジェンダー・サブカルチャーのダイナミクス――女子高における

エスノグラフィーをもとに」『教育社会学研究』第52集，157 - 177頁．
森田洋司・清永賢二 〔1986〕1994 『新訂版 いじめ――教室の病い』金子書房．
森田洋司 1991 『「不登校」現象の社会学』学文社．
文部科学省 2008「平成19年度児童生徒の問題行動等生徒指導上の諸問題に関する調査」(小中不登校）について（8月速報値).
　　http://www.mext.go.jp/b_menu/houdou/20/08/08073006.htm
Cohen, Albert K. 1955 *Delinquent Boys : The Culture of the Gang*, The Free Press, New York.
Hirschi, Travis 1969 *Cause of Delinquency*, University of California Press, Berkley.

　　　　　　　　　　　　　　　　　　　　　　　　　　　（久保田真功）

| 第6章 | 教　　師 |

　1980年代以後，教育問題が噴出するようになると，教師は様々な形で批判にさらされるようになった。校内暴力，いじめ，不登校，学級崩壊，次々に現れる教育問題の一因は教師の資質の低下にあるとされることも少なくない。また，教師の職場は近年の教育改革で大きく変化している。市場原理の導入による学校選択制や民間人校長の導入，カリキュラムの自由化，また教師の評価システムの整備などにより，教師の職務内容や職場環境は大きく変化し，教師の意識にまで改革が求められている。

　こうした教師をめぐる様々な状況の変化は，たんに教育改革による制度的な変化が進んだためだけではないだろう。学校を取り巻く社会からの教師への「まなざし」が近年になって大きく変化したこともその理由だと考えられる。つまり，多くの人々が持っている教育への，そして教師への期待や希望が大きく変化し，それと現実の教師とのズレが批判や非難となって表れているのかもしれない。すなわち「あるべき」とされる教師像の揺らぎが現在のような教師批判につながっている。

　それでは，教師像はどのように変化したのだろうか。また，教師にはどのような「役割」が期待されてきたのだろうか。本章では小説やドラマ，あるいはマンガといったメディアに描かれた教師像の変化を追いながら，現在の現実の教師が置かれている状況について検討してみたい。

1　熱血教師の時代

(1)『青春とはなんだ』の教師像

　社会からの教師への「まなざし」は時代により大きく変化してきた。学校や教育と人々との関係が，人々の教師への「まなざし」を作り出し，それと同時にその時代に理想とされる教師像を生み出してきた。その教師像こそが，時代による教師への期待と批判を規定してもいる。それでは現在の教師は，人々からどのような「まなざし」を向けられているのだろうか。

まず，現代社会における教師への「まなざし」とその揺らぎを見るため，ここでは「熱血教師」という言葉を手がかりにしてみたい。すなわち，メディアに描かれた「熱血教師」を読み解くことで，時代による教師像の変化を検討しよう。現在も「理想的」な教師像として「熱血教師」があげられることは多い。また，昔は数多くの「熱血教師」が実際の学校で活躍していたと，懐古的に語られることも少なくない。それでは実際にどのような熱血教師像がメディアの中で描かれてきたのだろうか。

 教師は戦前期から繰り返し多様なメディアの中で描かれてきた。夏目漱石の『坊っちゃん』，島崎藤村の『破戒』，田山花袋の『田舎教師』，壺井栄の『二十四の瞳』など教師を主人公にした小説は明治から現在まで数多い。

 学校に通っている間は児童や生徒として誰もが一番身近な職業として教師と接することになる。また学校を卒業しても子どもをもてば保護者として，多くの人々が実に長い期間，教師という職業との接点をもち続ける。こうした身近な存在として，教師は多くのメディアに取り上げられてきた。そこで描かれた教師の物語は，それぞれの時代の人々の教師への思い，学校に対する考え方を映す鏡ともなってきた。教師に対する良い印象，そして悪い印象などが物語の中でないまぜになりながら，その時代の教師という存在を浮き彫りにするのである。

 こうした小説の中にはっきりと「熱血教師」が描かれ，また多くの人々に受け入れられたのは石原慎太郎の『青春とはなんだ』であろう。『青春とはなんだ』は1963（昭和38）年から雑誌に連載され，1964年に単行本として出版された。石原慎太郎のホームページによれば石原作品の売り上げでは第9位，30万部が発行されている（http://www.sensenfukoku.net/nbest/nbestm.html，2007年2月6日現在）。

 この『青春とはなんだ』は舞台となる小さな町に一人の若者が現れるところから始まる。大柄な体をジャンバーで包んだその姿は，肉体労働者のように見え，やくざ者からは刑務所から戻ってきたと間違われるほどである。外見だけではない。彼は駅に降り立って早々，食事のために入った小料理屋で高校生に絡むやくざ者を苦もなくたたき出してしまう。この若者こそ，アメリカから帰

国したばかりの新任英語教師，野々村健介であった。

　この野々村健介の特徴は風貌や体つきだけではない。それ以上に教師としての積極性と行動力がこの主人公を特徴づけている。進学のための勉強を親から押しつけられ，好きな異性との交際を禁じられた生徒のために，恋愛の大切さを説いて親を説得しようとする。家庭の事情で学校に来られなくなった生徒を心配して家を訪ね，その生活を助けようとする。学校の体育文化ホールの建設で不正を働こうとする建設会社と直談判をして不正をやめさせる。さらに，とくに熱血教師として象徴的なのは，不良たちをラグビー部に無理矢理引き入れ，立ち直らせようとすることである。野々村はたとえ他の教師や親などから，これらの行動が非難され，妨害されても，自分の信じた通りに突き進んでいく。

　こうした教師像は，当時の一般的な教師に対する批判から生まれたものなのかもしれない。当時は教師を志望する者はそれほど多くなく，その一方で採用数は多かった。それゆえ，希望の就職ができなかったため，教師になることを望まないにもかかわらず教師にならざるを得ない者が少なくなかった。これが「デモシカ教師」である。つまり「教師にデモなるか」「教師にシカなれない」というわけである。デモシカ教師は無気力な教師の代名詞ともなった。すなわち，教師としてのやる気が無く，必要最低限の仕事だけしかせず，変化を望まず，保身を重視して教育委員会や親からの批判ばかりを気にする保守的な教師である。『青春とはなんだ』の野々村先生は教育に情熱を燃やし，批判を恐れず強引とも言える行動をとることで，デモシカ教師のイメージを破壊した。つまり『青春とはなんだ』によって作られた熱血教師像が，当時の教師の理想的な姿となり，またそれは大きな社会的影響力をもつことになった。

（2）青春ドラマシリーズから『スクール☆ウォーズ』へ

　『青春とはなんだ』の社会的影響力の大きさは，この書が公刊された後の映画化，ドラマ化の状況が示しているだろう。1965（昭和40）年には日活で舛田利雄監督，石原裕次郎主演で映画化された。また，その3ヵ月後には夏木陽介主演でテレビドラマ化もされた。今で言うメディア・ミックスである。とくにテレビドラマは好評で当初，26回の放送予定が41回の1年間に延長されたとい

う。

　さらにテレビドラマはシリーズ化され，『青春とはなんだ』と同様に教師を主人公としたドラマが続々と制作された。それらは「青春ドラマシリーズ」と呼ばれ，代表的なものをあげても，翌1966年の竜雷太主演『これが青春だ』，1972年の村野武徳主演『飛び出せ！青春』，1974年の中村雅俊主演『われら！青春』などがあり，数多くの作品が好評を博した。

　この「青春ドラマシリーズ」で描かれた教師像は，当初の『青春とはなんだ』で描かれた強い積極性と行動力をもった教師から，新任の少し頼りない教師へと変化してはいる。しかし，いずれもラグビーやサッカーなどの部活動でのスポーツを一つの軸とし，それを通じた教師の指導の熱血さが大きな感動を呼んだ。

　おそらくこの「青春ドラマシリーズ」で作られた教師像が1970年代終わりからの一連の教師を主役としたドラマにも反映されているのだろう。1970年代終わりから制作された『熱中時代』（水谷豊主演，1978年），『三年B組金八先生』（武田鉄矢主演，1979年），『教師びんびん物語』（田原俊彦主演，1988年）はいずれもある意味での熱血教師を主人公にしたドラマであった。

　1980年代から続々と制作された教師ドラマでは，番組により，また時代により教師像は多様に広がっていった。その中で『青春とはなんだ』で作られた熱血教師像が成熟した形で提示されたのが，1984（昭和59）年から放送された『スクール☆ウォーズ』であった。

　『スクール☆ウォーズ』は校内暴力が社会問題となった当時の世相を背景とし，伏見工業高校のラグビー部を日本一に導いた山口良治をモデルとして作成されたものだという。元日本代表のラグビー選手，滝沢賢治は校長の強い要望で，校内暴力で荒れ果てた学校に教師として赴任した。滝沢先生はやる気のないラグビー部の選手達を指導し，いくつもの苦難や挫折を経て，最終的には全国大会での優勝を果たすことになる。その過程で滝沢先生はラグビーを通してのみでなく，生徒指導により校内暴力を抑え，また他の教師の意識をも変えていった。生徒の暴力に敢然と立ち向かい，情熱を怒りと涙で表現する主人公，滝沢先生の姿は視聴者に深い感銘を与えた。

この『スクール☆ウォーズ』はいくつもの名場面や名セリフを残し，放送から20年を経た現在でもパロディになるほど大きなインパクトを与えた。「強くなるために，俺は今からお前たちを殴る」や「One for All, All for One」などの滝沢先生の言葉は強く印象に残るものであった。また，実話が背景にあることも手伝って，滝沢先生の姿が「理想的な熱血教師」としても受け入れられた。すなわち，『青春とはなんだ』で作られた熱血教師像が，『スクール☆ウォーズ』によって結実したのである。

(3)「熱血教師」像の社会背景

それでは『青春とはなんだ』から『スクール☆ウォーズ』へと続くテレビドラマで，なぜこうした熱血教師像が形成されたのだろうか。いったい，当時のどのような社会背景の元でこうした教師像が求められたのだろうか。

『青春とはなんだ』が発表された1960年代の日本は高度経済成長のまっただ中であった。1950年代には「三種の神器」と呼ばれた白黒テレビ・洗濯機・冷蔵庫が，1960年代には3Cと呼ばれるカラーテレビ・クーラー・カー（自家用車）といった電化製品が家庭に普及した。また会社員の給与も年々上昇していた。つまりこの時代に日本全体が急速に豊かになったのである。

ところがその一方で貧富の格差も大きく拡大した。「中卒は金の卵」と呼ばれ，中学校を卒業したばかりの地方の人々が集団就職によって都市部の工場などに就職した。だが，「金の卵」であったのは雇用主にとってであり，中卒者の多くはブルーカラーとして低賃金で長時間の労働に従事せざるをえなかった。定時制高校・大学への進学の道もあったが，それも雇用主の理解が必要であり，進学できた者は限られていた。

こうした社会状況を背景にして学校，そして進学の重要性を多くの人々が実感せざるを得なかった。高校に進学すれば，さらに大学に進学すれば高賃金の職業につけ，高い社会的地位も手に入れることができる。逆に進学できなければ，低賃金の職業に従事するしかない。したがって，高度経済成長の波に乗って高い社会的地位を得るためには，学校で良い成績をとり，高校，大学へと進学する機会を得なければならなかった。

当時は貧困の問題も大きく，学校で良い成績をとったからといって誰もが進学できたわけではない。しかし，この時代には学校が社会的地位を保障するものとして機能し，また人々からそのように見なされていた。つまり，学校に行くことで，人々の生活が変化すると考えられていたのである。

広田（1998）は，1960年代の社会状況と学校との関係に言及し，「学校は，「封建的」で「遅れた」地域社会の旧慣を打破し，民主的で進歩的な社会や過程を作るための〈啓蒙の装置〉」であり，「経済的貧困や文化的落差の存在の前提にして，学校は地域や親の基本的な信頼を調達できていた」（広田，1998：159）としている。つまり，1960年代には，多くの人々が，学校により，さらには教師によって自分たちの抱える問題が解決され，生活環境が改善されると信じていた。この時期の学校と教師は，親や生徒，また地域からも厚く信頼され，また強い権威をもっていたのである。

こうした人々の学校への期待を背景として，デモシカ教師の対極となる，積極性と行動力をもった熱血教師が生み出されることになった。生徒や地域の重大な問題を次々と解決する熱血教師の姿は，まさに人々が学校に期待したものと同じだった。つまり，学校への信頼と期待が熱血教師を生み出した。人々は映画やドラマの中と同じように，現実の世界でも熱血教師が学校の枠に収まりきれない活躍をすることで，学校を変え，さらには社会を変えることに期待したのである。

2 熱血教師の否定──マンガの中の教師像

『スクール☆ウォーズ』で成熟した熱血教師像は，現在までテレビドラマの中では姿を変えながら現れている。ところが，別のメディア，すなわちマンガに目を移してみると，1980年代以降には熱血教師はほとんど描かれていない。そればかりか『スクール☆ウォーズ』が制作された1980年代半ばにはマンガでは熱血教師は揶揄され，パロディ化されてしまっている。

山田（2004）が指摘しているように，とくに少年マンガでは1980年代に入ってから不良が教師になるという設定が多くなる。『コンポラ先生』（もとはしま

さひで，1981年，講談社）に始まり，近年の『GTO』（藤沢とおる，1997年，講談社）にいたるまで，反社会的で教育への情熱や積極性の無い不良教師を主人公としたマンガが数多く描かれてきた。

かつての熱血教師が描かれるのは，多くの場合，不良教師マンガの脇役としてである。だが，不良教師マンガでの熱血教師は時代遅れの勘違い教師であるか，偽善的な教師にすぎず，生徒からも嫌われている。

たとえば『ファンキー・モンキー・ティチャー』（守山鶴，1987年，講談社）というマンガがある。これは1991年に映画化され，その続編は3作まで制作された。また，その後Ｖシネマにもなっている。現在はあまり知られていないが，当時は話題になった作品である。この作品の主人公はかつての熱血教師の代名詞でもあった体育教師である。

主人公の体育教師，戸沢康平はいつもジャージを着ており，剃り込みの入った髪型もあっていつも不良に間違われる。ある時，警官から職務質問を受けるが，警官は教師である戸沢先生を暴走族，果てはヤクザだと思いこんでしまう。また家庭訪問に行った先では，先生が来るはずなのに不良が来たと大騒ぎになる。その戸沢の同僚，黒岩は竹刀を持って生徒指導に燃える熱血教師であるが，その実，暴力教師に過ぎない。職員室ではいつも机の上に足をあげて鼻毛を抜いている。

教師によるスポーツの指導が，熱血教師の象徴であり，体育教師はその代表的な存在であった。しかし，マンガの中では体育教師は熱血教師のパロディとして揶揄されながら描かれるようになった。

また，映画化，ドラマ化などのメディア・ミックス戦略で話題にもなった『GTO』で描かれる体育教師，袋田も熱血教師のパロディとなっている。袋田は職員会議で寝ていた主人公教師の鬼塚の精神をたたき直そうとスポーツでの「男の勝負」を挑む。しかし，体力だけで何も考えない袋田は鬼塚にことごとく惨敗してしまう。また，熱血教師を気取ってはいるが，その実，女生徒をいやらしい目で眺める生徒にとっては気持ち悪い教師の一人に過ぎない。

このように1980年代以後，テレビドラマの中で熱血教師が活躍する一方で，マンガの中では熱血教師はからかいの対象になってしまった。このことは，マ

ンガの読者層が10代を中心とした若年層に偏っていることを考えれば，当時の若者，すなわち実際に学校に通う青少年層にとって熱血教師が理想ではなくなってしまったことを示している。

それではなぜ熱血教師が否定されるようになったのだろうか。先に指摘したように，熱血教師は学校への強い信頼と期待によって作り出された教師の理想像であった。しかし，1980年代になって高度経済成長が終わり，経済が停滞するようになるとかつての学校への信頼や期待は失われてしまった。そのことを示すのが様々な教育問題の噴出であろう。1970年代の終わりからは偏差値にもとづく加熱した受験指導が批判された。また1980年代初頭の校内暴力，それに続く不登校，いじめなど次々と教育問題が報じられるようになった。さらには教師の体罰や厳しい校則などが批判され，教育問題に対する学校や教師の責任が問われるようになった。

また広田が指摘しているように，家庭の文化水準が高まり，経済的にも豊かになると，学校で与えられるものがさほど重要視されなくなり，厳しい規律や，いじめなどに耐えて学校に行く必要が失われてしまったのである。こうして「親と学校との力関係が拮抗ないしは逆転」してしまうと，「学校内部の日常のあり方は親の注意深い監視の目にさらされ，旧来の指導方針や慣行は多様な親から（しばしば矛盾する）批判を浴びることに」（以上，広田，1998：159-163）なってしまった。その結果，学校は常に批判にさらされるようになり，それにしたがって教師への信頼も大きく揺らいでしまったのである。

1980年代以後にマンガに描かれた教師たちは，読者である生徒たちのこうした教師へのまなざしを示している。金八先生のように語り，『スクール☆ウォーズ』のような熱血指導をする教師たちを，生徒はからかいをもって見つめ，時には「うざい」と考えるようになったのだろう。生徒たちは熱血教師とは異なる教師像を求め始めたのである。

3　メディアに縛られる教師

以上，熱血教師を手がかりとして教師像の変化を見てきた。ここで注意して

おかなければならないのは，1980年代における熱血教師像の否定は，決して教師の質や力量が低下したために生じたことではないということである。むしろ「デモシカ教師」と揶揄された時代と比べれば，現在の教員は質も力量も上がっているかもしれない。

　1980年代以降，生徒たちに熱血教師が受け入れられなくなったのは，社会の中で期待される学校や教師の役割が変化したためである。繰り返しになるが，かつての学校は新たな文化を授け，社会移動の機会を与える重要な機関であった。しかし，そうした学校へ行く意味が見えなくなってしまった現代社会では，学校への信頼も期待も薄らいでしまうことになった。もちろん，そうした社会の変化に応じて，学校や教師も変化する必要がある。しかし，教師の問題を語る際には，社会における学校や教師の位置づけの変化に十分留意する必要がある。

　しかしながら，一般に教師の問題が語られる際，かつての伝統的な教師像がもとになっていることが少なくない。とくに本章で指摘した熱血教師を理想の教師像とし，熱血教師がいなくなったことが嘆かれることも多い。こうした形での教師批判は，固定的な教師像を教師に押しつけ，また社会の変化に応じた教師の教育行為を制限するものにすぎない。

　このことは教師研究の古典的名著であるウォーラー『学校集団――その構造と指導の生態』(1957)で早くから指摘されていた。ウォーラーは教師に対する社会通念として次の2つのタイプがあるとしている。一つは悪意をもって教師の特徴をあげつらう「漫画的な教師像」であり，もう一つは「ぎせい的精神に富む」など教師を見て，「その感じを好意的にまとめたものであり，いわば理想化された教師像である」。教師はこうした相反する2つの固定的なイメージをもち，教師はそこで作られた「教師像というワクの中にとじこめられている」とされる（以上，ウォーラー，1957：524 - 525）。つまり固定的な教師イメージが社会的に作られており，それが教師の行為を規定しているというのである。

　また，教師に対する固定的なイメージは，強固であり，なかなか変化するものでもない。むしろメディアの中に登場する教師を無理矢理固定的なイメージに押し込んでしまう場合もある。佐藤学はこうした教師に対する固定的なイ

メージの押しつけを「人間主義」という言葉で示している。佐藤は「教師は，まず人間であれ」や「『人間性』こそが教師にもっとも重要な資質である」という言葉であらわされる教師の規範を「人間主義」と呼び，これが「教師に関する一般的な議論の自明の前提となっている」と指摘する（佐藤，1997：313）。つまり熱血教師が良い先生と見なされるのは，この人間主義により教師の「良さ」が判断されているからに他ならない。佐藤が指摘しているように，壺井栄が描いた物語世界の大石先生は，『二十四の瞳』という物語から離れて一人歩きをするようになる。そして「誤読」が繰り返されることによって『二十四の瞳』という書物から離れ，大石先生の人間性を美化する抽象的な人間主義の教師像が形成されてしまった。

　このような形で物語に登場する教師に対して人間主義的な意味付与を行うことは現在も頻繁に行われている。本章で示した熱血教師はその典型の一つである。『青春とはなんだ』から青春ドラマシリーズ，そして『スクール☆ウォーズ』へと連なる熱血教師の物語はいずれも感動的なものである。その折々の教育問題，社会問題を差し挟みながら，その解決に奮闘し，また生徒とともに成長する熱血教師の姿は見る者に深い感銘を与える。

　しかし，そうした物語に対する感動は主人公である教師に対する感動へとすり替えられてしまった。つまり物語全体がドラマを作り出しているはずなのに，あたかも熱血教師だけの力でそうした感動が作り上げたように考えられてしまった。その結果，熱血教師が現実にいれば，物語世界と同じ感動を現実世界でも与えてくれる，また現実の教育問題は熱血教師がいないためだという，とんでもない錯覚を生み出してしまった。物語世界と現実が混乱したまま，あるべき教師像が語られているのである。

4　現実の教師

（1）教師の多忙さ

　物語世界で作られた固定的なイメージを教師に押しつけないようにするには，教師の現実をしっかりと把握する必要があるだろう。ここで現実の教師の仕事

第6章 教　　師

について3点，紹介しておこう。一つは教師の多忙さである。

　かつて教師の仕事は夏休みや冬休みなど長期休暇もあり，時間的な余裕が大きいと考えられていた。たとえば，ローティーは教師の報酬を賃金などの「付帯的報酬」，生徒とのふれあいなどによって得られる「精神的報酬」，そして長期休暇などの時間的余裕や競争からの自由といった「付加的報酬」に分類している（Lortie, 1975：101）。つまり，教育という重い仕事の一方で，まとまった休みがとれ，他の教師や学校との競争も無いのが教師の特徴だとされていた。

　しかし，日本の教師の場合，やらなければならない仕事は授業だけではない。生徒指導や進路指導はもちろんのこと，部活動の指導から膨大な事務的な作業までありとあらゆることを教師一人がやらなければならない。また週休二日制になっても，土曜日，日曜日に部活動の引率などをしなければならず，また夏休みなどの長期休暇も研修や会議などで潰れてしまう。

　さらに2000年前後からの教育の市場化は，競争から自由であったはずの学校に競争原理を持ち込むことなった。また，教育改革に対応して，教師はますます多くの仕事をしなければならなくなり，すでに多忙であった教師の仕事を，さらに多忙なものにしてしまった。その結果，ストレスと疲れを抱え込んだ教師の過労死やバーンアウトが問題とされるようになっている。

　アメリカやイギリスでは教師の仕事の分業化が進み，各学校にはカウンセラーやメンターと呼ばれる生徒指導の担当者が配置されている。また部活動は教師ではなく地域の指導者などが担当する場合が多い。また，教師の仕事を地域の人々や児童・生徒の親にボランティアなどとして積極的に補助してもらうこともある。このような形で，教師が授業に専念できる体制を整えている。

　日本においても，今後，教師の仕事を軽減していく必要があろう。そのためには教師の採用数の増加，スクールカウンセラーの配置などによる仕事の分業化，また授業補助のためのボランティアの積極的な採用などが必要とされる。

（2）**無境界性と複線性**

　教師の多忙化の背景にあるのは，たんに教師の仕事の量が多いことだけでない。多忙感を増大させる教師の仕事の特徴にも原因がある。

その一つが教師の仕事の「無境界性」である（佐藤，1997）。教師がどのような仕事をどこまですべきかに明確な定義がなされていない。そのため学校で，また地域や家庭で教師がしなければならない仕事は無限に広がり，拡散することになる。たとえば生徒指導では，問題を抱えた児童・生徒への対処は学校内だけにとどまらない。校外に出ての指導，また家庭での保護者との面接など，問題に真摯に対応しようとすればするほど広がっていく。その結果，教師はカウンセラーの役割や時には警察の役割など，様々な役割を背負うことになる。授業でも真摯に取り組めば，それにかかる時間は膨大なものへとふくれあがる。よりわかりやすい教材を作成するための研究や，勉強に興味をもった生徒の関心を伸ばすため，あるいは落ちこぼれをなくすための補習，宿題の確認や採点，また生徒のつまずきへの対応など必要とされる時間は無限に長くなっていく。ようするに教師の仕事，あるいは教育という活動にはこれで十分という明確な境界線が存在していない。それゆえ，真面目に働けば働くほど，教師の仕事は多忙になっていく。

もう一つの教師の仕事の特徴として，「複線性」をあげておこう。教師は数多くの膨大な仕事をすべて同時にこなさなければならず，仕事を一つ一つ片付けていくことができない。つまり，いくつもの仕事が同時進行となり，連続して一つの仕事に携わるのではなく，いずれの仕事も中断，再開を繰り返すことになる。

たとえば放課後に授業の準備をしていたとしても，それは部活動の指導や急な会議で中断され，長引いている学校行事の準備を手伝い，また校外で児童・生徒の事故や事件があれば，そこへも向かわなければならない。しかも，上で指摘したように多くの仕事に境界がないため，仕事をやり終えたという達成感が得られることも少ない。

それゆえ教師は多くのストレスを抱え込み，強烈な多忙感をもつことになってしまう。近年，教師の精神的な病が急増していると言われるが，その原因の一つはこうした教師の仕事の特徴にあると言えよう。

(3) 役割葛藤

　教師がストレスを抱えることになる背景としては，もう一つ，教師が役割葛藤に陥りやすい職業であることがあげられるだろう。教師の役割葛藤とは，自分が教師として振る舞おうとする行為と，同僚教師や管理職，生徒や保護者，また社会から期待される教師としての行為が矛盾することを言う。

　もともと学校での教育という活動は伝統的な知識や価値観を，新しい世代に押しつける活動であると言える。自由に振る舞いたがる生徒に対し，教師はたとえ生徒の気持ちが理解でき，共感できたとしても学校内の規律を押しつけなければならない。奇抜な服装や髪を染めるという新しい価値観が学校に持ち込まれれば，それを伝統的な「生徒らしさ」という価値観で縛らざるを得ない。また，勉強することの意味や大切さも，先に指摘したように1960年代と現在では大きく変わっている。勉強することの意味を失った生徒を，なんとか勉強させなければならない。

　生徒との関係だけではない。校長や保護者，そして社会が教師に求める役割はそれぞれ違っている。教師がゆとりのある経験主義的な教育を理想としていても，学力重視の授業をするよう求められ，受験対策の詰め込み授業をしなければならないかもしれない。生徒には自由に振る舞ってほしいと考えていても，厳しいしつけを求められるかもしれない。また，熱血教師では現在の生徒に対処できないとわかっていても，熱血でないことを咎められるかもしれない。

　教師はこうして様々な場面で役割葛藤に陥り，それをジレンマと感じることになる。しかもこのジレンマは，教育に対する高い理想をもち，それに真摯に取り組もうとする教師ほど大きくなってしまう。自身の理想を追求するほど，異なる教育観をもつ管理職や保護者からの期待がズレてしまうからである。こうして教師のストレスは増大し，教師という職業を難しいものにしてしまっている。

　なお，こうしたジレンマに対応してとる教師の行為がサバイバル・ストラテジーと呼ばれる。ジレンマを抱え込んだ教師は生徒との葛藤を和らげるために生徒が関心をもつテレビ番組やマンガ雑誌を読んだり，自分の理想を抑えて，管理職の教育理念に従ったりするようになる。まさに教師として生き残るため

に，教師は様々な戦略をとるのである。

5 教師研究への新たなアプローチ

　学校教育や教師について研究する際，またそれらを「問題」として語る際に重要なのはメディアなどで作られた固定的な教師像を捨て，自らの教師像を反省的に振り返ることであろう。そのために必要とされるのが，上のような教師の現実をよく知ることである。そのため教育学研究，教育社会学研究では多くの教師研究が積み重ねられてきた。その対象は，教員養成，新任教師の社会化，教師のキャリアから教室の中での実践まで多岐にわたる。

　従来，教師研究で主に用いられてきたのは，アンケートによる量的調査であった。数多くの教員にアンケートを行うことで，教員の全体像を描き出そうとしたのである。もちろんアンケートをベースにした研究は教師のライフコースを分析した山崎（2002）などのように重要な研究成果をあげてきた。しかし，山崎（2002）がアンケート調査のみでなく，積極的に質的資料を採用していることにみられるように，教師をアンケート調査など量的に分析するだけでは限界がある。とくにアンケートでは質問紙の設計段階で，調査者，あるいは被調査者の固定観念に縛られてしまうことが多い。つまり，アンケートの質問項目は既成の枠組みや伝統的な価値観に規定され，調査者が考えていないことを入れることはできない。まだ明確に言語化されず，十分に意識されていない新たな価値観や事象を調査することは非常に難しいものとなる。

　こうしたアンケートの問題を乗り越えるため，最近の教師研究ではエスノグラフィーなどの質的調査が取り入れられている。エスノグラフィーでは実際に教師と行動をともにする，あるいは生徒と一緒に授業を受けるなどの参与観察によって教師の行為や文化を明らかにしようとしている。アンケート調査と比べれば，時間も労力も多大なものになるが，教師という職業の現実を調査する上では非常に重要な手法であろう（調査方法としては箕浦（1999）を参照）。

　さらに近年は塚田（1998）のようなライフヒストリーという手法の重要性も認識されるようになっている。ライフヒストリーとは一人，または少数の教師

に対するインタビューによって，その教師のキャリアや世界観を再現しようとするものである。調査対象がごく限られているため，調査結果は調査対象者に固有のものとなる。しかし，ある教師個人の経験や問題，またそれへの対処などを明らかにすることで，さらに教師という職業の現実を深く掘り起こすことができよう。

またライフヒストリーの利点は，研究者の枠組みではなく，調査対象者，すなわち教師の視点から研究が出発することにもある。アンケート調査やエスノグラフィーでは，多くの場合，研究者の問題関心から研究が始まる。すなわち研究者が問題だと考えていることのみが，教師の問題だとして取り上げられるのである。したがって，教師が抱えている問題の解決ではなく，教育問題や社会問題として取り上げられた事象が大きな関心となる。

ところがライフヒストリーでは，まず教師が語る自身の問題から研究が始まることになる。それぞれの教師は研究者や他の人々が思ってもいなかったような固有の悩みや問題をもっている場合がある。ある問題は非常に私的で個人的なものであるかもしれない。またある問題は社会の変化や教育改革によって引き起こされたものであるかもしれない。そうした問題を教師の視点から見つめ直すことで，教師の問題を，あるいは教師個人を通して社会や学校教育の問題点を明らかにすることができる（たとえば，グッドソン，2001，2006）。

同じように教師の視点から研究を進める手法にアクション・リサーチと呼ばれるものがある。アクション・リサーチとは，実際に教育実践を行う教師が実践の中からデータを収集し，問題の発見，解決法の探求を行おうとするものである。

もちろん，ここで紹介した教師研究の手法はいずれも優れたものではあるが，問題点もある。今後，こうした手法を組み合わせながら，教師の現実を調査し，明らかにしていく必要があろう。そのことによって，固定的な教師像ではなく，多面的な視点によって教師を見る視点が得られるのである。

第Ⅰ部　学校と教育の社会学

> **学習課題**
> ① 本章でとりあげた小説，映画，ドラマ，マンガ以外にも数多くの教師がメディアに登場する。そうしたメディアの中で教師はどのようなイメージで描かれているのかを分析してみよう。
> ② これまでも教師は数多くの批判にさらされてきた。新聞や雑誌などで教師はどのような「問題」として扱われてきたのかを整理し，それがどのような社会背景によって「問題」とされたのかを議論してみよう。
> ③ 現在の日本の教師は本章であげたもの以外にも様々な問題を抱えている。その問題を整理し，海外の教師や戦前の教師の状況などを参考にしながら，どのような解決法があるのかを議論しよう。

参考文献

石原慎太郎 1978『青春とはなんだ』角川書店（角川文庫）.

ウォーラー，W., 石山脩平・橋爪貞雄訳 1957『学校集団——その構造と指導の生態』明治図書.

岡田晋吉 2003『青春ドラマ夢伝説』日本テレビ放送網株式会社.

グッドソン，I., 藤井泰・山田浩之編訳 2001『教師のライフヒストリー』晃洋書房.

グッドソン，I., サイクス，P., 高井良健一・山田浩之他訳 2006『ライフヒストリーの教育学』昭和堂.

佐藤学 1997『教師というアポリア』世織書房.

塚田守 1998『受験体制と教師のライフコース』多賀出版.

馬場信浩 1985『スクール・ウォーズ』光文社.

広田照幸 1998「学校像の変容と〈教育問題〉」佐伯胖・黒崎勲・佐藤学他『岩波講座　現代の教育　危機と改革2　学校像の模索』岩波書店.

箕浦康子 1999『フィールドワークの技法と実際』ミネルヴァ書房.

山崎準二 2002『教師のライフコース研究』創風社.

山田浩之 2004『マンガが語る教師像』昭和堂.

Lortie, D. 1975 *Schoolteacher*, Chicago & London : The University of Chicago Press.

（山田浩之）

第7章 高等教育

　高等教育の歴史は初等中等教育の歴史よりもはるかに長く，その歴史的展開のプロセスで，高等教育が担う機能も変遷してきた。第1節ではまず，高等教育の歴史的展開を概観する。また，高等教育と社会の関係のあり様は，高等教育の量的な拡大と密接に結びついている。そこで第2節では，高等教育の量的拡大と機能の変遷について論じる。クラーク（1973）によれば，高等教育の社会学的研究には，学生を対象とする教育の不平等の研究とカレッジ・インパクトの研究，教員を対象とする大学教授職の研究，そして組織の研究がある。これら全ての領域に言及することはできないので，第3節では主に学生にかかわる領域，具体的には，学歴社会論と教育の機会均等論を取り上げる。最後に第4節では，現代の高等教育が，従来の枠組みだけでは捉えきれない課題を抱えていることを示す。

1　高等教育の歴史的展開

（1）欧米大学の歴史

　高等教育の起源は中世ヨーロッパに誕生した大学に求められる。最古の大学と言われるフランスのパリ大学には著名な神学の教師が，イタリアのボローニア大学には著名な法学の教師がいた。また，イタリアのサレルノ大学は医学で有名だった。こうした著名な教師がヨーロッパ各国から学徒を集めたのであり，その意味で大学はきわめて国際的な存在だった。中世の大学は法学，医学，神学という専門職を養成する機関であり，そこでは体系的な教育が行われ，試験の合格者には学位を授与するというシステムを備えていた。

　中世の大学はタウンとガウンの戦いの歴史でもあった。大学のある都市と教師，学生は生活上の利害をめぐって頻繁に対立した。この対立は通常，都市に経済・社会的な利益をもたらす大学側の勝利に終わることが多かったが，不満があれば大学側が他の場所に移動することもあった。イギリス最古の大学であ

るオックスフォード大学は，パリにおけるタウンとガウンの戦いの産物と言われている。またケンブリッジ大学も，オックスフォード大学から分かれた大学であり，何れも中世に誕生した大学である。これらイギリスの大学は，イギリス国教会システムを維持するためのエリート養成の場として発展したのであり，やがて聖職者のみならず支配者層を育成する機関へと展開し，いわゆるジェントルマン教育の理念が完成した。

中世の大学は，政治的・宗教的体制に奉仕する人材育成機能を確立すると，やがてその学問的活力を失うこととなる。こうした中世の大学から脱却し近代の大学を構築したのがドイツの大学である。探究の自由を掲げるハレ大学，ゲッチンゲン大学が登場し，19世紀の初頭には教育と研究の統一を掲げ，近代大学の原型を創ったと言われるベルリン大学が設立される。自由な探究は学問に飛躍的な発展をもたらし，各国から多くの留学生を惹き付けることになった。近代の研究大学はドイツで誕生し，そこでは従来からの大学の自治に加えて学問の自由が獲得されたのである。

しかし，ドイツの大学も，応用・実学的な学問を大学として認めておらず，必ずしも産業社会の要請に応えることができていたわけではない。現代大学のモデルを作り上げたのはアメリカの大学である。アメリカ最古の大学であるハーバード大学は，植民地時代にケンブリッジ大学を範として設立され，当初はイギリスと同様に学寮によるジェントルマン教育を行っていた。しかし，19世紀半ばには工学や農学といった実用的な教育を取り入れた州立大学が設立される。また，ドイツへの留学生らの影響もあり，従来のカレッジ教育（学部）の上に研究を行う大学院を設けて，大学院システムを構築した。さらに，教養ある市民を育成するだけでなく，社会サービスを行う開かれた大学が整備され，ヨーロッパにはない独自の大学システムを構築した。

このように，教育を主たる機能としていた中世の大学は，ドイツの近代大学によって研究機能が付加されることになる。そしてアメリカ大陸に渡った現代の大学は，教育と研究に社会サービスを加えることとなり，現在言われている，教育・研究・社会サービスという大学の機能が確立された。これほどまでに長期にわたって大学という制度が存続し得たのは，一方では過去から受け継いだ

伝統を保持しながら，他方では時代の変化に応じて新たな機能を付加してきたからである。その意味では，現在の大学が果たしている機能，つまり私達が所与のものとして受け容れている機能も，普遍的なものではなく，長い歴史の中で見れば一時的なものと言えるかもしれない。

（2）日本の高等教育の歴史

　1877（明治10）年，我が国で最初の大学である東京大学が東京開成学校と東京医学校を合併して設立された。後の1886（明治19）年には，東京法学校や工部大学校を統合して帝国大学となる。これが現在の東京大学である。1903（明治36）年には中等後の外国語や法律関係の実用的な教育，あるいは教養的な教育を行っていた学校が専門学校として制度化された。このように戦前の我が国の高等教育システムは，帝国大学と実用的学問を中心に短期の教育を行う非大学部門である専門学校の複線構造をとっていた。

　戦前の高等教育機関は第2次世界大戦後，アメリカ占領下の改革を経て新制大学に移行する。しかし，アメリカでは教養教育は学士課程，専門教育は大学院を中心に担われたのに対して，日本では学士課程教育の前半を教養教育，後半を専門教育に分けるという形をとった。この基本的な構造は，大学設置基準が大綱化される1991（平成3）年まで維持された。

　他方で，専門学校のうち条件の整わない機関は暫定的に修業年限が短い短期大学としてスタートした。だが短期大学はその後大きく発展し，1964（昭和39）年には制度として恒久化する。加えて1962年には高等専門学校制度，1975年には専修学校制度ができて，現在の多様化した高等教育システムが確立する。こうした非大学部門の整備の背景には，進学機会の開放，経済発展に向けた中級技術者の要請，そして大学に比べて低コストで対応する必要性があった（阿部・金子編，1990）。

　大学以外のいわゆる非大学部門は，1960-70年代に世界的に拡大成長した。たとえば，イギリスの旧ポリテク（1992年に大学に昇格），ドイツの専門大学，フランスのIUT（大学付属の技術短期大学部），オランダのHBO，アメリカのコミュニティカレッジがそうである。大学部門と非大学部門は，修業年限そのも

のに違いがある場合もあれば，教育内容のみに違いのある場合もあるが，一般的に大学は相対的に修業年限が長く抽象・理論的な教育を重視する傾向にあるのに対して，非大学部門は相対的に修業年限が短く実用・職業的な教育を重視する傾向にある。

2　高等教育の拡大とその帰結

（1）量的な拡大と高等教育の機能の変容

　高等教育の発展段階説を提唱したトロウ（天野・喜多村訳，1976）によると，高等教育における在学者の比率が該当年齢人口の15％まではエリート型，15％以上50％未満はマス型，そして50％以上の状況はユニバーサル型と呼ばれる（表7-1）。これはアメリカの経験に基づいて提唱されたものだが，我が国では広く受け容れられた。発展段階の普遍性，名称や区分等をめぐっては意見の分かれるところだが，トロウ・モデルから我々が読み取るものがあるとすれば，それは高等教育の量的な拡大が，高等教育そのものの性格だけでなく，社会とのかかわりも大きく変えていかざるを得ないことを示している点である。

　たとえば高等教育の機会はエリート型では少数者の特権だが，マス型では多数者の権利となり，ユニバーサル型では万人の義務になる。これに伴い，進学の要件も家柄や才能といった制約的なものから，制度化された資格といった準制約的なものへ，そして個人の選択に基づく開放的なものへと変容する。学生の選抜原理も，試験による選抜という能力主義から，能力主義に機会均等の原理を加えたものへ，そして万人の教育保障へと移行し，達成基準の均等化が必要になってくる。

　量的な拡大により高等教育の機能も変容せざるを得ない。エリート型では文字通りエリート，支配階級の育成が主たる機能だが，マス型では専門分化したエリート養成と指導者層の育成が重要となり，ユニバーサル型では産業社会に有用な人材の育成が必要になる。こうした機能の変容に伴い，エリート型では同質的だった高等教育機関は，マス型では様々なレベルをもって多様化し，ユニバーサル型ではその多様性がさらに進行する。その結果，社会と大学との境

表7-1 高等教育制度の移行段階に伴う変化の図式

高等教育制度の段階	エリート型	マス型	ユニバーサル型
該当年齢人口に占める大学在学率	15％未満	15-50％	50％以上
高等教育制度の段階の機会	少数者の特権	相対的多数者の権利	万人の義務
大学進学の要件	制約的（家柄や才能）	準制約的（一定の制度化された資格）	開放的（個人の選択意思）
高等教育の目的観	人間形成・社会化	知識・技能の伝達	新しい広い経験の提供
高等教育の主要機能	エリート・支配階級の精神や性格の形成	専門分化したエリート養成＋社会の指導者層の育成	産業社会に適応しうる全国民の育成
教育課程	高度に構造化	構造化＋弾力化	非構造的
主要な教育方法・手段	個人指導・師弟関係重視のチューター制・ゼミナール制	非個別的な多人数講義＋補助的ゼミ、パート・タイム型・サンドイッチ型コース	通信・TV・コンピュータ・教育機器等の活用
学生の進学・就学パターン	中等教育修了後ストレートに大学進学、中断なく学習して学位取得、ドロップアウト率低い	中等教育後のノンストレート進学や一時的就学停止（ストップアウト）、ドロップアウトの増加	入学時期の遅れやストップアウト、成人・勤労学生の進学、職業経験者の再入学が激増
高等教育機関の特色	同質性	多様性	極度の多様性
社会と大学の境界	明確な区分 閉じられた大学	相対的に希薄化 開かれた大学	境界区分の消滅 大学と社会の一体化
学生の選抜原理	中等教育での成績または試験による選抜（能力主義）	能力主義＋個人の教育機会の均等化原理	万人のための教育保障＋集団としての達成水準の均等化
大学の管理者	アマチュアの大学人の兼任	専任化した大学人＋巨大な官僚スタッフ	管理専門職
大学の内部運営形態	長老教授による寡頭支配	長老教授＋若手教員や学生参加による"民主的"支配	学内コンセンサスの崩壊？ 学外者による支配？

（出所）トロウ（1976：193-194）からの一部抜粋。

界も，象牙の塔という言葉に象徴されるように明確であったものが，徐々に希薄化し，最終的には境界区分が消失する。

（2）戦後我が国の高等教育の拡大

　トロウ・モデルが示唆するように，高等教育の量的な変化を抑えておくこと

図7-1 進学率の推移

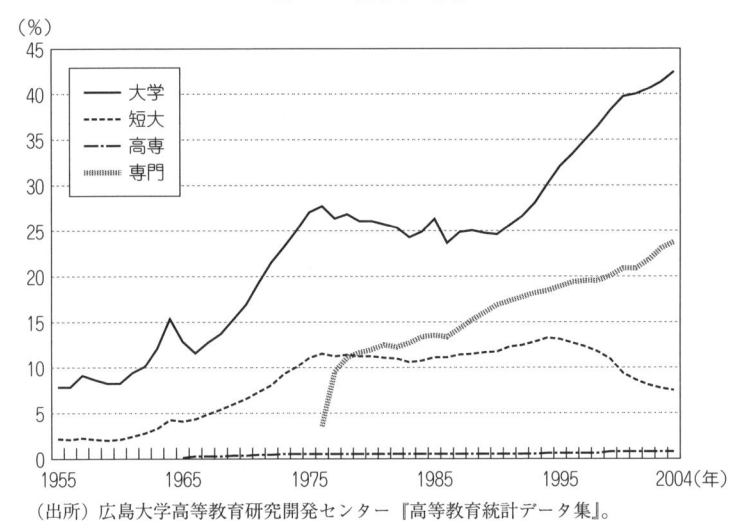

(出所）広島大学高等教育研究開発センター『高等教育統計データ集』。

は，基本的かつ重要な作業である。図7-1は，1955年以降50年間の我が国の高等教育進学者の量的変化を示している。1955年の大学進学者は13万6千人，短大進学者は3万8千人で，該当年齢人口に占める大学・短大への進学率は10％に過ぎなかった。

ところがその後1970年代半ばにかけて，進学者は大きく増加する。第一次拡張期である。1975年には大学進学者は42万4千人，短大進学者は17万5千人となり，大学・短大進学率は38％に達した。しかしその後は高等教育抑制・質の向上策がとられたこともあり，該当年齢人口の急増があったにもかかわらず，1980年代は大学・短大への進学者は微増に留まる。1990年の大学・短大進学率は36％，15年前と比べてもやや下降したのである。ただしこの時期，専門学校（専修学校専門課程）進学者は大きく増加する。1990年の進学者は33万9千人で，進学率は17％に達した。

1970年代半ばから停滞していた大学進学者は1990年以降，再び増加に転じる。第二次拡張期である。2005年に大学進学者は60万4千人となり，しかもこの時期は該当年齢人口の急減期とも重なっていたことから，大学進学率は大幅に上昇して44％に達した。他方で短大への進学者は急速に減少する。2005年の進学

者は9万9千人で進学率も7％にまで下降した。この時期，大学進学率が特に上昇したのは女子だった。女子の進学需要の短大から大学へとシフトが生じたのである。他方で，専門学校進学者は32万7千人と量的には伸びていないが，進学率は24％にまで上昇した。

なお，大学の量的な拡大に応えたのは私学であり，しかもその拡大が，大学間の明確な序列構造を温存したまま生じた，という日本的な構造の存在には留意が必要である。こうした量的な拡大が大学に新たな課題をつきつけている点については，第4節で紹介する。

3　学歴社会の諸相と教育の機会均等

（1）学歴社会論

学歴社会とは，個人の社会的地位が学歴によって決まる程度が高い社会のことを指す。身分制社会の下では，社会的地位の配分は身分や家柄で決まっていたが，産業社会の下では，社会的地位配分に果たす教育機関の役割が増大する。さらにドーア（1973）によれば，後発国ほど，先進諸国に追いつくために近代部門を先進国から輸入し，そこに従事する人材の育成を教育機関が引き受けることとなり，学歴主義となりやすい。日本もその例外ではなかった。戦前から既に地位と所得のある職業につくために学歴を求める学歴主義が誕生していたし，戦後は学歴をめぐる競争が一部の者から全体に拡大し，大学の階層的な序列構造が受験競争に拍車をかけた。

学歴には縦の学歴と横の学歴とがある。縦の学歴とは，高卒，大卒というように教育年数，学校段階による相違を指す。横の学歴とは，同じ教育段階における学校の種類，つまりどの学校を卒業したかということを指し，学校歴とも呼ばれる。縦の学歴も横の学歴も，その学校段階あるいはその学校に合格できたという，一種の能力指標となる。

縦の学歴と社会的地位の間には明確な対応関係がある。たとえば，学歴と職業との対応を見ると，高卒と短大卒・大卒などの高等教育卒の間で，就いている職業が異なっている。高卒では技能工他が多く，最近になるほどこの比率が

高まるのに対して，高等教育卒では専門技術職が多い。しかも，こうした学歴と職業の対応は長期的に安定していて大きな変化がない。学歴と賃金の間にも対応が認められる。学歴別賃金を見ると，年齢が上になるほど学歴間の賃金格差は拡大する。また，高卒と高専・短大卒の間の賃金格差はこの30年間，安定的に推移しているが，大卒の場合は，高卒との賃金格差が拡大する傾向にある。

　大学進学率が上昇して高学歴化が進行すると，大卒の労働市場における相対的な価値が下がるという学歴インフレ論が展開された時期もあったが，大卒の経済的価値は長期的に見ると安定ないし上昇している。大学教育にかかる費用と，大学進学で得られる便益の関係から，収益率（銀行の利子率のようなものと思えばよい）を算出すると，この値は男子ではだいたい6％台で推移してきており，最近は上昇傾向にあるという（島，2008）。横の学歴についても，大学の選抜性と内定先の企業規模との間に明確な関係があることや，学校歴が初職の威信と結びついていること，名門大学出身者ほど役員への昇進が有利で，年棒面でも条件がよくなっていること等が指摘されてきた。

　こうした学歴と社会的地位の関係に対する説明としては，学歴実像論と学歴虚像論の2つの考え方がある。職業に必要な知識や技能は大学において身につける，そう考えるのが学歴実像論である。大学教育を通じて個人の生産性が高まるという立場であり，人的資本論や技術的機能主義が該当する。学歴虚像論は職場で必要な知識や技能は，大学教育を通じて獲得するとは必ずしも考えない。学校は身分集団の文化を教える場で身分集団の維持・再生産に学歴を利用すると考える葛藤理論，雇用側は求職者の能力を直接知り得ず，学歴を能力の合図として用いたり，求職者を効率的にふるい分けるために用いると考えるシグナリング理論，スクリーニング仮説が該当する。

　学歴実像論か虚像論かは現在でも必ずしも決着をみていない。なぜなら，教育を通じて獲得した能力があるとしても，それを正確に測定することが困難だからである。OECDが行っている国際学習到達度調査（PISA）の大学版であるAHELOの実施に向けた動きが昨今ある。だが，知識の理解等は客観試験で測定できるかもしれないが，大学教育で学んでいるものはそれだけではないし，価値観や文化の習得となるとその測定はさらに難しい。また，仮にそれらを測

定できたとしても，それが職場における生産性を向上させているか否かを計測するにはさらに困難が伴う。学歴と職業の間には明らかな対応が認められる。しかし，それは教育を通じて獲得した能力と職業で必要な能力とが対応している，と同義ではないのである。

（2）教育の機会均等論

　日本国憲法では能力に応じてひとしく教育を受ける権利を規定し，教育基本法においても能力に応じた教育を受ける機会が謳われているように，教育機会の平等は社会的にきわめて重要な意味をもっている。高等教育がエリート段階であった時代，優秀でありながら家庭の事情で進学を諦める者は少なからずいた。当時は進学先の供給量そのものが限られ，経済的に恵まれた者や男子など，高等教育への進学は一部の者だけが享受していた。高等教育はその意味で特権的要素が強かったが，教育機会の平等をめぐる問題はその時代にも存在したのである。

　戦後，我が国の高等教育は大きく拡大し，より多くの者に進学のチャンスが開かれるようになった。教育を拡大すれば教育機会の平等や社会的平等がもたらされるという楽観的な信念に基づき，教育システムは拡張されてきたが，高等教育の拡大は教育機会の平等をもたらしたのだろうか。より多くの者に進学機会が開かれているにもかかわらず，進学できない層が存在するとすれば，教育機会の不平等は，むしろ高等教育が大衆化あるいはユニバーサル化した段階でより深刻な課題と言える。

　教育機会の問題を考える場合，まずは供給側の要因に着目する必要がある。図7-2は都道府県別の大学・短大進学率を示したものである。2006年の大学・短大進学率は全国平均では49％だが，地域間の格差が非常に大きい。最も高い京都府の61％と最も低い沖縄県の34％の間には，27ポイントもの差がある。地域差の背景にはいくつかの理由が考えられる。まず，そもそも地元にどの程度の進学機会があるかという点である。地元に進学機会が少なければ，他の都道府県に進学機会を見つけなければならない。その場合，下宿が必要であれば住居費が発生するし，たとえ通学が可能であっても交通費等が発生することを

第Ⅰ部　学校と教育の社会学

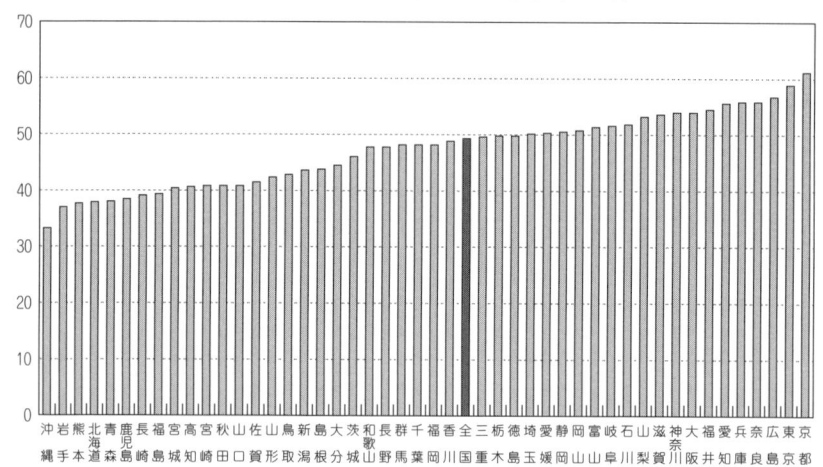

図7-2　都道府県別の大学・短大進学率（2006年）

図7-3　都道府県別の大学収容力指数（2006年）

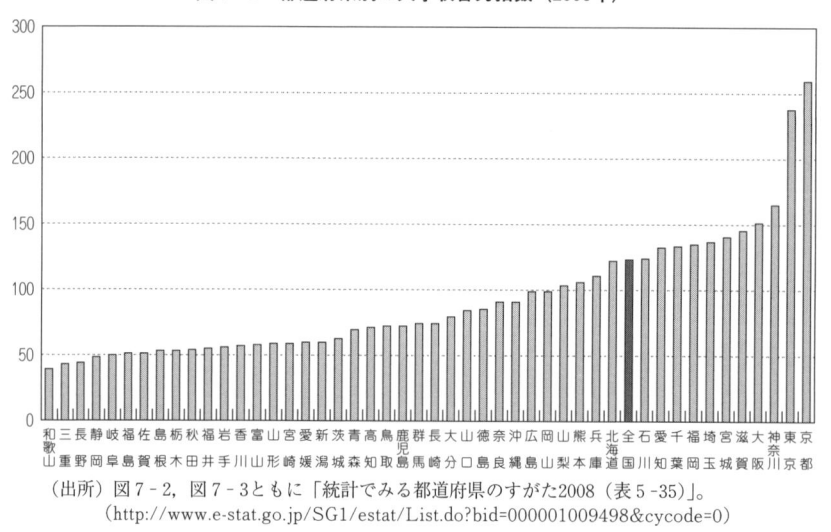

（出所）図7-2，図7-3ともに「統計でみる都道府県のすがた2008（表5-35）」。
（http://www.e-stat.go.jp/SG1/estat/List.do?bid=000001009498&cycode=0）

考えれば、地元への進学機会の量は重要な意味をもつ。図7-3は大学収容力指数を示したものである。2006年の大学収容力指数は、最も高い京都府の260に対して、最も低い和歌山県は39と大きな格差がある。

　もちろん、供給側の要因を検討するにはさらに考慮すべき点も少なくない。

たとえば，設置者によって授業料の水準は異なり，それが進学選択に影響しているかもしれない。また，量の多寡にかかわらず，限られた分野（学部）の進学機会しか提供されていなければ，進学選択は制約される。相対的に授業料の安い国公立大学への進学機会が地元にどの程度あるのか，選択可能な学問分野への進学機会が地元にどれほどあるのか，といった点が重要となるのである。

供給側の要因が重要なのは，それが家計といった需要側の要因とも密接にかかわるからである。従来から，親の所得が子どもの進学に影響することや，親の学歴が子どもの学歴を左右することが指摘されてきた。この事実は，親の学歴が同じでも，所得が高い家の子どもほど高学歴になり，親の所得が同じでも，学歴が高い家の子どもほど高学歴になることを意味する。家計が豊かであれば授業料や生活費の負担が容易になるし，高学歴の家庭に育てば，子どもの時分から高等教育の進学をより身近に感じることが可能となる。

表7-2は，父親の学歴，所得と子どもの大学進学状況の関係を見たものである。親の学歴，所得ともに子どもの大学進学に影響を及ぼしていることが読み取れる。年収を問わず学歴によって大学に進学する割合は20ポイント程度異なり，また学歴を問わず年収によっても大学に進学する割合が20ポイント前後異なっている。進学機会に及ぼす階層間の影響が明らかに存在している。

親の所得のみが進学への直接的な制約になっているのであれば，奨学金やローンによって制約条件を緩和することができるかもしれない。事実，奨学金やローンが進学機会の格差をどの程度緩和できるかは，重要な政策課題となっている。ただし，親の所得や学歴が子どもの学力・成績や進学意欲に影響を及ぼし，それが結果的に子どもの達成学歴を左右しているとすれば，必ずしも奨学金やローンといった経済支援策だけでは解決できない。親の所得や学歴は，直接子どもの学歴達成に影響を及ぼす一方で，学業成績をまず規定し，その学業成績が学歴達成に影響している面もあり，重層的な構造になっている（表7-3）。

表7-2 親の学歴，所得と子どもの大学進学状況

(%)

父学歴		父年収		
		500万未満	500万以上 900万未満	900万以上
父学歴	高卒以下	29.3	42.7	47.2
	高専・短大・専門卒	39.5	47.4	65.8
	大卒以上	50.2	63.4	67.1

（出所）東京大学「高校生の進路についての調査」。

表7-3 親の学歴，所得と子どもの成績（中3時点で上位の者）

(%)

父学歴		父年収		
		500万未満	500万以上 900万未満	900万以上
父学歴	高卒以下	12.6	16.6	26.8
	高専・短大・専門卒	22.2	23.2	14.9
	大卒以上	22.3	29.6	34.6

（出所）東京大学「高校生の進路についての調査」。

4　高等教育をめぐる新たな課題

　日本的な高等教育の拡大は，伝統的に社会学が扱ってきたものとは異なる課題ももたらしている。1つの理由は，高等教育の量的な拡大が，該当年齢人口が急減する中で生じたからである。入学者の確保が困難な大学が多数生じることとなり，入学時における選抜は従来と比べて大幅に緩和された。以前，大学問題の中でも受験競争は非常に大きなイシューだった。確かに，今でも一部の選抜性の高い大学への進学をめぐって厳しい受験競争が繰り広げられている。しかし，以前と比べて大学入学は非常に容易になっており，1990（平成2）年に56％だった合格率は，2006（平成18）年には87％にまで上昇している。推薦入試などの学力選抜を経ない入学形態も拡大し，一般の学力試験以外で進学した者は，1993（平成5）年には国公立8％，私立37％だったが，2006年にはそ

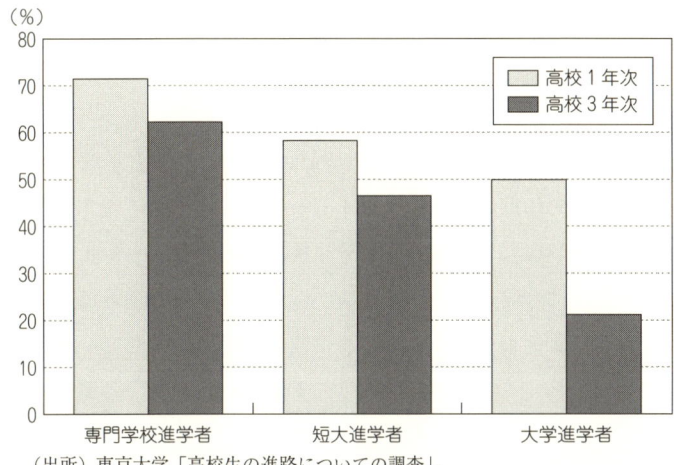

図7-4 高校在学中の家庭での学習時間（全くしていない者の比率）

（出所）東京大学「高校生の進路についての調査」。

れぞれ16％，49％にまで増加した。高等教育を論じる軸は，選抜から選択へと移ったのである（金子・小林，1996）。

その結果，大学入学前に学力や学習習慣の身についていない者が多数進学する状況になった。図7-4は，高校在学中の家庭での学習時間をみたものだが，家庭で全く学習をしていない者が，大学進学者でも高校1年次で50％，受験時の高校3年次でも21％いる。この比率は，短大進学者や専門学校進学者ではさらに高い。従来とは異なる学生をスムーズに大学生活に移行させるために，大学では初年次教育に代表される導入教育に取り組んだり，学生による授業評価やシラバスを導入したり，教授法の改善のためのFD活動などを積極的に行っている。受入後の課題が，従来にも増して大きくなっているのである。

加えて，バブル経済崩壊後の景気低迷と厳しい競争にさらされた企業は，大学教育の内容や卒業生の質に対して厳しい注文をつけるようになった。我が国ではこれまで，教育経験が大卒者の生産性を高めるという人的資本論よりも，企業は在学中の教育成果よりも入学時の基礎学力＝訓練可能性を重視するというスクリーニング仮説が支持されてきた。だが現在は，大学教育のアウトカム，つまり学習の成果や到達度そのものが問題視されるようになっている。しかもそこでは，単に学問的な知識や理解だけでなく，職場や社会で通用する一般的，

汎用的な能力の獲得も要求されている。大学教育の到達度を示す学士力が議論の遡上に乗るのも，そうした社会的背景の変化と無縁ではない。受け入れた学生をいかに教育し，社会で有用な人材を育成することができるのか。大学の教育力がこれまでになく問われている。

従来の学歴社会論は，学歴と社会的地位の連関という事実を前にして，選抜・配分装置としての学歴の機能を重視する一方で，在学中の教育経験が学生にどのような影響を及ぼしているかを十分に検討してこなかった。もちろん，従来型の視点の意義は今なお失われていない。ただし今日の議論は，学歴にふさわしい能力の獲得とその社会における有用性を前提に行われている。その意味で，今後必要とされてくるのは，アメリカでは既に長い歴史と蓄積のあるカレッジ・インパクトにかかわる研究だろう。我が国でもようやく大学教育論を検討する素地が整ったと言える。

他方で，従来の機会均等論は，進学選択や学業成績に及ぼす出身階層の影響に着目してきた。今でも出身階層間で学歴達成には明確な格差がある。ただし，該当年齢人口の減少による合格率の上昇で，大学進学における学力のハードルは低くなる一方，授業料の水準は上昇し続けているというように，機会均等をとりまく大学のコンテキスト自体が変化している。現在の傾向は，高所得者層の進学に有利に働き，低所得者層の進学機会は不平等になるという（矢野1996）。さらに，地域による進学率の格差も明確に残っている。ユニバーサル化を迎えた段階での教育機会の不平等の構造は，従来の機会均等論が想定・指摘してきたことと同じなのか異なるのか。需要サイド，供給サイド双方を視野に入れた進学行動の詳細な分析が必要とされている。*

* この点に関しては，本章でも紹介した大規模な高校生に対するパネル調査を用いて，高校生の進学選択に関する様々な分析が開始されている（http://daikei.p.u-tokyo.ac.jp/index.php?Publications）。

学習課題

① 学歴社会論には虚像論と実像論があり，何れも実証するのは難しいことを紹介した。仮に関連があるとしたら，学校で学ぶどのような知識・技能や態度と職業遂行能力とが結びついているのか，高校の場合と大学や大学院の場合に分けて考

② 教育の機会均等では，父親の学歴や所得のデータに基づいて紹介した。では，母親の学歴や所得の影響はどのようになっているのか。まずは自分で結果を予測してみて，その後に関連する文献を自分で探して確かめてみよう。
③ ユニバーサル化した高等教育では，多様化する学生への対応が重要になり，大学ではいくつかの取り組みが行われていることを紹介した。しかし大学側だけの取り組みでは限界もある。大学入学前や大学卒業後の段階に着目した対応として考えられることがあれば具体的に挙げてみよう。

参考文献

阿部美哉・金子元久編 1990『大学外の高等教育——国際的動向とわが国の課題』高等教育研究叢書6，広島大学大学教育研究センター．

金子元久・小林雅之 1996『教育・経済・社会』放送大学教育振興会．

近藤博之編 2000『戦後日本の教育社会』東京大学出版会．

島一則 2008「大学進学の経済効果についての実証分析——時系列変動と平均的私立大学の事例紹介を中心に」『高等教育の現代的変容と多面的展開——高等教育財政の課題と方向性に関する調査研究』（平成17・19年度特別推進経費調査研究報告書：代表者　塚原修一）65-76頁．

ドーア・R., 松居弘道訳 1978『学歴社会——現代の文明病』岩波書店．

トロウ・M., 天野郁夫・喜多村和之訳 1976『高学歴社会の大学』東京大学出版会．

ハルゼー・ローダー／ブラウン・ウェルズ，住田・秋永・吉本編訳 2004『教育社会学』九州大学出版会．

広島大学高等教育研究開発センター 2006『高等教育統計データ集（第三版）』．

牟田博光 1993『高等教育論』放送大学教育振興会．

矢野眞和 1996『高等教育の経済分析と政策』玉川大学出版部．

Clerk, B.R. 1973 "Development of Sociology of Higher Education" in *Sociology of Education*, Vol.46, No.1, pp.2-14.

（小方直幸）

第8章　生涯学習

「シッダールタの心の中で，いったい知恵は何であるか，自分の長い探求の目標は何であるか，ということについての認識と知識が，徐々に花開き，熟していった。それはあらゆる瞬間に，生活のさなかにおいて，統一の思想を考え，統一を感じ呼吸することができるという魂の用意，能力，秘術にほかならなかった。」

（H. ヘッセ　高橋健二訳『シッダールタ』新潮文庫，1971年，130頁）

　ヘッセの代表作の一つ『シッダールタ』の一節である。主人公シッダールタが悟りに至る物語の山場である。ヘッセはこの場面の執筆にたいへん長い時間を費やしたという。インドの修行僧シッダールタにとって世界を理解するというのは一生の仕事であった。あるいは終わりのないプロセスと言うべきか。現代を生きる私たちにも同じような人生の目標があってもいい。そして，目標を見つけることによって豊かになる人生もある。ところが，日々の繁忙と喧騒の中で，あるいは知らず知らずのうちに学校中心の教育観にとらわれて，人生の目標が存在することすら気にかけていない人が多いのではないだろうか。さて，あなたはどちらだろう。遠くに見える目標はあなたが進もうとしている道を照らしてくれているだろうか。

　本章で取り上げる生涯学習という考え方は，学校を卒業しても新しいことを学び続けることの大切さを教えてくれる。そればかりでなく，学校教育が行き詰まったとき，生涯学習の光を当てることで見えてくる解決策がある。そうした生涯学習と学校教育との関係を少し眺めてみよう。すると，ある優れた教育制度も，ところ変われば，ときが移れば，そして人々の関心が変われば，一転して問題点の多い違った制度に見えてくることがある。なぜだろう。後半では，研究者の関心と認識という点からそのことについて考えてみたい。生涯学習の様々な側面を理解するのに役立つはずである。

1　生涯学習をめぐる諸概念

（1）生涯学習論の登場

　高度成長以降，今日ほど人々の関心が貧富の格差に注がれている時代はない

第8章　生涯学習

だろう。バブル景気に浮かれた1980年代後半，1990年代の失われた十年を経て，一億総中産階級とまで形容された日本社会は一転して格差社会へと姿を変えた。一方、世界に目を移せば，格差社会の歴史は古く，かつ深刻である。1960年代に南北問題が国際社会の大きな関心事となったときには，工業先進国と発展途上国との間だけでなく，発展途上国国内における格差が深刻化していた。現在の生涯学習論の基礎となる考え方がこの時期のユネスコで産声を上げたのは偶然ではない。貧富の差の根底には学習機会の差があり，学習権の保証こそがこの問題の解決の鍵だと考えられていた。

　パリで開催された1965年のユネスコの会議で成人教育課長のポール・ラングラン（Paul Lengrand）が生涯教育を提唱した。旧来の教育システムでは急速な社会変化に対応できないことはこのときすでに明らかであった。ラングランは，とりわけ，識字能力の低下，科学技術への対応の遅れ，規模拡張にともなう学校における教育効果の低下，学校が硬直的で多様化する生徒や教育ニーズに対応できていないという事態を深刻に受け止めていた。そして，これらを解決するための方法として生涯教育の重要性をうったえたのである。

　それからおよそ半世紀が過ぎようとしているが，工業先進国も発展途上国も依然として格差問題に苦しめられている。それどころか，日本の例が示す通り，この問題は拡大している。このときのラングランのワーキング・ペーパー『生涯教育について（Éducation permanente）』は，現在も国際社会が直面する，学校教育の限界という問題と学習機会の格差が貧富の差を生み出しているという問題の本質を見事に見抜いていたのである。

　その後，1968年にロバート・M.ハッチンス（Robert M. Hutchins）は『学習社会（*The Learning Society*）』を発表した。ハッチンスは社会の成熟によって生活の中心が労働から余暇へと移り変わる点に注目し，新段階に至った社会の主軸となるコンセプトとして生涯教育を位置づけた。「学習社会」という概念は彼の生涯学習論の中心を占める。すなわち，「学習社会」の特徴は，すべての人々が学習すること，何かを達成すること，人間的になることを目的とし，あらゆる制度がその目的の実現を志向するように価値の転換がなされているという点にある。

1971年，ユネスコに教育開発国際委員会が設置され，エドガー・フォール（Edgar Faure）が委員長に任命された。フォールは，翌年刊行された同委員会報告書『未来の学習』でハッチンスの「学習社会」の実現を呼びかけた。1983年には，ラングランの後任のエットーレ・ジェルピ（Ettore Gelpi）が『生涯教育——抑圧と解放の弁証法』を著した。ジェルピの関心は発展途上国における生涯教育の普及と教育による被抑圧者の解放にあった。ラングランの生涯教育論は抑圧する側である先進国の理論としてジェルピから批判されることになる。

このように生涯学習論の黎明期にはユネスコを中心に白熱した議論が繰り返された。論者が共有していたのは，科学技術の急速な進歩や人々の価値観の急速な変化を前にして学校がそれらに対応できていないという危機感だろう。ユネスコの議論は，その後，各国での生涯学習制度の構築に大きな影響を与えた。生涯学習の理念を強く必要とする社会では学校教育の限界が顕在化し，それが問題化していることが多い。我が国でも，学校荒廃が問題化した時期に政府が生涯学習を導入した。

（2）発達に応じた学習課題

学校教育と生涯学習との大きな違いは，まず，学習者の年齢層の広がりにある。この特性に対して理論的な基礎を与えたのは発達心理学の発達課題論である。すなわち，この立場は年齢によって区分された人生のステージにはそれぞれ固有の学習課題があるという点に着目するのである。たとえば，アメリカの心理学者ロバート・J. ハヴィガースト（Robert J. Havighurst）はこれを幼児期，児童期，青年期，壮年初期，中年期，老齢期の6期に分けた（表8-1）。各時期の学習課題は人間の身体的な成熟，社会の文化的圧力，個人的価値や願望という3つの源泉から導かれている。

ハヴィガーストが前提とする人間の発達とは，成長を終えたあとに衰退が始まるというものであり，つまり，そこで人は社会生活に必要な能力を開発した後に，老いていく自分とその苦しみや悲しみを受け入れていかなくてはならないと考えられている。彼の設定した学習課題の特徴はどれも社会生活への適応を求める点にある。これに対し，エリク・H. エリクソン（Erik H. Erikson）は

表 8-1　ハヴィガーストの発達課題

幼児期	歩行の学習	壮年初期	配偶者を選ぶこと
	固形の食事をとることの学習		配偶者との生活を学ぶこと
	排泄の仕方を学ぶこと		第一子を家族に加えること
	性の相違を知り性に対する慎みを学ぶこと		子どもを育てること
	生理的安定を得ること		家庭を管理すること
	社会や物事について単純な概念を形成すること		職業に就くこと
			市民的責任を負うこと
	両親や兄弟姉妹や他人と情緒的に結びつくこと		適した社会的集団を見つけること
	善悪を区別することの学習と良心を発達させること	中年期	大人としての市民的・社会的責任を達成すること
児童期	普通の遊技に必要な身体的技能の学習		一定の経済的生活水準を築き、それを維持すること
	成長する生活体としての自己に対する健全な態度を養うこと		10代の子供たちが信頼できる幸福な大人になれるよう助けること
	友だちと仲よくすること		大人の余暇活動を充実すること
	男子として、また女子としての社会的役割を学ぶこと		自分と配偶者とが人間として結びつくこと
	読み・書き・計算の基礎的能力を発達させること		中年期の生理的変化を受け入れ、それに適応すること
	日常生活に必要な概念を発達させること		年老いた両親に適応すること
	良心・道徳性・価値判断の尺度を発達させること	老年期	肉体的な力と健康の衰退に適応すること
	人格の独立性を達成すること		隠退と収入の減少に適応すること
	社会の諸機関や諸集団に対する社会的態度を発達させること		配偶者の死に適応すること
青年期	同年齢の男女と洗練された新しい交際を結ぶこと		自分の年ごろの人々と明るい親密な関係を結ぶこと
	男性として、また女性としての社会的役割を学ぶこと		社会的・市民的義務を引き受けること
	自分自身の身体の構造を理解し、身体を有効に使うこと		肉体的な生活を満足におくれるように準備すること
	両親や他の大人から情緒的に独立すること		
	経済的な独立について自信をもつこと		
	職業を選択し準備すること		
	結婚と家庭生活の準備をすること		
	市民として必要な知識と態度を発達させること		
	社会的に責任のある行動を求め、そしてそれをなしとげること		
	行動の指針としての価値や倫理の体系を学ぶこと		

(出所) ハヴィガースト (1995)。

発達において精神は成長し続けると考えた。彼は人生を基本的信頼対不信，自律対恥と疑惑，自発性対罪悪感，勤勉対劣等感，同一性対役割混乱，親密さ対孤独，生殖性対停滞，自我の統合対絶望という8期に分け，それぞれに発達課題を設定した。課題を達成しようとする力とそれを妨げる力との葛藤によって内面的な成熟がもたらされるという点に特徴がある。

ラングランをはじめとするユネスコでの議論が国際社会における学習権に大きな関心を払ってきたのに対して，発達課題論では個人の生活と身体に焦点が当てられている。ところが近年，人々の価値観やライフスタイルは多様化し，寿命そのものがずいぶん伸びた。こうした環境変化は，発達段階と学習課題とを一律に対応させることや年齢という単一の指標によって発達段階を定義することを困難にしている。

(3) 支援体制の整備

では，実際の生涯学習はどこで行われるのだろうか。生涯学習の場所として重要な地域コミュニティの整備についてこれまでの経緯を振り返っておこう。明治期に政府はすでに社会教育を推進していた。そして，大正期には文部省に社会教育課が設置された。戦後間もない1949（昭和24）年に制定された社会教育法，それに続く1950（昭和25）年の図書館法，1951年の博物館法によって，公民館，図書館，博物館などの施設が整備され，現在の社会教育体制の原型が形成された。1959年の社会教育法の改正後，社会教育主事，司書，学芸員など専門職員の増強が図られた。実質的には，これらの場所とスタッフが早くから生涯学習の機会を提供してきたのである。

1971（昭和46）年の中央教育審議会答申「今後における学校教育の総合的な拡充整備のための基本的施策について」及び同年の社会教育審議会答申「急激な社会構造の変化に対処する社会教育の在り方について」によって，学校教育，社会教育，家庭教育の有機的関係が強調され，社会教育の環境として地域コミュニティの重要性が決定的となった。1990年代から社会教育は次第に生涯学習へと名称と性格を変えていくが，学校，地域社会，家庭が一体となって住民の学習環境の充実を進めるという支援体制に関する方針はかつての社会教育政策

と変わっていない。

　特に学校との連携は社会教育充実の鍵となる重要な施策である。一方、近年では学校教育の活性化に社会教育の支援が不可欠となり、学社連携が急速に発展している。これは双方の機関が資源や情報を共有し、効率的な運営や教育効果の向上を図るための新しい連携体制である。さらに1990年代半ばになると、学校が少年自然の家、公民館、美術館などに「総合的な学習の時間」の場を求め、学校と社会教育施設の間で施設の共同利用、情報交換、人的交流、授業の共同開発が盛んになった。地域住民とともに河川の浄化に取り組んだり、公民館での習い事やサークル活動を授業に組み込んだり、地域住民と児童・生徒によるコンサートを開催したりという試みが全国に広がった。

　こうした学校教育と社会教育が重なる新たな領域での教育活動は、それぞれの機能の向上を意味する学社連携と区別して、学社融合と言われる。教科書の内容を中心に教員が唯一の教え手として学習に関わるという社会から著しく隔絶されたそれまでの学校教育と比較した場合、「総合的な学習の時間」によって学校教育が社会教育との融合を始めたということは実に画期的である。1998（平成10）年の生涯学習審議会答申「社会の変化に対応した今後の社会教育行政の在り方について」では、これらをさらに発展させて民間団体を含む地域の様々な教育機関と社会教育機関とが連携して生涯学習のネットワークを形成すること（ネットワーク型行政）の重要性を指摘している。

2　改革の処方箋としての生涯学習

　高度成長期には、小・中・高等学校で詰め込み教育が加速した。特に理数系科目において顕著であった。1980年代になると、教育改革の指針の中に生涯学習の理念が登場する。背景には受験競争の過熱があった。受験競争過熱には二つの問題がある。一つは、生涯において熱心に勉強する時期が大学入試直前の高等学校後半に集中すること。もう一つは、学習活動が教科書に書かれた知識の習得に偏ることである。つまり、勉強しすぎる青少年に対して学校を出た後の大人は勉強しないという学習パターンの画一化が進んだ。その上、学習内容

が現実の社会との関連のないものになっていった。やる気のある児童・生徒の学習動機は志望校の合格へと矮小化され、学力が低ければ動機や目標さえ見出せない状況に陥った。

このとき、政府はどのような教育改革を進めたのか。そこで本節では「生きる力」の育成と「キャリア教育」推進を例に何が学校教育の限界であり、それに対して生涯学習の考え方がどのように応用されたのかを見てみたい。

(1) 生きる力の育成

1947（昭和22）年に公布された教育基本法と1949（昭和24）年に公布された社会教育法に、戦後の我が国における生涯学習体制の起源がある。政府諮問機関の答申において現在の生涯学習の理念が登場するのは1971（昭和46）年の中央教育審議会答申及び社会教育審議会答申である。特に1971年の中央教育審議会答申は、教育のひずみを是正するため社会全体が学習社会へ向かうことが望ましいという改革の方向を明示した。この精神はその後臨時教育審議会へと引き継がれた。では、以下に「生きる力」との関連を中心に、1970年以降の生涯学習の政策を簡単に紹介しよう。生涯学習と職業訓練に関する政策を表8-2にまとめた。

1984（昭和59）年、第二次中曽根内閣は臨時教育審議会を発足させた。これは首相直轄の審議会で、明治期の教育制度近代化、戦後の教育改革に続く第三の教育改革を目指していた。期間中は中央教育審議会での審議を一時休止し、1987年までに4つの答申を提出した。なかでも1986年の第2次答申は、学校教育中心の考え方を改め、生涯学習体系への移行によって教育の再編を図るべきだと提言し、生涯学習の重要性を強調した。

この時期、学校では落ちこぼれ、いじめ、校内暴力などの問題が深刻化しており、政府はそれらへの対策を含めた新しい教育の展望を集中的に議論する必要があった。とりわけ、その原因と見なされた学歴社会と過熱した受験競争は解決すべき社会の緊急課題であった。ユネスコで形成された生涯学習という新しい教育の理念は学歴社会に対するアンチテーゼとして臨時教育審議会で取り上げられ、答申の提言をきっかけに我が国の教育制度へと導入されていくのである。

臨時教育審議会答申はその後の生涯学習行政における改革の指針としてきわ

表8-2　主な生涯学習政策

1971	中央教育審議会答申「今後における学校教育の総合的な拡充整備のための基本的施策について」
	社会教育審議会答申「急激な社会構造の変化に対処する社会教育の在り方について」
1981	中央教育審議会答申「生涯学習について」
1984	臨時教育審議会設置
1985	職業能力開発促進法制定
1986	臨時教育審議会　第二次答申
1987	臨時教育審議会　最終答申
1988	文部省生涯学習局発足
1989	学習指導要領改訂の告示
1990	中央教育審議会答申「生涯学習の基盤整備について」
	生涯学習の進行のための施策の推進体制等の整備に関する法律制定（生涯学習振興法）
	生涯学習審議会設置
1996	中央教育審議会答申「21世紀を展望した我が国の教育の在り方について」
1998	生涯学習審議会答申「社会の変化に対応した今後の社会教育行政の在り方について」
	学習指導要領改訂（小・中）の告示
1999	中央教育審議会答申「初等中等教育と高等教育との接続の改善について」
2002	国立教育政策研究所生徒指導研究センターの調査研究報告書
	『児童生徒の職業観・勤労観を育む教育の推進について』
2003	文部科学省、厚生労働省、経済産業省、内閣府合同「若者自立・挑戦プラン」
2004	文部科学省「キャリア教育の推進に関する総合的調査研究協力者会議報告書」

（出所）筆者作成。

めて重要な役割を果たした。たとえば，それまでの生涯教育に代わり臨教審答申以降は生涯学習という用語が定着した。それによって，場所，内容，方法にとらわれない学習者中心の主体的学習態度が改革の方針としていっそう強調された。また，1988年に文部省社会教育局は生涯学習局へと改組され，筆頭局となった。これは教育行政の基本的体制における大きな転換を意味する。その後，1989年に生涯学習の理念を積極的に取り入れた学習指導要領改訂が告示され，1990年の中央教育審議会答申「生涯学習の基盤整備について」及び同年の「生涯学習の振興のための施策の推進体制等の整備に関する法律（生涯学習振興法）」制定によって，地方自治体での生涯学習担当部署の設置や生涯学習センターの設立が進むなど，生涯学習社会への転換が急速に具体化した。

　1989（平成元）年改訂の学習指導要領では「自ら学ぶ意欲の育成」が目標に掲げられた。このアイディアは1996年の中央教育審議会答申「21世紀を展望した我が国の教育の在り方について」で「生きる力」の育成へと発展した。「生きる力」とは，自ら学ぶ力と他人と協調できる心豊かな人間性との調和を意味

している。つまり，この答申が主張する新しい時代の教育目標には学習者の主体性を重んじる生涯学習の理念が色濃く反映されている。

さらに1998（平成10）～1999年の学習指導要領改訂は，授業内容のさらなる精選に加えて，週五日制を導入するなど授業時間数の上でも詰め込み主義の緩和を図り，ゆとり教育を加速させた。また，「生きる力」を具体的に育成する機会として「総合的な学習の時間」をカリキュラムに組み込んだ。これによって自然や地域社会の中で行う新たな体験的学習が全国の学校へと浸透していった。体験的学習を通じて「生きる力」を効果的に育成するには学校，家庭，地域社会のネットワークが不可欠となる。「総合的な学習の時間」は学社連携など新しい学習の体制を発展させることにも貢献した。さらに重要なのは，「生きる力」を育成する教育では成果として児童・生徒の考える力やそこに見られる個性や意欲を評価する必要があるということである。これに対応するため，この年の学習指導要領改訂では「新しい学力観」を採用し，教育成果に関する概念の転換が図られた。

このように，教育内容，教育方法，教育評価，支援体制の観点から「生きる力」育成のための取り組みを見ると，それが目指しているのは，伝統的な学校教育の概念を超えて，時代の変化に対応しようとする生涯学習の目標そのものであることがわかる。

(2) キャリア教育の推進

学校荒廃の次に教育を襲ったのは若年者の雇用問題である。2003年度版『国民生活白書』で派遣社員の実態を含むフリーター増大が取り上げられると，社会に衝撃が走った。フリーターとは15歳から34歳のパート，アルバイト，派遣・契約社員，求職者等の非正規従業員を指す。白書はこうした若者がこの10年間に2倍以上のペースで増加しており，2001（平成13）年に417万人に達したと伝えた。そして，その背景に企業の極端な正規従業員数の抑制があることを指摘した。2005年度版の労働経済白書では15歳から34歳までの働いていない未婚の若者のうち，学校に行かず家事もしていない者をニート（NEET, Not currently engaged in Employment, Education or Training の頭文字からなる略語）と

第8章 生涯学習

定義し，その規模が64万人に達していると報告した。

　ニート・フリーターの急増で学校教育にも対応が求められた。すなわち，社会の変化に応じた職業観，勤労観の育成である。2004年（平成16），文部科学省は「キャリア教育の推進に関する総合的調査研究協力者会議報告書」でキャリア教育導入による学校教育再生の姿勢を打ち出した。

　このときのキャリア教育導入は職業訓練を推進するこれまでの政策とどう違うのだろうか。我が国における職業能力開発は長らく労働政策の課題であり，学校教育に生涯職業能力開発の考え方が持ち込まれることはなかった。1958（昭和33）年の職業訓練法によって主に学校を卒業して間もない若年労働者を対象にした公共職業訓練の充実が図られ，1985（昭和60）年の職業能力開発促進法によって企業内教育を核とする職業能力開発の体制が整えられた。これら職業能力開発に関連する事業は労働省が管轄した。臨時教育審議会答申及び1990年に制定された生涯学習振興法には，生涯学習の役割として職業能力開発が明確に位置づけられているが，職業訓練と，学校教育や社会教育とは政府による縦割り行政の中でその後も依然として区別された。一方，学校教育におけるキャリア開発は，戦後，実質的には職業指導として進められた。1960年代になると，職業指導は進路指導という進学を含む幅広い概念に切り替えられ，職業準備や能力開発の機能はいっそう希薄になった。しかし，1990年代のニート・フリーター増大を受けて1998（平成10）年の学習指導要領で「ガイダンス機能の充実」が示されると，児童・生徒が将来の生き方について自ら考え，行動できるように，授業だけでなくホームルーム活動などを通して様々な支援が始まった。

　キャリア教育重視へと学校教育の政策が大きく転換するのは1999年の中央教育審議会答申「初等中等教育と高等教育との接続の改善について」以降である。この答申は小学校段階からのキャリア教育を提言し，キャリア教育に対して，望ましい職業観や勤労観の育成，職業に関する知識と技能の育成，そして個性を理解して主体的に進路選択することができる能力の育成という役割を期待した。

　2002（平成14）年の国立教育政策研究所生徒指導研究センターの調査研究報告書『児童生徒の職業観・勤労観を育む教育の推進について』はキャリア教育の課題を具体的に示した文献として実践家の指針となった。この報告書は児

童・生徒の職業的発達を促すうえで重要な領域を「人間関係形成能力」「情報活用能力」「将来設計能力」「意思決定能力」の4つの柱にまとめた。2003年には文部科学省，厚生労働省，経済産業省，内閣府が合同で「若者自立・挑戦プラン」を策定し，3年間でニート・フリーターの増加を減少へと転換させることを目指した積極的支援に乗り出した。

文部科学省は2004年，「キャリア教育の推進に関する総合的調査研究協力者会議報告書」の中で，キャリア教育を児童・生徒一人一人のキャリア発達を支援し，キャリア形成に必要な能力や態度を育むものであると定義した。この報告書では2002年の『児童生徒の職業観・勤労観を育む教育の推進について』が示したプログラムをモデルとして推奨している。

こうして，1990年代になると職業能力開発と進路指導は生涯キャリア発達の概念の下に統合され，小・中学生の勤労観，職業意識を刺激し，発達を支援する政策が次々に実施に移された。若年無業者の問題が年々深刻化する中で，2004年には政府の対応策に関する基本方針と具体的プログラムが出揃った。特にこの年はキャリア教育元年と言われ，「キャリア教育の推進に関する総合的調査研究協力者会議報告書」の刊行後，全国の小・中学校でキャリア教育の試みが始まった。たとえば，職場見学。話し合いで訪問先を決め，地域の工場やコンビニを見学して感じたことを報告書にまとめたり，訪問先にお礼の手紙を書く。これによって企画力，決断力，社会のマナーが身につく。あるいは，将来の自分に関するモデル探し。あんな人になりたいと思う対象を身近な大人の中から見つけ，なぜすごいと思うのか，どうしたら自分がその人に近づけるのかをグループでディスカッションする。あるいは風力発電機作り。発電の効率についてデータを分析して性能向上を図る。性能向上を通して環境問題を考える。キャリア教育の名の下で実は新しい学習スタイルが模索されているのである。

キャリア教育は，社会や産業とのつながりを意識させることで学習内容に地理的，水平的な広がりを与えている。また，学校卒業後の生涯にわたるキャリア発達を意識させることで時間的，垂直的な広がりも与える。キャリア教育に理論的な基礎を与えたドナルド・スーパー（Donald E. Super）は，社会における役割を「子ども」「学生」「余暇人」「市民」「労働者」「家庭人」の6領域に

分けた。また、年齢による発達段階を職業の観点から「成長」「探索」「確立」「維持」「衰退」の5段階に分けた。つまり、スーパーはキャリアの広がりを社会における役割と年齢による発達段階とのマトリックスによって描こうとした。彼の職業的発達理論が想定するキャリアが人々の人生に与える価値とは、わが国の政府が望ましい職業観、勤労観の育成に求める価値そのものだと言えよう。さらにキャリア教育の下で進められている実戦は、社会変化に対応しようとする学習内容の点でも学習者の主体性を重じる学習形態の点でも、その根底において生涯学習の考え方と強く結びついている。

　受験競争に疲弊した児童・生徒の「生きる力」をいかに育むかという1970年代からの教育改革の取り組みは、ニート・フリーター問題を経て、1990年代以降は勤労観、職業意識の育成へと移行していった。ここでも、改革の着想は生涯学習の導入にあった。こうして政府は学校教育の限界を生涯学習の考え方によって補い、それを処方箋として活用してきた。

3　生涯学習研究のメソドロジー

　ここで本章における生涯学習の議論を振り返ることにしよう。取り上げた研究者の立場を解釈した上で、それぞれの理論的な特性を明らかにしたいと思う。

（1）観察者の関心と認識

　生涯学習の理念を初めて提唱したのはラングランである。彼は人々が社会の変化に適応するために継続的教育が必要であるとうったえた。ジェルピには、この主張が産業界の人材ニーズを優先する産業先進国の視点に立つ受け身の教育理論として映った。ジェルピが前提とする社会とは支配／被支配の構造を保持しようとする不平等な社会である。したがって、生涯学習とはその構造を変えていく力を学び取る方法となる。反対に、適応とは既存の社会構造の肯定を意味する。

　ジェルピが重視する価値は社会の抑圧をはね返し、自らの進むべき道を自らによって決定することにあった。そのためには国際社会における国家間の関係は対等で相互依存的である必要がある。少数の強国がルールを決めてしまうよ

うな市場経済のグローバル化はジェルピの理想の対局に位置する社会のイメージだと言えよう。パウロ・フレイレ（Paulo Freire）もまた，社会の変革を志向していたという点で，ジェルピと立場を共有している。彼は識字教育の重要性を主張し，生涯教育によるラテンアメリカの人々の開放を目指した。

年齢に応じた学習課題の提唱によって生涯学習に理論的な基礎を与えたのはハヴィガーストであった。学習者の個性を重視する読者にはこれは受け入れがたい一般化に映るかもしれない。つまり，年齢に応じた学習課題の一般化に一つの正解があるわけではないし，こうした一般化の下では国民性や県民性の違い，あるいは団塊，新人類，ゆとりなど世代間の文化的差異について議論することが許されていない。事実，ハヴィガーストの主張にはこうした批判が寄せられている。この理論の中で妥当だと信じられているのは白人男性中心の社会ではないか，また，個人は社会からの要求に適応すべきだということを前提にしているのではないかという指摘である。

ラングランとジュルピ，そしてハヴィガーストとその批判の例は，生涯学習という同じ行為や現象であっても，観察者としての論者が主張しようとする内容が違えば，実態を把握する方法やそこに描かれる社会そのものが違うものとなることを示している。

「生きる力」育成の場合には，過度の受験競争という問題を政府が発見し，それを解決するための教育改革を進めた。政府は問題発見とその対策を講じることで社会における調和を取り戻そうとしたのである。ニート・フリーター問題と「キャリア教育」も同じ関係にある。教科主義の下で進められた1960年代までの詰め込み教育には大きなメリットとデメリットがあった。落ちこぼれ，校内暴力などの学校崩壊といった目に見えないデメリットはその制度の潜在的逆機能である。科学技術教育の高度化の影でそれらの問題は当初目立たなかった。この問題が顕在化すると学校教育の機能維持のため政府はゆとり教育への転換という解決策を講じた。

このように，本書に限らず，生涯学習のテキストは政府の制定した法律と教育関係の審議会答申及び学習指導要領の情報で満たされることが多い。その理由として本章では次の二つを指摘しておきたい。一つは，当時たとえ生涯学習

局（現・生涯学習政策局）が筆頭局とはいえ、生涯学習に関する教育実践は深く学校教育と関連づけられ、それを強化するものとして、多くの場合、学校教育に従属していた。もう一つは、それゆえに、生涯学習の制度的な発展にににおいて我が国では政府が圧倒的なイニシアティブを発揮してきたのである。

　もう一歩踏み込んでこの問題を考えてみよう。30年前の臨時教育審議会以前の状況を振り返ったとき、何が問題の本質であり、ゆとり教育はどのような効果を上げたのだろうか。同様に、何がニート・フリーターの増大の本質であり、「キャリア教育」は抜本的な解決策と言えるのだろうか。それよりむしろ、学習指導要領と検定教科書で教育内容を画一的に管理する国家の制度は限界を迎えていないだろうか。社会のあらゆる組織を見わたしたとき、未だに学校だけが人事における外部との交流があまりにも少ないということになってはないだろうか。そして、国際競争におけるポジションがキャッチアップからフロントランナーへとシフトしたことに伴い教育を含めて社会全体の編成原理を大転換する必要があるときに、これからの児童・生徒が身につけなければならないのは、知識を活用して独自に判断する能力やリスクを受け入れた上で未知の事がらに果敢にチャレンジする態度ではないだろうか。

　生涯学習の考え方によって私たちは学校教育以外の教育に気づくことができる。それは学校中心の社会を問い直す機会でもある。また、教育問題を政治や経済の動向と結びつけることによって、あるいは過去の経験や諸外国の経験に照らし合わせることによって、私たちは一つの現象をより広い視野から理解することができる。広い視野から理解することによって、今までとは違う問題の本質や今までとは違う解決方法が見えてくることがある。

（2）アプローチの4類型

　最後に、これまでの考察を社会学の方法という観点からまとめておきたい。そこでジェルピの生涯学習論を日本政府の「生きる力」の育成による教育改革と比較してみよう。ジェルピが社会のメンバーとして想定しているのは第三国の貧困層の人々である。彼はそのような人々が世界をどのように理解しているのかということに関心があった。また、彼の生涯学習論は貧困層の人々が学習

に参加し，あらゆる社会の活動に参加し，力関係を変えていくことを目指していた。これに対して，日本政府の教育改革にとって社会のメンバーは日本国民である。社会の実情は全国統計などの客観的なデータで正確に把握することができ，問題の発見も解決策の効果も客観的に把握できる。政府が目指すものは社会の調和であり，秩序の維持である。何らかの理由でバランスが崩れた部分は法の制定と財政支援によって修復を試みる。もちろんこれらのプロセスにおいて常に多数の専門家の知識，技術，助言を得ている。

　両者を比べると，社会を理解する方法にはそこに暮らす生活者の視点に立つ主観的な理解とその場にいなくても入手可能な情報やデータを積み重ねることによる客観的な理解とがあることがわかる。ジェルピが前者なら，日本政府の教育改革を支える政策科学のアプローチは後者になる。また，社会の内部構造という点でも両者はまったく異なる前提に立っている。一方は，内部の力関係を変えることによって，社会の構造を変革させることを意図している。その場合，社会の内部はいくつかのグループに分かれてお互いに緊張関係にある。もう一方の社会では，個別パーツが正常に機能することによって全体の秩序が保たれている。社会は均質な要素で構成されており，それはある方法によって統制可能だという前提に立っている。

　バーレルとモーガン（1986：28）は，このように異なる志向性をもつ社会科学の諸理論についてマッピングを行った。つまり，彼らは主観／客観，変動／統制の2つの軸によって組織研究における諸理論を4つの傾向によって把握しようとしたのである。後に，教育学者のポールストーンはこの分類を教育理論に応用した（Paulston, 1994：931）。図8-1はこの2つを教育社会学研究に当てはまるようにアレンジしたものである。先のピアジェと日本政府の教育改革との対比はこの枠組みに基づいている。

　主観と変動で定義されたラディカル人間主義のカテゴリーには，ピアジェやフレイレの生涯教育論，その他にたとえばイヴァン・イリッチ（Ivan Illich）の脱学校論など，現状に対してもっとも革新的で明確な主張をもつ理論が含まれる。その対角に位置する客観と統制で定義されたカテゴリーは機能主義と特徴づけることができる。マクロ政策に貢献する社会科学は総じてこのカテゴ

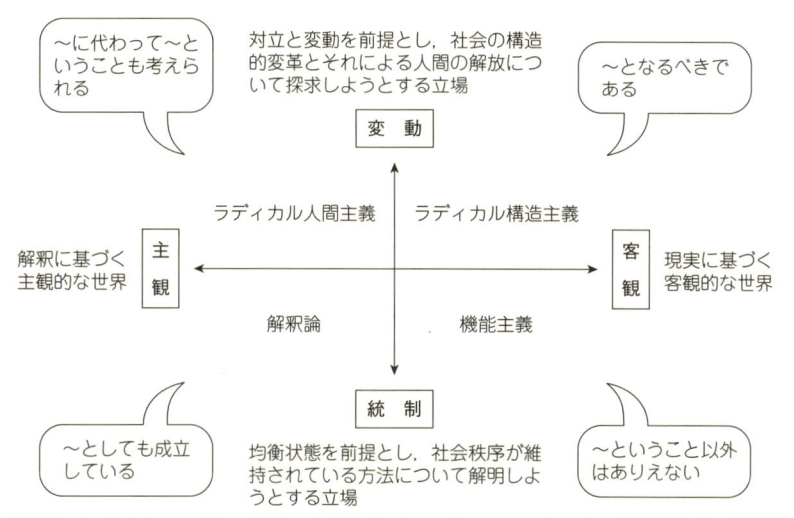

図8-1 生涯学習へのアプローチの4類型

```
                        変　動
              対立と変動を前提とし，社会の構造
  〜に代わって〜と   的変革とそれによる人間の解放につ    〜となるべきで
  いうことも考えら   いて探求しようとする立場         ある
  れる

              ラディカル人間主義  ラディカル構造主義

  解釈に基づく                                  現実に基づく
  主観的な世界   主観 ←――――――――――→ 客観   客観的な世界

                  解釈論      機能主義

                        統　制
              均衡状態を前提とし，社会秩序が維
  〜としても成立   持されている方法について解明しよ   〜ということ以外
  している      うとする立場                   はありえない
```

（出所）バーレル＆モーガン（1986：28）とPaulston（1994：931）による類型化を基に筆者作成。

リーに属す。客観と変動で定義されるカテゴリーはラディカル構造主義，主観と統制で定義されるカテゴリーは解釈論と要約できよう。ラディカル構造主義は客観的認識によって問題を認識しようとするが，最終的には構造改革を目指している。解釈論は社会のメンバーによって理解され，解釈される主観的世界をリアリティと捉え，それを忠実に描くことに特徴がある。4つのカテゴリーにはそれぞれサブグループが存在する。たとえばメリアムとカファレラ（2005：399-438）は，ラディカル人間主義やラディカル構造主義のように権力による抑圧からの解放を求める立場の代表的なものとして批判理論，ポストモダニズム，フェミニズム教育学の3つを挙げている。

生涯学習理論の類型化は生涯学習がもつ役割や可能性の類型化でもある。政府による制度化を生涯学習だと理解するアプローチ，あるいは発達課題を設定して生涯学習の目標を社会への適応だと理解するアプローチは，いずれもその理論的特性から機能主義に分類される。このアプローチは人々が社会を認識する方法の解明や社会構造そのものの批判や再構築には適さない。

また，論者の立場を相対化させるこうした作業は私たちに次のことを気づか

せてくれる。つまり，私たちがある観察に基づいて何らかの主張をする場合，問題に対する関心，採用する理論，観察の方法，データの性質，分析の枠組み，のそれぞれが矛盾なく対応していることが非常に重要である。それらに一貫性を与えることであなたの主張の説得力は飛躍的に向上するだろう。

学習課題

① 社会教育，生涯教育，生涯学習の共通点と相違点を表にまとめてみよう。
② 江戸時代末期に普及した寺子屋について調べてみよう。また次の点について寺子屋での教育を現代の学校教育と比較し，その違いを表にまとめてみよう。機関の設置者，学費，学費以外の財源，教え手，学習者，学習の目的，カリキュラム，時間割，教材，学習のペース，学習内容，学習方法，教室の構造，入学と卒業，修了証書。
③ 近年のフリーター・ニート増大の原因について小グループでディスカッションしよう。また，それぞれの原因に対して教育制度はどのような貢献ができるのかについても話し合ってみよう。

参考文献

イリッチ，I.，東洋・小澤周三訳 1977『脱学校の社会』東京創元社．
苅谷剛彦 2002『教育改革の幻想』ちくま新書．
ジェルピ，E.，前平泰志訳 1983『生涯教育——抑圧と解放の弁証法』東京創元社．
バーレル，G. & モーガン，G.，鎌田伸一ほか訳 1986『組織理論のパラダイム——機能主義の分析枠組』千倉書房．
ハヴィガースト，R. J.，庄司雅子監訳 1995『人間の発達課題と教育』玉川大学出版部．
フレイレ，P.，小沢有作ほか訳 1979『被抑圧者の教育学』亜紀書房．
メリアム，S. B. & カファレラ，R. S.，立田慶裕・三輪建二監訳 2005『成人期の学習——理論と実践』鳳書房．
ラングラン，P.，波多野完治訳 1971『生涯教育入門』全日本社会教育連合会．
Paulston, R. G. 1994 "Comparative and International Education: Paradigms and Theories", *The International Encyclopedia of Education*, edited by Husen, T. and Postlethwaite, 2nd ed. Vol. 2, Pergamon, 923-933.

（藤墳智一）

第Ⅱ部

変動する社会と教育

第9章 学力と階層

　ある小学校の校長と，文科省が実施した全国学力調査の結果について話す機会があった。その学校は昔から学力において市や県の平均を大きく下回っており地域的な特殊性もあることから，たびたび学力重点校などの指定を受けるような，ある意味有名な学校であった。

　校長が切り出す。「今年はね，先生，うちの学校の学力テストの平均，県平均と同じなんですよ」

　私　「ええ？　そうなんですか？　そりゃすごい躍進だ。よかったじゃないですか」

　校長　「でもね，この結果を諸手を挙げて喜べないんですよ」

　私　「どうしてですか」

　校長　「今年の学年はね，実は過去に学級崩壊を起こしているんですよ。今でも授業が成り立たないこともよくあるし，まとまりはないし，先生の言うことも聞かない子が多い」

　私　「ふむ」

　校長　「でもね，保護者は熱心だし他の学年に比べると要保護家庭*が少ないんです」

　私　「ほう…」

　校長　「だけどね，先生，テストをやらせるとできるんですよね」

　私　「むむ」

　校長　「昨年の学力テストの対象になった学年はね，今年と対照的でね。先生の言うこともよく聞くし，まとまりはある。ところが，テストをやらせると，できないんですよ。県平均よりもぐっと下がる」

　私　「ぬぬ…」

　校長　「昨年の学年はね，貧困層出身者が多くてね。6割超えていたんです。保護者の関与もあまり多くなくてね」

　私　「むむむむ…」

　校長　「2つの学年を担当した先生については，公平に見て，どちらも特に遜色ないし，よく頑張っています。時々私もクラスをのぞいてみて，入っていくこともあるしね。ねえ先生，私の言わんとすることがわかるでしょ。結局家庭の差じゃないかと。家庭の差が学力に表

153

れているんじゃないかと。じゃあ，学校の意味はいったいなんなんだと」

児童・生徒に学力を身につけさせるのが学校の役割の一つであるというのは，おそらく衆目一致するところであろう。ところが先の事例は，むしろ学力差を導いているのは家庭背景であり，学校が学力に何ら寄与していないことを指し示しているようである。学校が本来の使命を果たしておらず，むしろ学校に参入する前の段階で将来や人生が決まっているとしたら，人々はどう感じるだろうか。そもそも，このような現実があることを我々は冷静に認識できているだろうか。

本章では，先の例をきっかけとして，学力・学校・階層の関係についての議論を整理していく。

（＊要保護家庭：生活保護を必要とする世帯であり，経済的な理由により就学が困難な児童及び生徒をもつ家庭のこと。生活保護法第6条第2項の規定に該当する人。）

1　コールマンレポート——学力と階層との関係を如実に表した実証研究

（1）学力・学校・階層の定義

学力・学校・階層の3つの要素の関係について議論する前に，それぞれの定義を明確にしておく必要があるだろう。

まず学力については，その定義について様々な議論があるが，とりあえず本章では，学校教育という制度を通じて児童・生徒に伝達される知とし，いわゆる「国語」「算数」「理科」「社会」などの教科を通じて身につけられる力だとしておこう。

つぎに学校であるが，ここでは国家によって整備・制度化された，主として初等中等教育を指すものとしておこう。

最後に階層であるが，その定義に入る前に，母体となった階級から整理しておこう。カール・マルクス（Karl Marx）によれば，社会は，工場や機械などの生産手段を所有する資本家階級と，自身の労働力以外の生産手段をもたないもの＝労働者階級の大きく2つに分類され，この2つの階級に収奪と搾取，支配・被支配，対立・闘争が生じる（Marx & Engels 1848 = 1951）。

第９章　学力と階層

ところが産業化の進展により社会を2つの階級に分類することが不可能になった。様々な職業の出現と富の再配分が進み，様々な社会集団が形成され，それがいくつもの層を成すようになったからである。これを総称して社会階層と呼ぶ（略して階層ともいう）。実際に社会階層とは，職業上の地位や威信，学歴，収入などに基づいた社会経済的地位に応じて幾重にも層が形成されている。よって，社会階層が上層という場合，職業上の地位・学歴・収入などが高い場合とされ，下層という場合はその逆を指すことが多い。

社会階層の操作的定義としては，職業分類や職業に人々が抱くイメージをスコア化した職業威信がよく用いられる。職業分類の場合，通常上層＝専門職（医者，弁護士，大学の教員など）・管理職（企業の社長や役員など），中層＝事務・販売，下層＝農林水産業従事者，労働者とすることが多い。職業威信は先の3分類が細分化され，それぞれに人々が付与するイメージ（たとえば「○○の職業は給料が高い」「○○の職業は人を動かす力がある」）をスコア化して，職業にランキングを付したもの，と考えればよい。

（2）コールマンレポートの示したもの

さて，これら3つの要素はどのような関係なのか。今日でも影響力のある一つの報告が1966年に発表された。それがコールマンレポートである。当時のアメリカでは，人種や民族の違いによる不平等の解消が政策課題であり，1964年には公民権法（Civil Rights Act）により，人種，宗教，性別，民族，出身国による差別が禁止された。これをきっかけとして，市民の教育機会に関する調査がジェームズ・コールマン（James Coleman）により実施された。そのレポートが通称「コールマンレポート」と呼ばれるが，その内容は，学力に対して，学校の環境（児童・生徒一人当たりの予算・図書数，実験設備の保有状況，課外活動の充実度，多彩なカリキュラムの有無，能力別学級編成の状況，学校規模など）よりも，家庭環境（両親の学歴，きょうだい数，経済的な状況など）が強い影響を与えているというものであった（コールマン，1966）。1972年にクリストファー・ジェンクスにより発表された『不平等―学術成績を左右するものは何か』においても，学力に与える学校の効果には否定的であり，むしろ家庭的環境の影響力が強調

第Ⅱ部　変動する社会と教育

された（ジェンクス，1972）。

　これらレポートを受けて，政府が実施した政策は，ヘッドスタート，補償教育であり，就学前の子どもたちやその家庭に対する教育，医療，保護者の関与の促進を支援するような，総合的な家庭支援であった。つまり，学校に効果が無いことを政策が是認する形で，効果がありそうな場所すなわち家庭環境の差を是正する方策に財源が振り分けられたのである。

2　我が国の学力問題

（1）学力論争の変遷

　目を転じて，日本における学力論争を俯瞰してみよう。日本の学力論争は，時代を超えておおよそ次のようなパターンを経ている。①旧制度への反動として新しい教育課程が導入される。②新教育課程において（基礎）学力低下が指摘される。③政府主導による学力テスト実施が企画される。④学力テストを巡って全国的な論争に発展する。たとえば，戦後すぐの学力問題は，戦前の旧学制への反動として導入された自由主義的な新教育課程が学力低下を招いたという批判が相次いだ。こうした批判に応じるかのように，大規模な学力テストが文部省主導により1961（昭和36）年に開始された。しかしながらこの政策に対し，日本教職員組合（日教組）を中心に反対運動が起こった。日教組はこの調査を不当な競争発生の元凶，教育の国家統制であるとし，反対運動を越えて訴訟につなげていった。反対運動とは別に，学力テストへの過度の迎合とも思える行動も見られ，高い得点をとること自体が目的化する学校の出現もささやかれた。このような学校は，たとえば，普段成績の低い児童・生徒を学力テスト当日に出席させなかったり，あらかじめ学力テストの出題範囲を集中的に学習させたりする等の対応をしたとされた。

　1990〜2000年代における学力問題も，戦後すぐとほぼ同様のプロセスを経ている。ただし，戦後当時と異なるのは，大きな論争になりつつあるのは50年前と同様ながら，学力テストへ反対したのは序列化を恐れる一部の自治体や学校だけであり，世論は全般的に学力テストを容認している点である。

（2）日本的学力観の登場：学力格差に触れること＝差別感をあおる

　1950～60年代と2000年代前後の学力に関する世論の捉え方の変容は，時代背景の変容と関係している。1960年代前後は，「平等性」が優先される時代であった。機会均等が重視され進学機会保証のための様々な活動が展開された。高校進学における「15の春を泣かせない」という言葉は，その象徴であろう。高等教育機会も，大都市抑制・地方分散政策が展開され，機会の地域的均衡がはかられつつ量的拡大の一途をたどった。このような趨勢の中で生じた奇妙な学力観を「能力主義的―差別教育観」として描き出したのが苅谷剛彦であろう。この「能力主義的―差別教育観」は次のような特徴をもっている（苅谷，1995）。

① 「素質決定論」への懐疑：生まれながらにしてもっている素質によって学校での成績や将来が決定されるといういわゆる「素質決定論」に懐疑的な態度。
② 成績≠「真の学力」：学校の教科を通じて学習され測定される学力が「真の学力」ではなく，本人の能力すべてを表しているわけではないとする見方。
③ 差別感の忌避：真の能力とは言えない成績によって，子どもを選別し序列化して，不必要な差別感情をあおることを忌避する見方。

　このような見方や態度が1960年代に成立することにより，階層と教育との関係，学力の階層との関係を論じる視点自体が教育現場から消えていった。もちろん，研究者は継続して教育・学力と階層の問題を論じていたが，全国学力テスト自体がタブー視されたことで，実証に耐えうる学力データ入手の道が閉ざされてしまった。代替指標も用いられたが（進学希望，進学アスピレーション，学力の自己評価など）子どもや家庭への配慮が優先され調査自体が断られるケースも少なくなく，学力と階層を正面から研究すること自体困難となった。この点は，コールマンレポート以降データの再分析や新たなデータ作成と内外研究者への公開を通じて，教育・学力と階層との関係を積極的に論じてきたアメリカとは雲泥の差である。

(3) PISA のインパクト：
学力の国内個人間格差から，国際間格差への着目のシフト

　1990年代から2000年を越えて議論されてきた学力問題は，ゆとり教育を推し進めたことにより学力が低下した，と世論によって認識されたことに起因している。焦点は，1960年代とは異なり，児童・生徒間の学力の差よりも，日本全体の学力の低下・目減りに移った点に特徴がある。議論の契機となったのは，2000年からOECDにより実施された生徒の学習到達度調査（PISA：Programme for International Student Assessment）において，2003年の調査で日本の順位が下がったという事実であった。これが日本の学力低下を示す根拠であるとして社会問題化されたことにより，個人の学力差を明らかにすることが差別感情を生むという日本的な能力主義的差別教育観は息を潜めることになった。むしろ積極的に学力格差を認識し，学力の確保や底上げあるいは卓越性の追求が優先されることになったのである。奇しくもこの時期は，平等性よりも卓越性・効率性が追求され，業績主義が企業だけでなく公共機関にも要求されるようになった，いわゆる新自由主義の時代でもあった。*

　　＊市場原理を経済分野だけでなく公共分野にも導入し，政府の関与を小さくする「小さな政府」を推進し，政府機関・公営事業の民営化，規制緩和と競争を促進する方針を指す。

　ただし注意すべき点が2点ある。第1に，学力（の低下）問題はあらためて日の目を見ることになったが，学力と階層の問題は，「格差社会」「下流社会」といった誇大とも言えるタームがおおっぴらに流布した割には，まともに取り組まれたとは言いがたい。2005年から施行された個人情報保護法によるプライバシーへの過度なまでの配慮も後押ししてか，むしろ学力と階層の関係を正面から捉えようとする調査自体がますます困難になっている。

　第2は，国家間学力格差が問題化され，日本の学力上の地位低下へ関心が集中したことにより，学力テスト廃止のような大きなムーブメントは発生していないが，いまだに学校間格差が暴露されることや，不必要な学校間競争が生じることへの懸念が表明されている点である。このような懸念は，うがった見方をすれば，結局のところ「能力主義的―差別教育観」が未だに払拭されていな

いことによるとも言える。つまり，学校が学力によって序列化されることにより，学校に対する不必要な差別感情が生まれることを懸念している，と解釈できるからだ。しかしこれも奇妙な話である。なぜなら，これまでの調査結果が示しているのは，学力に学校間格差があるという事実だけであり，学校が原因で学力に差がもたらされているとは指摘していないのだ。つまり，暗黙のうちに，学校間に学力格差が存在するという事実を，いつのまにか学校の原因よりあたかも学力差がもたらされたかのような飛躍的な解釈すなわち「因果関係の錯誤」をおかしているのだ。

　さらに，コールマンレポート以降学校の（学力への）効果に関する諸研究が，ほぼ一貫して学校が学力に寄与する程度が大きくないあるいは不透明であることを示してきたことを踏まえるのであれば，たとえ学力に学校間格差が認められたとしても，それはかならずしも学校そのものの所為（学校の施設設備や教員の指導の問題等）とは限らない，との見方も可能だったはずだ。たとえば，学力の高い学校には高学歴高所得の意識の高い家庭出身の子どもが多い傾向が見られる場合があり，このような状況では学力の学校間格差は見かけ上の格差であり，実は家庭背景の差による場合もある。つまり，学力調査から何が見え，何が見えないのかについて厳密に腑分けする必要があるのだ。

（4）PISA 学力調査が映し出すもの

　学力と階層の関係にまで踏み込んでいるわけではないが，学力調査の結果について慎重になるべきだというスタンスは，村山航によって明快に示されている（村山，2006：70‐91）。村山は，PISAから「確実に言えること」と「確実には言えないこと」を整理する必要性を訴え，具体的には①読解力の得点低下は参加国中もっとも大きな減少であり，統計学的にも確か，②数学的リテラシー得点については，2003年度から新たに加えられた「量」（数量的な関係やパターンの理解）と「不確実性」（確率・統計的な現象の理解）の2領域のできがよくなかったことが全体の得点低下につながっている。ところが，前回と同様の「空間と形」（幾何学的な内容の理解），「変化と関係」（変数間の関数的な関係の理解）については，統計的に信頼できる得点の低下が見られないことから，「数学の

第Ⅱ部　変動する社会と教育

表9-1　科学的リテラシーの国別平均と標準偏差（平均500，標準偏差100）

順位	国名	2000年 平均	2000年 標準偏差	国名	2003年 平均	2003年 標準偏差	国名	2006年 平均	2006年 標準偏差
1	韓国	552	81	フィンランド	548	91	フィンランド	563	86
2	日本	550	90	日本	548	109	香港	542	92
3	フィンランド	538	86	香港	539	94	カナダ	534	94
4	カナダ	529	89	韓国	538	101	台湾	532	94
5	オーストラリア	528	94	リヒテンシュタイン	525	103	エストニア	531	84
6	ニュージーランド	528	101	オーストラリア	525	102	日本	531	100
7	オーストリア	519	91	マカオ	525	88	ニュージーランド	530	107
8	アイルランド	513	92	オランダ	524	99	オーストラリア	527	100
9	スウェーデン	512	93	チェコ共和国	523	101	オランダ	525	96
10	チェコ共和国	511	94	ニュージーランド	521	104	リヒテンシュタイン	522	97
⋮	メキシコ	422	77	ブラジル	390	98	カタール	349	84
最下位	ブラジル	375	90	チュニジア	385	87	キルギスタン	322	84
	OECD平均	500	100	OECD平均	500	105	OECD平均	500	95

得点が低下した」とまでは確実には言えない，③得点の平均値だけでなく，分散すなわち得点の格差に注目すると，数学的リテラシー，読解力，科学的リテラシー（いわゆる理科）ともに日本国内の格差が拡大している。④質問紙調査（自己評価）から，「数学についての興味や関心」が参加国中最低ではあるが，この結果をもって「日本人の数学に関する学習意欲は低い」とは確実には言えない。PISA報告書においても，質問紙調査結果を国際間で比較することには慎重になるべきだと指摘しているし，そもそも自己評価はすべての人が統一的な基準に基づいて行われているわけではないので比較がむずかしい。得点で上位に名を連ねている他国（フィンランド）も高い得点ではない。⑤PISAはオーセンティック評価（現実場面における人の問題解決能力を総合的に捉えようとする評価）の影響を受けており，教科学力とは異なった趣をもち，能力を複合的に評価する。いわゆる総合的学習や新しい学力観に近い。ただしそれゆえに，得点の善し悪しを判断する際に，能力の要素別に分解ができないという問題点をも

つ，という5点を指摘している（表9-1もあわせて参照）。

その上で村山はさらに，「評価リテラシー」という言葉を用い，学力調査を読み解く側に能力が要求されることを指摘している。これは，PISAの結果をめぐる我が国の議論が，数値化された情報の背後にある多様な意味の織り込み具合を理解せず，その数値の表層だけを捉えて不必要な危機感を煽ったり，悲観的になったりすることに対する警笛である。

3　学力・階層・学校の関係を読み解くことの難しさ

(1) 公共機関としての学校

学力と階層の関連，学力と学校との関連を議論する上で，世論・政策そして研究は，適切に融合してきたとは言い難い。その一方で，各々の時期に学力問題に関する流行の見方が形成され根拠の不確かなまま流布してきた。つまり，学力問題を根源的に突き詰めるというよりも，学力問題が一種の流行のように人々の口に語られてきたと言ってもいい。時として，我が国の教育政策には，科学的根拠を反映させること自体がむなしいように思えてならない。

ただ，それもやむなしかもしれない。現代の我が国の初等中等学校が公教育制度の中に位置付く公共機関である以上，公共機関特有の様々な葛藤や限界が存在し，理路整然とコトを運ぶことが容易ではないからだ。そこで，ここではあらためて公共機関の性質を整理してみよう。

公共機関の使命は正義と公平の実現である。しかし，すべての正義と公平を実現するためには，多大なコストがかかり，時に各々の正義が真正面から対立することもある。各々の正義の優劣を合理的な基準によって判断・評価することも難しい。ゆえに公共機関の施策やその生産性は政治的に決定・評価されることになる。時に優勢・強力な団体にからめとられたり，世論の動向に従ったり，首長の判断で押し切ることもあり，政治的優勢＝正義となることもある（田尾，1998）。

学校も同様である。学力の卓越性を目指しつつ，機会均等をも同時に実現せねばならない。道徳・規範を内面化させる必要もある。集団生活を会得して社

表9-2　学力・集団秩序・教員の質・家庭環境の関係（章頭の事例から）

	昨年度学年	今年度学年
学力	−	＋
集団秩序	＋	−
教員の質	＋	＋
家庭環境	−	＋

（注）＋はその要素が高いことを，−は低いことを示す。

会への円滑な統合を図る必要もある。これらはいずれも優劣つけがたく，時にそれぞれがトレードオフの関係になることもある。学校は，本来であれば家庭生活がもつべき機能も含めて，市民の教育要求を請け負わされ——いやむしろ時には学校の存在意義を積極的に確立するために自らが使命を拡大し自己増殖をしている側面もある——利害関係の調整を行い，最終的には政治的判断や評価に委ねて優先順位を決めねばならない。このような多様性や矛盾，葛藤をも内包した複雑な公共組織としての学校にとって，学校を飛び越えて学力と階層との間に関係があることを再三指摘されても——たとえその関係が現場の実践感覚と合致したものであったとしても——まずは学校の本来の活動時間の中でできることが優先されるのではないか。研究成果の言に従えば，学校が家庭と連携することも学力向上の方策なのであろうが，勤務時間を超えたサービス残業を教員に強いるような無理をさせることが，どれほどの効果をもたらすのかが現段階では不透明なだけに，学校の対応すべき課題としての優先順位は必ずしも高まらないのかもしれない。

（2）文化と学力・学校・階層

　さて，これまでに学力・学校・階層の関係を読み解く上で考慮すべき論点を抽出してきた。それらを踏まえた上で，あらためて，冒頭にしめした事例を読み直してもらいたい。この事例のポイントは，①学力について，昨年度の調査対象学年は県平均を大きく下回っていたのに対し，今年度の調査対象学年は県平均相当であった，②昨年度の学年はまとまりもよく，教員の指導も浸透して

いた。今年度の学年は過去学級崩壊を起こしており，学級内での秩序が成り立たずまとまりがない。教員も手を焼いている。③昨年度の学年は要保護家庭が6割を超えていた。今年度の学年は，要保護家庭は2割程度であり，保護者の学校への関与も高く教育熱心である。この関係を整理し単純化すると次のようになるだろう（表9-2）。

これを見てもわかるように，家庭環境と学力との間にはあきらかな対応関係がある。家庭環境が－であれば学力は＋であり，家庭環境が＋であれば学力も＋である。この結果は，コールマンレポート以降多くの研究が示してきた結果を改めて裏付けているようだ。

集団秩序は家庭環境と逆相関にあり，家庭環境が＋だとむしろ学校での秩序は－となり，家庭環境が－だと学校での秩序は＋となっている。そうすると，家庭環境が＋だと学級での秩序は－になるが学力は＋になる，という関係が成り立つことになる。しかしこの関係の連鎖は，常識的に考えてどうしても腑に落ちない。これまで議論してきた学力と階層との間を学級内の凝集性や秩序が媒介することによって，とたんに解釈はむずかしくなってしまった。

この複雑性を読み解くために，ここであらたに「文化」というキーワードを投じてみよう。初等中等教育の研究には，「生徒文化研究」というものがある。その主要な知見は，学校には向学校志向（学校に順応し学習を志向するような，いわゆる「まじめ」な行動様式）―反学校志向（向学校の逆）の文化が，学校のランクと対応して存在していることを明らかにした（耳塚，1980）。この知見から敷衍すると，学校でのまじめさと学校ランク≒学力との間には正の相関があるとみなせよう。そうすると，学校の中での集団秩序が家庭環境と逆相関になっているという冒頭の事例は，過去の生徒文化研究の知見と反する結果となってしまう。しかし，竹内洋の指摘に基づけば（竹内，1995：193-214），階層下位に位置しかつ学校の評判が低位であるような児童は，学業成績がインセンティブの加熱装置として機能しておらず，成績が悪いことが児童の評価の大きなウェートを占めにくい。それゆえ不満も生じにくく反学校的な態度が支配的にならないのではないか。ともすると教員もこうした児童に高水準の学力を潜在的には期待しておらず，奇しくも教員と児童との思惑が一致し，その帰結として

学級に秩序がもたらされているのかもしれない。

　他方，今年度の学年は，この学校区にはめずらしく経済的に恵まれない家庭出身の児童の割合が低く，教育熱心な家庭も多かった。ところが学校の評判は長年低位に固定されているので，家庭の教育期待と学校の水準との間にギャップが生じている。教育熱心な家庭で学業成績の向上を焚きつけられた児童は，低位な学校水準に不満を抱き，それゆえ反学校的な態度が支配的になっている可能性がある。

　学校現場や常識的な見方は，家庭の水準が低い→不真面目→学力が低いという因果関係を想定しがちである。それゆえ学校現場では「なぜまじめで仲良くやっているのに，学力が伸びないのか」と困惑さえ示した。このような複雑な現象を読みほぐすために，竹内の研究やバジル・バーンスティンのコード論，ポール・ウィリスの学校文化論さらにはピエール・ブルデューの文化的再生産論等を織り交ぜた学校・学力・階層の関係の解読が，より豊かな知見を与えてくれるだろう。ここではこれら諸知見の詳説はせず，読者への宿題としたい。

4　コールマンレポートのその後

　コールマンレポートは，あたかも学校が学力に対して無力であるかのようなメッセージを残した衝撃的な内容であったが，その後1980年代のレーガン政権下にてコールマンによる大規模な学力，学校環境，家庭背景等に関する調査が再度なされた時には，学校特に私立学校が学力に寄与するという，1960年代とは相反するとも取れるレポートが示された。このレポートも議論をよび，レーガン政権が主導する市場原理主義や小さな政府政策のもとで，公教育への財源配分を縮小するという既定路線を正当化するためのレポートだとも批判された。実際，報告において私立学校の効果の根拠として示されている諸々の数値は，見方によって効果があるとも無いとも解釈できるような数値であったからだ。

　さらに，コールマンレポートを再分析した中原洪二郎は，1960年代には用いられなかった進んだ統計分析法（共分散構造分析）を適用し，学力・学校・階層の関係についてのモデルの再構成を試み，学校教育が家庭環境とほぼ同等の影

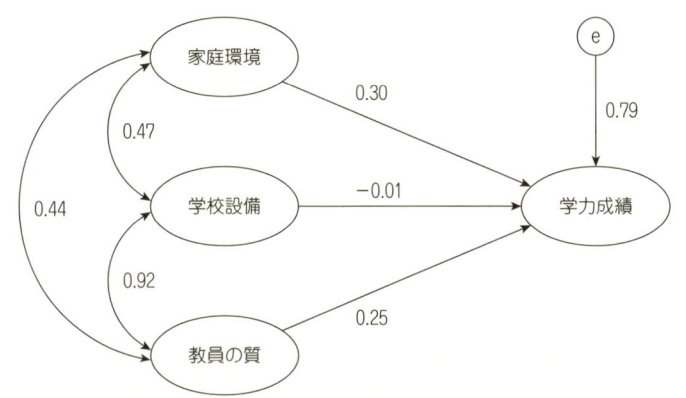

図 9-1 学力と階層・学校の関係：元モデル

（注）厳密にはコールマンの元の分析結果と同一ではないが，中原（2006）が公開されている相関係数等の情報を元に再構成したもの。
（出所）中原（2006：353），図 4-2-1 より。

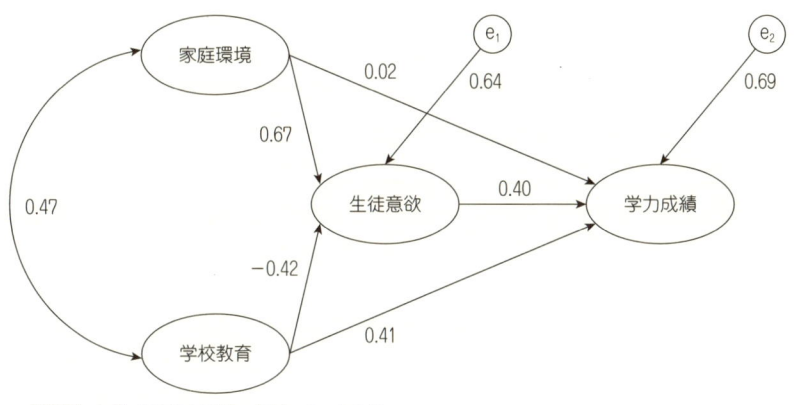

図 9-2 学力と階層・学校の関係：再構成モデル

（出所）中原（2006：354），図 4-2-3 より。

響力を学力にもたらしていることを明らかにした（中原，2006：348-356）。モデル全体の適合度がやや低く，コールマンらの結果を反証したとまでは言えないが，コールマンらの言うような，学力に対して学校が無力であるとはいいきれないのではないか，という疑問は投げかけられたことになる（図 9-1，図 9-2 参照）。

では，結局，学力は学校に規定されるのか，それとも階層なのか，それとも

その他の要因なのか。この問題は，今後も絶えることのない関心であり，読者も本章をきっかけとして是非分析に取り組んでもらいたい。

> **学習課題**
>
> ① OECDのPISAのWebページにアクセスし，2000年，2003年，2006年のPISAの結果の，日本の学力の順位の推移を整理してみよう。その上で，日本の生徒の学力がどのような状況にあるのかを述べなさい。
> ② 本章では学力と階層の関係について紹介したが，階層を構成する要素の何が具体的に学力に作用しているのかについては触れていない。たとえば，きょうだい数が多いことが学力にどのように不利になるのか。保護者の学歴の高低がどのように学力に作用するのか等々…，を推論しなさい。

参考文献

苅谷剛彦 1995『大衆教育社会の行方――学歴主義と平等神話の戦後史』中央公論社.
竹内洋 1995『日本のメリトクラシー――構造と心性』東京大学出版会.
中原洪二郎 2006「モデルの当てはめの良さを測る：適合度指標－教育と不平等－」，与謝野有紀・栗田宣義・髙田洋・馬淵領吾・安田雪編『社会の見方，測り方　計量社会学への招待』勁草書房，348-356頁.
耳塚寛明 1980「生徒文化の分化に関する研究」『教育社会学研究』35, 111-122頁.
村山航 2006「PISAが示すもの：求められる評価リテラシー」，東京大学基礎学力研究開発センター編『日本の教育と基礎学力――危機と展望』明石書店，70-91頁.
Coleman, J. S. 1966 *Equality of Educational Opportunity*, Washington : U. S. Office of Education.
Jencks, C. et al. 1972 *Inequality : A Reassessment of the Effect of Family and Schooling in America*, Harper Colophon（橋爪貞雄・高木正太郎訳 1978『不平等――学術成績を左右するものはなにか』黎明書房）.
Marx, K. & F. Engels 1848 *Manifest der Kommunistischen Partei*.（大内兵衛・向坂逸郎訳 1951『共産党宣言』岩波文庫）

（村澤昌崇）

第10章 ジェンダー

　現在，私たちは，性別に関係なく小学校，中学校，高等学校（中等教育学校）に通い，ほぼ同じ学習内容を学ぶことができる。そのような意味で，学校は，性による差別を受けない，平等な場であるといえよう。

　しかし，まったく「差別・区別」はなかったのだろうか。たとえば，学校での「整列」や「名簿」についてはどうであったか。また，学校での係や役割分担はどうであったか。そして，私たちは，個人名ではなく「女の子」「男の子」という集団名で呼ばれることはなかっただろうか。

　学校を卒業すると，私たちは，社会での様々な扱いにおいて性による格差があることに気づく。賃金の差，職場での期待の差，家庭での役割分担。これらの差や分担は，「女」あるいは「男」だから「常識」である，と考えられている。近年，教育社会学の分野では，「男だから」「女だから」と信じられている「常識」の多くが，教育を含む様々な社会的・文化的な営みを通してつくられていると考えられるようになった。

　このような「社会的・文化的につくられた女らしさ・男らしさ」を「ジェンダー（gender）」と呼ぶ。本章では，教育と「ジェンダー」に関する様々な問題をマクロレベルからミクロレベルまで取り扱う。それにより，身近な教育問題を「ジェンダー」というレンズを通して眺め，考えるための手がかりを示したい。

1　ジェンダーというレンズを通して――男女ともに生きにくい社会の中で

（1）「1.57ショック」以後：合計特殊出生率のさらなる低下の背景

　日本の合計特殊出生率は，1989（平成元）年に急速に低下し，1966（昭和41）年の1.58を下回る1.57を記録した。いわゆる「1.57ショック」である。その後，合計特殊出生率はおおむね減少傾向にある。2005（平成17）年のそれは1.26であり，前年（2004年）よりさらに0.03ポイント減少した。ただし，2006年には1.32，2007年には1.34と微増傾向にある（「人口統計資料集」2009）。

第Ⅱ部　変動する社会と教育

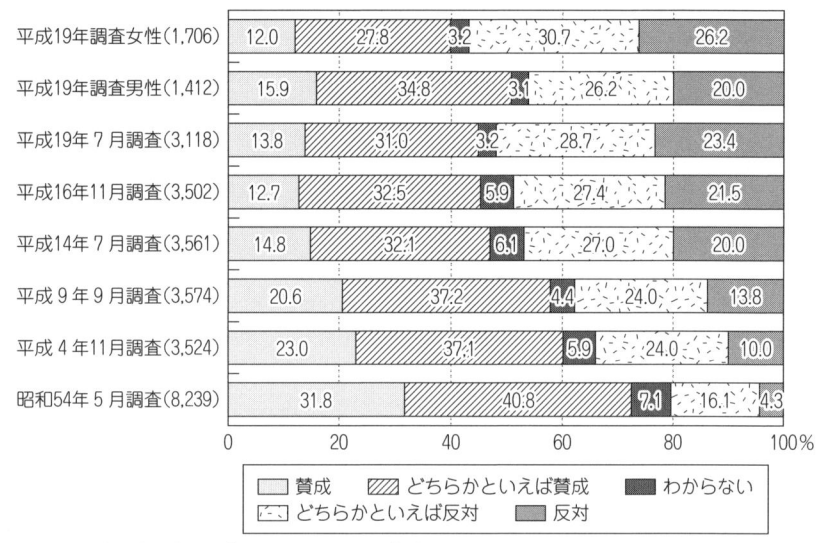

図 10-1　「夫は外で働き，妻は家庭を守るべきである」という考え方への賛否

調査	賛成	どちらかといえば賛成	わからない	どちらかといえば反対	反対
平成19年調査女性 (1,706)	12.0	27.8	3.2	30.7	26.2
平成19年調査男性 (1,412)	15.9	34.8	3.1	26.2	20.0
平成19年7月調査 (3,118)	13.8	31.0	3.2	28.7	23.4
平成16年11月調査 (3,502)	12.7	32.5	5.9	27.4	21.5
平成14年7月調査 (3,561)	14.8	32.1	6.1	27.0	20.0
平成9年9月調査 (3,574)	20.6	37.2	4.4	24.0	13.8
平成4年11月調査 (3,524)	23.0	37.1	5.9	24.0	10.0
昭和54年5月調査 (8,239)	31.8	40.8	7.1	16.1	4.3

（出所）内閣府男女共同参画局（2009）より作成。

＊合計特殊出生率とは，その年の女性の年齢別出生率を15～49歳にわたって合計した数値であり，代表的な出生力の指標である。女性が年齢別出生率にしたがって子どもを生んだ場合，生涯に生む平均の子ども数に相当する。

　合計特殊出生率の低下は，その社会が少子化傾向にあることを示す。2005年の合計特殊出生率は，年金改革で将来年金の計算基礎として用いられていた同年の推計値1.31よりはるかに下回っている。予測を超える少子化傾向は，国の様々な政策の行方にも影響を及ぼすといわれている。

　少子化問題について，「女性の就労による非婚化・晩婚化・晩産化」を主な原因とみる考え方が一般的である。「1.57ショック」以降の自治体による結婚・出産奨励策や，児童手当の対象年齢を小学校6年までに延長（2006年4月1日より）するなどの国・自治体による育児支援策は，この原因説にもとづくものと考えられる。

　しかし，30～34歳における非婚者の割合はむしろ男性に多い（2000年における30～34歳女性の「未婚率」は26.6％，同男性のそれは42.9％である）。一方，平均初

婚年齢（2004年では女性27.8歳，男性29.6歳）はこの10年ほどの間にそれぞれ1～2歳程度上昇したにとどまっている。つまり，現在，日本社会は女性ばかりでなく男性もなかなか結婚しない社会なのである。したがって，女性の非婚化・晩婚化・晩産化が少子化の要因であると断定するのは早計であると思われる。

> ＊2009（平成21）年現在，「婚活」がブームとなっている。その背景としては，不安定雇用などで先が見えないことや女性の出産志向などが考えられる。同年6月23日付「ゼロから考える少子化対策プロジェクトチーム」のリーフレットに「少子化対策の第一歩は，恋愛・結婚から」という項目がみられるなど，行政も恋愛・結婚を視野に入れた施策を検討しつつある。しかし，不況下にあって，結婚の増加が出生力の上昇に結びつくかどうかは不明，という意見もあるようだ（『朝日新聞』2009年7月16日付）。

（2）女性の仕事が評価されにくい仕組み：「性別役割分業意識」の変容と持続

　日本の女性の年齢階級別労働力率は「M字型曲線」を描く。それは，25歳から39歳までの労働力率は他の年齢階級に比べて低いことを意味する。

　この30年ほどの間に，25歳から39歳までの労働力率は上昇傾向にあるため，この「M字」の底は上がり続けている。これは，女性が結婚後も就労しやすくなりつつあることのあらわれである，といわれる。

　ここで，ひとつのデータを見てみよう。内閣府が実施している「男女共同参画に関する世論調査」によると，「夫は外で働き，妻は家庭を守るべきである」という考え方に賛成する人の割合は，1979（昭和54）年調査では72.6％であったのに対し2007（平成19）年調査では44.8％であり，減少傾向にある。一方，それに反対する者の割合は，1979年調査では20.4％であったのに対し2007年調査では52.1％であり，反対が賛成を上回っている（図10-1）。

> ＊「賛成」「どちらかといえば賛成」と回答した者の割合の合計。

　ただし，2009（平成21）年に結果が公表された「男女のライフスタイルに関する意識調査」によれば，性別役割分業に賛成する割合は39.6％，反対する割合は39.7％であり，ほぼ同率である。この調査ではその回答の理由についても尋ねられていたが，「賛成」の理由としては，「子どものためによい」「分業する方が効率的である」といった回答が上位を占めていた（内閣府男女共同参画局，

2009)。

　雇用の分野では，依然としてジェンダーによる非対称性が持続している。たとえば，男性に比べて女性の雇用は依然少ない（女性は全体の40.5％）。また，女性は男性に比べ，雇用者全体における正規雇用の割合も少ない傾向にある（1999年現在の正規雇用の割合は女性で45.2％，男性で81.7％）。したがって，女性一般労働者の給与水準は男性一般労働者のそれの69.0％（2008年）にとどまり，他の先進諸国と比べて賃金格差が大きい。

　　＊日本では，高学歴女性の労働力率はそれほど高くない。平成9年度『国民生活白書』によると，日本では高学歴ほど男女間の賃金格差は少なくなるため，女子教育の投資効果は高い。つまり，女子教育にお金をかけても，その人は，将来にわたり充分に元をとることができる。ところが，フランス・アメリカ・ドイツでは大卒女性の労働力率が80％を超えるのに対し，日本では60％程度にとどまる。つまり，日本では高学歴の女性であっても労働力としてとどまらない者の割合が比較的多い。

　「アンペイド・ワーク」にも注目しよう。夫婦の双方が就労している場合の家事関連時間（「家事」「介護・看護」「育児」「買い物」の合計）は，子育て期の妻は6時間9分，子どものいない妻は4時間17分である。一方，夫の家事関連時間は，子どものいない世帯では47分，子育て期の世帯ではわずか39分である。つまり，妻は夫よりもはるかに家事労働等に費やす時間が長く，その格差は子育て期においてはより顕著であるといえる（総務省『平成18年社会生活基本調査』）。また，「男女共同参画社会に関する世論調査」によると，妻の仕事であるという回答が多いのは，「食事のしたく」(85.2％)，「掃除」(75.6％)，「食事の後片付けや食器洗い」(74.7％)である。

　以上より，日本では，女性と男性の役割に関する意識は変化しつつあるように見えるものの，実際の役割分担のあり方についてはまだ非対称であるといえる。とりわけ，「アンペイド・ワーク」については女性の負担が非常に大きく，共働き世帯では「男は仕事，女は仕事も家庭も」という状況にあるようだ。

（3）男女がともに自己実現することの困難な社会

　現在，日本では，男女共同参画社会基本法にもとづき，「男女共同参画社

会」の構築が叫ばれている。その一環として,「社会における意思決定への女性の参画」「子育てを行う女性が働きやすい環境づくり」が進められようとしている。近年,政治の世界では,女性閣僚の登用が当たり前になりつつある。女性閣僚・女性政治家がマスコミに登場する姿を見るたび,私たちは,あたかも女性の社会進出が進んだかのような錯覚を覚える。

ところが,男女雇用機会均等法の改正により性別による差別的雇用の禁止をうたってから20年が経過した現在においても,女性の就労構造はM字型を維持している(前項参照)。大学卒女性の就職について,一般職と総合職というコース別採用が存在する。国家公務員に占める女性の割合は,上位の級になるほど低い。

データを見ると,女性が国や地方自治体などの意思決定の場に十分参加できているとはいいがたい。たとえば,国会議員の女性率は,2009(平成21)年5月現在,衆議院で9.2%,参議院で18.2%にすぎない(内閣府男女共同参画局,2009)。

日本社会は,女性ばかりではなく,男性にとっても生きにくい。学業でも仕事でも絶えず上を目指すよう駆り立てられてきた男性たちの疲弊は,近年の雇用政策の変化とともに表面化しつつあるように思われる。2009(平成21)年5月の警察庁発表によれば,2008(平成20)年における国内の自殺者数は3万2,249人であり,1998(平成10)年以降ずっと3万人を超えている。このうち男性は2万2,831人で,70.8%を占める。中高年自殺の理由は「健康問題」「経済・生活問題」「家庭問題」「勤務問題」の順であり,「生活苦」が上位にある(警察庁,2009)。そこには,1990年代以降長く続いてきた不景気の影響がうかがえる。

自殺者に占める男性の割合の高さについては,「男らしさ」の呪縛との関連も考えられるだろう。男性は,高度経済成長期と同様に「正社員」として「昇進・昇給」を目指すことが求められてきた。その就労モデルは,家事・育児を妻に預け,一家の家計を支える稼ぎ手としての役割を担うことと合致していた。

しかし,近年は,「年功序列」型雇用慣行を廃止する企業が増加し,不景気に伴う人員削減で正規雇用者の割合が低下している。男性が一家の稼ぎ手とし

て従来期待されてきた役割を遂行することが困難になり，期待される役割と現実のずれをもたらしていることが考えられるのではないか。

（4）社会のひずみを見つめるレンズとしての「ジェンダー」概念

上記に示した社会問題は，私たちに対する「女であること」あるいは「男であること」に由来する社会的・文化的な呪縛と関連していると思われる。

私たちは，行動様式，進路，社会的地位において，生物学的な「性（つまり，「女」あるいは「男」であるということ）」に関連づけられた様々な要請により，二つの異なる役割を担う存在となるよう導かれている。「ジェンダー」の視点により，私たちは，生物学的な「性」が本質のものとみなされ，それにもとづいて私たち自身の社会的行動や期待される特質などが二種類に分類されていることに気づくことができる。

「ジェンダー」の視点はまた，私たちに，社会で起こっている様々なひずみの背景に，私たち自身の「女」または「男」であることによる強い呪縛が，ひとつではなく幾重にもあることに気づかせるだろう。それは，複合的・錯綜的な現代社会に潜む，「性」にもとづく呪縛を見抜くひとつの「レンズ」である。

「性」にもとづく呪縛は，私たちの社会の様々な場面にみられる。次節では，私たちを分け隔てる「ジェンダー」は，学校教育の中にどのようなかたちであらわれ，どのような機能を有するのか，考えてみよう。

2　分け隔てられる女性と男性——競争主義社会の中で

（1）学校教育の歴史から

近代に入り学校教育制度が成立し，学歴が地位達成の重要な手段となって以来，国民は学歴獲得や地位達成・立身出世への競争に駆りたてられてきた。明治から戦争期にかけての日本では，この競争に駆り立てられるのは主に男子であった。女子にとって，学校教育は「良妻賢母」たるに必要な資質を獲得するための場として機能していた。

女子と男子は，教育を受ける機会が同等ではなかった。学校体系では，男子

と女子が別々に学ぶことが求められた。小学校は高学年で男女別学級となり，中等教育段階では，男子は中学校，女子は高等女学校と，異なる学校で学んだ。中学校は，（旧制）高等学校および大学など高等教育機関に進学するための教育機関であった。一方，高等女学校では高等教育機関への進学が前提とされず，家事・裁縫などの科目が必修であった。女子の進学先には専攻科，女子高等師範学校，専門学校があったが，制度上は女子には大学進学の道はなかった。*

　*ただし，東北帝国大学が1913（大正2）年に3名の女子学生を受け入れるなど，女子学生を受け入れる大学は戦前にもみられた。したがって，ごく一部ではあるが，高等教育を受けた女性もいた。

　第二次世界大戦後の教育改革により，女子教育は大転換を遂げた。教育基本法第5条で「男女共学」の理念がうたわれ，小学校，中学校，高等学校，大学の6・3・3・4制のもと，男女は同等の教育機会を得た。後期中等教育機関として新設された高等学校では，「高校三原則」のひとつに，「男女共学」の理念が掲げられた。また，小学校での家庭科も男女共修のカリキュラムとして出発するなど，教育内容においても男女平等が目指された。

　ところが，1950年代後半に入り，戦後の復興を遂げさらなる産業化をにらむ日本政府は，教育政策において方向転換をはかった。まず，産業部門への効率的な人材供給に適する学校制度の整備が行われた。高等専門学校の設置が行われ，実業高校の普通高校からの分離・設置が行われた。

　これとあわせ，中等・高等教育において「女子向け」コースの設定が行われた。戦後，事実上女子にとって主要な高等教育機関となった短期大学は，もともとは新制大学が誕生した際に4年制大学に昇格するまでの移行的な措置にすぎなかったが，1964年の学校教育法改正により恒久的な教育機関となった。

　教育内容も大きく変化した。朴木佳緒留によれば，1950年代前半に起こった「家庭科女子必修運動」を端緒とする高校家庭科の女子のみ履修への動きは「女子特性論」を根拠としていた（朴木，2003）。1958年・1960年の学習指導要領改訂により，高等学校での家庭科は女子のみ履修となり，中学校の「技術・家庭」では，女子は「家庭」，男子は「技術」を中心に履修することとなった。これらは，経済成長をにらみ，家庭で妻あるいは母として労働力の再生産機能

第Ⅱ部　変動する社会と教育

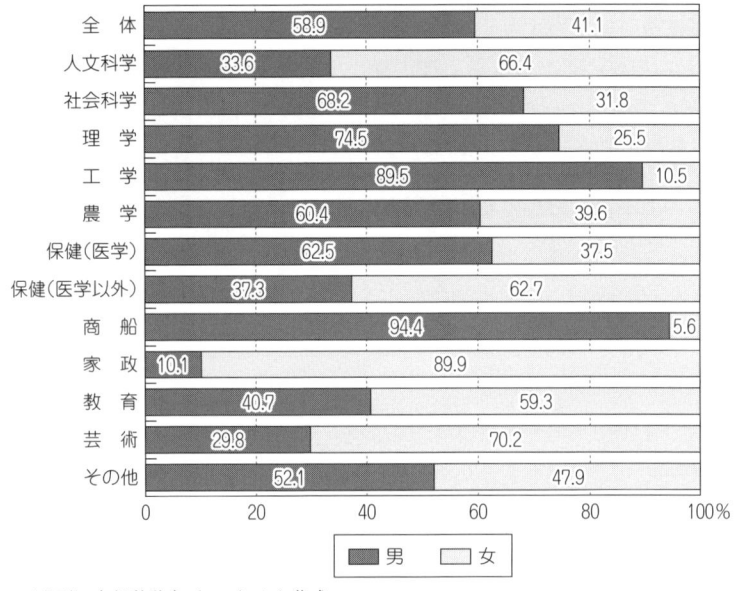

図10-2　大学（昼間部）の学部別在籍者の男女比較

学部	男	女
全体	58.9	41.1
人文科学	33.6	66.4
社会科学	68.2	31.8
理学	74.5	25.5
工学	89.5	10.5
農学	60.4	39.6
保健（医学）	62.5	37.5
保健（医学以外）	37.3	62.7
商船	94.4	5.6
家政	10.1	89.9
教育	40.7	59.3
芸術	29.8	70.2
その他	52.1	47.9

（出所）文部科学省（2009）より作成。

を担う女性の育成を目指すものであった。

1960年代以降，女性に対する抑圧を告発し女性の解放を訴える第二波フェミニズムの影響により，男女平等および男女平等教育への関心が高まった。1984年に日本政府が「女子差別撤廃条約」（1979年国連総会で採択）を批准し締約国となったことは，女性に対する諸政策の転換をもたらした。たとえば，男女雇用機会均等法改正（1986年）により採用時の性にもとづく差別が禁じられ，1989年の学習指導要領改訂により高等学校での家庭科は男女共修となった。

(2) 持続する「結果としての差異」

歴史を概観する限り，性による教育機会の不平等は次第になくなりつつあるといえよう。実際，平成20年度学校基本調査によると，平成20年3月現在，高等学校等への進学率は女子98.1％，男子97.6％，大学等進学率（大学学部，短大本科，大学・短大の通信教育部，大学短大別科，高等学校専攻科，特別支援学校の専

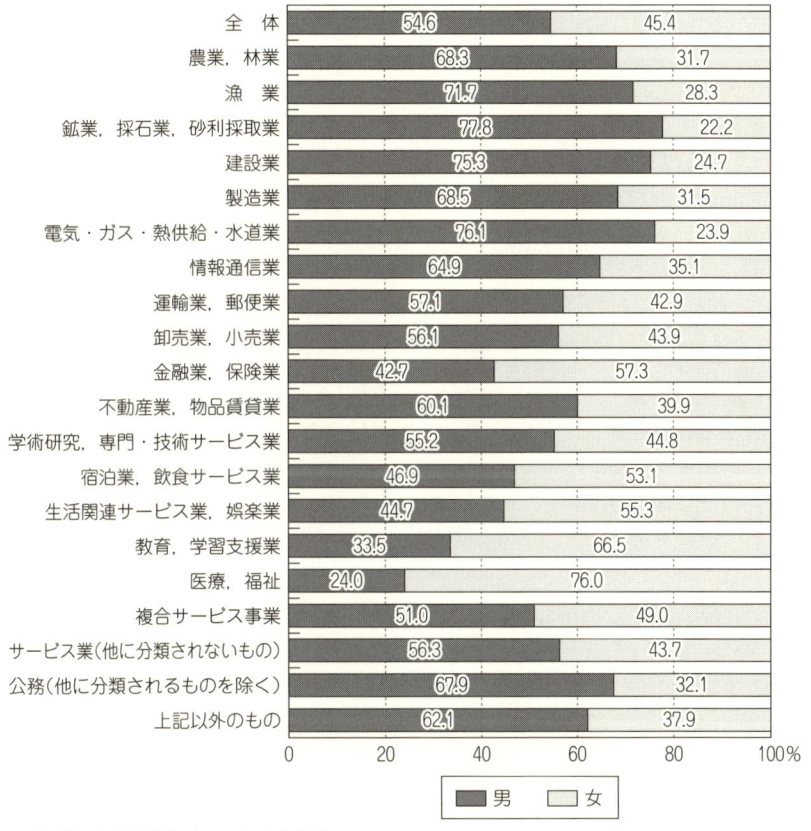

図10-3 大学卒業者の産業別就職の男女比

産業	男	女
全体	54.6	45.4
農業，林業	68.3	31.7
漁業	71.7	28.3
鉱業，採石業，砂利採取業	77.8	22.2
建設業	75.3	24.7
製造業	68.5	31.5
電気・ガス・熱供給・水道業	76.1	23.9
情報通信業	64.9	35.1
運輸業，郵便業	57.1	42.9
卸売業，小売業	56.1	43.9
金融業，保険業	42.7	57.3
不動産業，物品賃貸業	60.1	39.9
学術研究，専門・技術サービス業	55.2	44.8
宿泊業，飲食サービス業	46.9	53.1
生活関連サービス業，娯楽業	44.7	55.3
教育，学習支援業	33.5	66.5
医療，福祉	24.0	76.0
複合サービス事業	51.0	49.0
サービス業（他に分類されないもの）	56.3	43.7
公務（他に分類されるものを除く）	67.9	32.1
上記以外のもの	62.1	37.9

（出所）文部科学省（2009）より作成。

攻科への進学者数を，高等学校卒業者数で除して算出）は女子54.3％，男子51.4％である（文部科学省，2009）。この数字より，一見，教育は男女平等に開かれているように見える。

ところが，詳しく見ると，性によって進路が異なっていることがわかる。たとえば，大学・短大進学率の内訳を見ると，男子では98.9％が大学の学部に進学するのに対し，女子では11.9％が短期大学本科に進学している。

大学の学部（昼間コースのみ）について，男女比をみると，分野ごとに著しい偏りがみられる。家政，保健（医学以外），芸術，人文科学，教育の各分野では，

女子が多い。一方，商船，工学，理学，社会科学，保健（医学）の各分野では，男子が多い（図10-2）。

　平成19年度卒業生の大学卒業後の就職を産業別に見ると，女子は卸売・小売業，金融業・保険業，医療・福祉の順に，男子は製造業，卸売・小売業，情報通信業の順に多い。図10-3には，産業種別ごとに，就職者の男女比を示した。多くの産業種別で男子が多いものの，医療・福祉，教育・学習支援業，金融・保険業については女子の方が多い。

(3)「自ら選択した結果」か

　上級学校への進学や就職に関するデータから，女と男がその生物学的性によって異なる進路を選択していることが垣間見える。教育機会が均等であるにもかかわらず異なる選択が生じるのは，なぜだろうか。

　これについて，「私たちは性別にとらわれず自らの意志による選択をしてきた」という考えがあるだろう。たしかに，女子と男子がほぼ同じ教育を受ける機会が保障されている現行の学校教育制度にあっては，性別によるあからさまな差別的処遇が見られることは非常に少ない。しかし，性による平等はまったく保障されているといえるのだろうか。

　ここで，異なる選択を生み出すシステムの存在が指摘されている。木村涼子は，戦後の学校教育は，「ジャンクション・システム」とその内部にある「かくれたカリキュラム*」によって，学校段階の上昇とともに展開する性別の進路分化を実現している，と述べている（木村，1999：39）。教育機会はすべての人に等しく与えられる。その一方で，「進学か就職か」あるいは「大学進学か短大進学か」など，進路選択の機会が節目ごとに設けられている。これが，ジャンクション・システムである。生徒たちは，このシステムの内部にあって，自らのジェンダー観にふさわしい進路を選択する。

　　＊「かくれたカリキュラム」とは，明文化された教育課程（カリキュラム）に対比される用語であり，学校の設備，組織あるいは構成員により，意図せず，明文化されないかたちで児童生徒に伝えられるメッセージである。

3　不可視化される／維持される「ジェンダー」——学校の内部過程

　学校教育のシステム内部にある「かくれたカリキュラム」の内実はどのようなものであるか。ここで，子どもたちが学校生活を通してジェンダー観を身につけるプロセスの一側面を，もう少し子どもの側に近づいて眺めてみよう。

(1) 就学前：意図されず用いられる「ジェンダー」
　就学前の子どもを対象とした発達研究によると，いくつかの能力には性差があると報告されている。たとえば，視空間能力は男児がすぐれ，言語能力は女児がすぐれている，などである。
　これらの性差については実験的研究がしばしば行われ，生物学的な要因によるものか社会的・文化的な要因によるものかについて議論されてきた。しかし，マッコビィとジャクリンが行ったレビュー (Maccoby and Jacklin, 1974) によると，そもそも子どもの様々な能力における性差について結果が一貫していないため，性差があるかどうかについての断定はできない，という。
　一方，幼児教育の現場で行われる教育実践において，ジェンダーに関して「意図せざる結果」があることは，森繁男によって示されている（森，1989）。森は，解釈的アプローチにもとづく幼児教育の研究の一環として，性役割のしつけに関する論考を行った。そこでは，次の二点が明らかになった。第一に，幼稚園における教育活動では，お集まりなどでの整列や様々な活動時における集団編成の際に性別集団により子どもを分ける，「女の子／男の子」と呼びかけるなど，教師が「性別カテゴリー」を使用していることである。第二に，教師たちは園児を性別による差別的処遇を意図しているわけではなく，統制のストラテジーとして「性別カテゴリー」を使用している。ここに，「児童中心主義」をうたう幼児教育の背景には，性による差別的処遇を意図しないままに子どもを統制する手段として自明視された「二分法的なジェンダー」という規範が隠れていることが明らかにされた。
　幼児期に経験する最初の社会生活の中で，子どもたちは，人間は「女」と

第Ⅱ部　変動する社会と教育

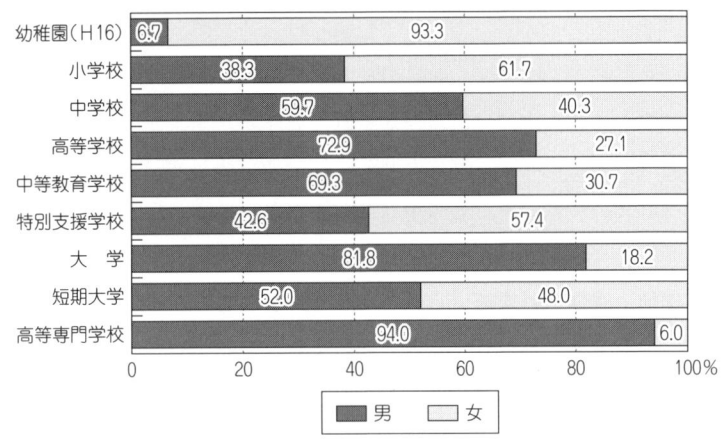

図10-4　教員の男女比（平成18年度）

学校種	男(%)	女(%)
幼稚園（H16）	6.7	93.3
小学校	38.3	61.7
中学校	59.7	40.3
高等学校	72.9	27.1
中等教育学校	69.3	30.7
特別支援学校	42.6	57.4
大学	81.8	18.2
短期大学	52.0	48.0
高等専門学校	94.0	6.0

（出所）文部科学省（2008）より作成。

「男」の二種類に分類されることを理解する。この「二分法的なジェンダー」の理解は，その後の学校生活や卒業後の社会生活におけるさまざまな判断の基本的枠組みとなる。

（2）学校組織とジェンダー：教員の性別構成を中心に

　学齢に達して学校生活を始めた後も，子どもたちは，学校組織のあり方や明示されないメッセージの中に，ジェンダーおよびそれにもとづく社会秩序を読み取る。たとえば，教員の性別構成が学校種や職名によって異なっていることは，子どもたちに教職におけるジェンダー秩序を呈示するだろう。

　文部科学省による「学校教員統計調査」の結果を見てみよう。最新の「平成19年度学校教員統計調査」（文部科学省，2008）によると，2006年度，教員に占める女性の割合は，幼稚園では93.3％，小学校で61.7％である。これに対し，中学校では40.3％，高等学校では27.1％，大学では18.2％，高等専門学校6.0％にすぎない（図10-4）。

　これらの学校の管理職に注目すると，女性の少なさはさらに顕著である。2006年現在の園長・校長に占める女性の割合は，幼稚園57.8％，小学校17.9％，中学校4.9％，高等学校5.3％である。前回調査時（2004年〔平成16年〕）に比べ

微増しているものの（小学校17.7%，中学校4.3%，高等学校4.7%），依然として少ない。

大学教員については，さらに女性の割合が少ない。前述の「学校教員統計調査」によると，4年制大学の本務教員のうち女性の割合は18.2%にすぎない。また，職名別内訳の性別構成を見ると，女性の割合は，助手では過半数を占めるものの，助教・講師では約4分の1にすぎない（表10-1）。

表10-1　大学教員の男女比

	男	女
本務教員の計	81.8	18.2
学　長	92.9	7.1
副学長	95.5	4.5
教　授	88.9	11.1
准教授	81.8	18.2
講　師	73.3	26.7
助　教	77.7	22.3
助　手	48.2	51.8

（出所）文部科学省（2008）より作成。

これらのデータは，私たちに，教職は，上級学校あるいは上位職ほど「男性の世界」である，というイメージを呈示する。それらは，教科書に書かれていない社会の中のジェンダー秩序を，暗黙知として伝達するだろう。

（3）教室で沈黙する女の子

教師は，授業を通して，すべての子どもたちに同じ教育内容を提供する。教室では，児童生徒はどのような扱いを受けるだろうか。

教師による働きかけの分量は子どもの性別によって異なる，という議論がある。サドカーとサドカーは，授業中，女の子よりも男の子のほうが教師の注目を受け，語りかけられることを示した（Sadker and Sadker, 1994：42-76）。

同様の状況は，日本の学校現場でもみられるという。木村は，小学校6年の教室の授業観察を行った。その授業中，教師の働きかけの多くは男子に向けられ，女子に対してはあまり向けられていなかったという（木村, 1999）。

なぜ女子は男子に比べて教室で発言が少ないのか。それには，教室における男性優位性が考えられる。サドカーとサドカーは，女子は比較的おとなしく挙手をする一方で男子は言語的にアピールするため，女子が注目されない，と論じた。木村は，教室での会話を分析し，ネガティヴな評価などで女子の発言を妨げる男子の発言がみられることを示し，男子による教室支配の存在を示唆した。

（4）学校での暗黙のメッセージにみる平等主義とセクシズム

　学校は，平等主義の顔を持つ一方で，女子と男子のそれぞれをジェンダー秩序にもとづいて分け隔てる。このメカニズムは，「かくれたカリキュラム」のレベルにもみられる。

　氏原陽子は，中学校の観察調査結果をもとに，学校におけるふたつの（明示的な／暗黙の）「隠れたカリキュラムレベル」で，「平等主義」と「セクシズム（直訳すると，性差別主義）」のメッセージが錯綜していることを明らかにした。学校では，平等主義的メッセージは男女混合整列や座席順指名などを通して伝えられる。一方，性差別的メッセージは，女性教員の分布の偏りや教室内で女子よりも男子との相互作用が多いことなどを通して伝えられる（氏原，1996）。

（5）「性内分化」への注目

　ここまで見たように，学校は必ずしも性による平等を保障しているとは限らない。学校では，児童・生徒・学生は，生物学的な性にもとづいて異なる扱いを受ける。かれらは，そのプロセスを通して「ジェンダーへの社会化」をされ，一定の社会的地位に配置される。

　中西祐子は，「ジェンダー・トラック[*]」という用語を用い，学校教育がその内部での社会化および地位配分のプロセスを通して，女性内分化をもたらしていると論じた（中西，1998）。中西の論は，対象を女性に限定しているものの，ジェンダーをめぐる価値意識やそれと関連する様々な地位配分の状況が性別によって単純に二分されるというわけではないことを示唆している。つまり，同じ生物学的性に属する集団は必ずしも「一枚岩」としての「女性集団」として存在するのではなく，たとえば「結婚退職志向」や「キャリア志向」というように，異なる価値観を基盤にしており，その将来の進路も分化していく。

　　＊ジェンダー・トラックとは「学校組織を構成する女子教育観や生徒・学生の内面
　　　化する性役割観の差異にもとづいて，学校間で形成されている『層』構造」を意
　　　味する（中西，1998：12）。

　もちろん，この問題は女性についてのみ適用されるわけではない。男性もまた，「男らしさの揺らぎ」を経験する。多賀太は，青年期男性へのインタビ

ューを通して，男性のジェンダー形成はその人が関与するジェンダー・イデオロギーによって多様な過程をたどりうることを示した（多賀，2001）。

4　見えない/隠れたジェンダーと権力関係

ここまで，私たちの社会において，ジェンダーによる機会あるいは結果の不平等が存在すること，そしてジェンダー秩序が学校での様々な出来事を通して繰り返し伝えられ意味づけられていることを示した。本章を締めくくるにあたり，ジェンダー秩序がいかにつくられ維持されるかに注目しよう。

(1) 身近に存在する「二分法的なジェンダー」

近年，「男は仕事，女は家庭」という考え方に賛成しない人の割合は増えている。一方，学校で日常的に行われている「男女別の整列」や「男女別の名簿」については，当たり前だと考える人は多い。

日本の学校では，整列や名簿のように「男女別」は当たり前のように行われている。しかし，「男女別整列」は必ずしも世界共通というわけではないこと，日本の学校でも高等教育では「男女混合名簿」が多くなっていることを考えると，果たして男女別名簿は「当たり前」なのか，疑問が生じる。

これは，学校の内部にとどまらない。私たちの生活をめぐって，持ち物の好み，趣味や気分転換の種類，行動パターンに至るまで，「女のもの」「男のもの」として，生物学的性にもとづき二分されたパターンが当たり前とされることは多い。また，たとえばテレビや映画など，様々なメディアに登場する人物の描かれ方の中に，「ジェンダー」を見出すことは可能であろう。

これらについては，ただの「文化」の問題である，問題はそれほど深刻ではない，という主張もあるだろう。しかし，この「二分法的なジェンダー」の規範は，常に「女」と「男」を非対称な存在として置き，一方が他方に対し優れているとみなす。それが，社会生活においてその人の能力評価に影響を及ぼし，職業選択や収入など生活水準を決定する，ということはまったくないとは言い切れない。その人が割り当てられる（生物学的）性により不利益が生じない公

正な社会を志向するならば，この非対称な「二分法的なジェンダー」の規範を「当たり前」のものと看過することはできなくなるだろう。

（2）日々構築される「二分法的なジェンダー」：幼児の観察調査より

上述の「二分法的なジェンダー」は，私たちの日常生活における諸活動を通して絶えず意味づけられ，構築される。それを行うことができるのは，大人ばかりではない。

これまで，大人－子ども関係では，子どもは大人から与えられた価値を内面化する「客体」であると考えられてきた。すなわち，大人は常に子どもより知識や力の点で優れており，子どもは大人が提供する「望ましい価値」を内面化することにより，社会の一員となる，という考えである。

ここでは，上記の考えとは異なる視点，すなわち「子どもは，単に受動的に社会の価値を受容するにとどまらず，『ジェンダー』に関する意味を構築することができる」という視点より，かれらの生活世界を考えてみよう。ここで，筆者による幼稚園や保育園での観察研究（藤田，2004）の知見を紹介する。

子どもたちは，園での様々な保育活動を通して，自分あるいは他人はどちらかの性であることを，たえず明らかにされていた。たとえば，園内での移動時，子どもたちはクラス（学年）別に，男女に分かれて整列するよう求められた。かれらは，日常のなにげない実践を通して「ジェンダー」という社会的カテゴリーの存在を知り，自分がどちらかに属することを理解し，そして他者も女か男のどちらかに分類されることを理解していた。

子どもたちにとって，「女」と「男」は，自分たちを二分するカテゴリーの対である。それぞれのカテゴリーには，異なる意味が付与されていた。たとえば，「男は仕事，女は家庭」という性別役割分業意識や，どのようなスポーツを奨励されるかが性別によって異なる（たとえば女の子は野球をすることをあまり奨励されない）こと，などである。子どもたちは，日々の生活における他者との相互交渉を通して，このような意味体系があることを理解していた。

子どもたちは，ただ大人から与えられた「ジェンダー」に関する規範を内面化するだけではなかった。かれらは，「ジェンダー」規範に即して「性」のカ

テゴリーを操作し，他者をコントロールしようとしていた。たとえば，かれらは，マンガのキャラクターがどちらの「性」にふさわしいかをめぐり，意見をたたかわせた。また，年長児集団の一部では擬似的な「カップル」がつくられており，当事者たちは，あらかじめそのクラスの子どもたちによって共有される暗黙のルールに則り「女」「男」の役割を演じていた。

（3）まとめにかえて：日常世界における権力としての「ジェンダー」

ここまでの内容を通して，私たちの社会に存在する「ジェンダー」の正体（らしきもの）が何であるか，おぼろげながら見えてきたであろうか。「女」と「男」は，「あたりまえ」の対として，日常世界における「常識」の中にたちあらわれる。そのジェンダー化された「常識」は，時代によって形を変えつつも，強固に私たちの生活・思考の様式を規定し続けている。

近年，「世の中には『女』と『男』の二種類の人間が存在する」という「自明の理」自体が幻想であるという議論もある。今は，「常識」として捉えられている「女」と「男」のありようが，その非対称性ゆえにしばしば権力関係を構成することを指摘しておきたい。子どもたちが集まる場——教室でも校庭でも遊戯室でも——でしばしばみられる，「男性的」と意味づけられる行為で他者をコントロールする場面（片田孫，2003；藤田，2004）は，大人がそれを「ただの」子どもの遊びとして見る場合，「無邪気」なものに映る。しかし，当の子どもたちにとっては，それらは自らの「権力」をめぐるゲームかもしれない。もし，そのような「無邪気」な行為が，大人によって，様々な利害が交錯する日常生活のなかで行われれば——たとえば職場での性的な冗談など——，あなたはその行為を「無邪気」であるとは言えるだろうか。

学習課題

① 私たちの社会では，「女」には何が求められ，「男」には何が求められているか。各自でノートにまとめ，その内容について受講生どうしで議論しよう。
② あなたは，小学校から今まで，学校で「女だから」「男だから」とある種の活動や進路選択を制限されたり，逆に勧められたりした経験はあるか。各自でノートにまとめ，その内容について受講生どうしで議論しよう。

③ 幼児期や小学校時代にしていた遊びを思い出し，その遊びにおける集団構成や価値について，「ジェンダー」というレンズを通して分析してみよう。

参考文献

井上輝子・江原由美子編 2005『女性のデータブック第4版——性・からだから政治参加まで』有斐閣.

氏原陽子 1996「中学校における男女平等と性差別の錯綜——二つの『隠れたカリキュラム』レベルから」『教育社会学研究』第58集, 29-45頁.

片田孫朝日 2003「社会的スキルとしての男性性——学童保育所の男子集団の遊びにおける相互行為の分析から」『ソシオロジ』第48巻2号, 23-38頁.

木村涼子 1999『学校文化とジェンダー』勁草書房.

警察庁 2009 平成20年中における自殺の統計資料.
　　http://www.npa.go.jp/safetylife/seianki81/210514_H20jisatsunogaiyou.pdf

国立社会保障・人口問題研究所 2009 人口統計資料集2009.
　　http://www.ipss.go.jp/syoushika/tohkei/Popular/Popular2009.asp?chap=0

多賀太 2001『男性のジェンダー形成』東洋館出版社.

内閣府男女共同参画局 2009 男女共同参画白書（全体版）.
　　http://www.gender.go.jp/whitepaper/h21/zentai/top.html

内閣府政策統括官（共生社会政策担当） 2009 ゼロから考える少子化対策プロジェクトチーム.
　　http://www8.cao.go.jp/shoushi/13zero-pro/index.html

中西祐子 1998『ジェンダー・トラック——青年期女性の進路形成と教育組織の社会学』東洋館出版社.

藤田由美子 2004「幼児期における『ジェンダー形成』再考——相互作用にみる権力関係の分析より」『教育社会学研究』第74集, 329-348頁.

朴木佳緒留 2003「女子特性論教育からジェンダー・エクィティ教育へ」橋本紀子・逸見勝亮編『ジェンダーと教育の歴史』川島書店, 241-266頁.

文部科学省 2008 平成19年度学校教員統計調査.
　　http://www.mext.go.jp/b_menu/toukei/001/002/2008/1256658.htm

文部科学省 2009 平成20年度学校基本調査（確定値）.
　　http://www.mext.go.jp/b_menu/toukei/001/08121201/index.htm

森繁男 1989 「性役割のしつけと」柴野昌山編『しつけの社会学』世界思想社.

第10章　ジェンダー

「不安の時代　婚活ブーム」『朝日新聞』2009年7月16日，西部本社10版.
Maccoby, E. E. and Jacklin, C. N. 1974 *The Psychology of Sex Differences,* Stanford University Press.
Sadker, Myra and Sadker, David 1994 *Failing at Fairness: How Our Schools Cheat Girls,* Touchtone.

（藤田由美子）

第11章 教育と社会階層
―― 機能主義か葛藤理論か？　米国論争史の回顧

　学歴社会のしくみを理解するのに欠かせないのが，機能主義と葛藤理論の論争史である。本章では，米国の論争史を振り返るが，機能主義については，葛藤理論陣営により構築された理論像をはなれて，機能主義理論の原典にあたり，そのことを通して両陣営の位置関係を正確にとらえ直してみたい。

1　機能主義的社会階層論 ―― 教育機会均等による社会移動

（1）共同主観的事実としての社会階層，職業威信

　社会階層とは人々の社会的役割に対して権力，所得，名誉などの社会的資源が不平等に配分される現象である。社会階層の研究者たちは人々が自分の住む社会の社会階層に対して抱いている共通のイメージを，職業威信尺度を用いて測定してきた。アメリカで測定が初めてなされたのは1925年だが，その測定結果と1963年の測定結果の相関係数は0.93であり，また合衆国人口センサスでも1940年，50年，60年の職業威信スコアは非常に相関度が高く，これらのことからドルの価値の変化（つまり経済の変動）や人々の教育水準の上昇にもかかわらず，職業間の威信の序列構造は高度に安定したものだという（Blau & Duncan, 1967：120-121）。

　表11-1はブラウ＆ダンカンが，世代間での職業的地位の移動に関する先駆的実証研究の中で，職業威信スコアの具体例として示した1960年人口センサスのデータである。法律家，高級官僚，科学技術者や研究者，企業家・経営管理者などが上位を占める序列構造である。このようなイメージがほぼ半世紀以上にわたって持続してきたことは，職業威信という現象が，そしてそれによって表象される社会階層という現象が，何らかの社会的な必然によって形作られたものであることを示している。

第11章　教育と社会階層

表11-1　1960年アメリカ人口センサスに掲載された職業威信

威信スコア	職　業　名	就業者数 男性労働者一万人
80～96	建築家，歯医者，化学者，弁護士・裁判官，内科医・外科医，宇宙技術者，工業技術者，金融・保険業の経営者・オーナー，大学学長・教授・講師，編集者・記者，電気技師，薬剤師，連邦政府・郵政公社の役人，ビジネス会社の経営者	321(4.97)
60～79	公認会計士，獣医師，製造業の経営者，不動産業のオーナー，デザイナー，教師，バイヤー・デパート主任，信用調査人，卸売り業の経営者，自動車販売業のオーナー，株式セールスマン，美術家・美術教師，設計士，自動車販売業の経営者，アパレル会社のオーナー，周旋人，広告代理人，セールスマン，自動車工場の現場監督，図書館司書，スポーツインストラクター，郵便局長，建設業経営者，製造業オーナー，速記者・タイピスト・秘書，切符販売人，不動産ブローカー，卸売りセールスマン，機械工場現場監督，写真製版技術者・石版工	994(15.39)
40～59	葬儀屋，鉄道車掌，卸売業オーナー，電気製版技師・鉛版製版技師，通信・電気・ガス・水道・衛生事業の現場監督，蒸気機関機関士，聖職者，音楽家・音楽教師，地方自治体の管理職，食品・乳製品業の経営者，建設業のオーナー，簿記係，郵便配達人，採鉱業の現場監督，工具・ダイス技師，測量士，自動車整備工場経営者，オフィス機械整備師，電信・電話・電力の保線技師，蒸気機関機関助手，航空機整備工，定置機関技師，運送業オーナー，個人代行業オーナー，レジ係，事務職，電気技師，建設現場監督，映写技師，写真感光技師，鉄道転轍手，警官・捜査官	1,044(16.17)
20～39	飲食業オーナー・飲食業経営者，小売業販売人，製本技師，ラジオ・TV修理人，消防士，警備員・探偵，建築現場監督，ガソリンスタンドオーナー，ボイラー工，機械修理工，工場施設保全工，配管工，機械組み立て工，ブリキ細工職人・銅細工職人・鉄板職人，配達人，印刷工場工員，保安官・保安官助手，郵便配達人，新聞配達人，煉瓦・石・タイル職人，左官，薬品工場工員，劇場案内人，石油精製工場工員，電報配達人，発送受領事務員，パン職人，金庫職人，道路工夫，鉄道保全工・自動車販売店修理工，仕立屋，椅子張り職人，バス運転手，金属研磨職人，溶接工	1,480(22.92)
0～19	鍛冶屋，大工，自動車整備工，画家，駐車場案内係，クリーニング工員，トラック運転手，基地消防士，金属工場工員，卸小売店機械係，理髪屋，バーテン，コック，農夫，靴屋，染物屋，タクシー・ハイヤー運転手，病院付添人，エレベーター係，漁師・カキ養殖人，庭師・公園管理人，沖仲士・荷役人足，機械工場工員，行商人，縫子，職工，靴工場工員，門番・番人，農場労働者，製鉄場工員，建設労働者，炭坑労働者，繊維工場工員，ポーター，製材・植林・木工工員	2,619(40.55)
合　計		6458(100.0)

(出所) Peter Blau & Otis Dudley Duncan, *The American Occupational Structure*, The Free Press, 1964：122-123 より作成。

(2) 機能主義的社会階層理論

まさにこの点に的を絞って構想された議論がキングスリー・デービス＆ウィルバート・ムーアの機能主義的社会階層論であった。1945年に *The American Sociological Review* 誌に発表され、8年後の1953年にメルヴィン・チューミンの批判論文が同誌に掲載され、さらにそれへのデービス＆ムーアの再反論が掲載された。紙幅の関係で両陣営の刺激的な議論の詳細に立ち入ることは避け、チューミンが抽出したデービス＆ムーア論文の論理構成を紹介する。それは以下の6つの命題から成り立っている（Tumin, 1953：387-393）。

機能主義社会階層論の論理構成（チューミンによるデービス＆ムーア論文の要約）
① どのような社会においても、ある幾つかの地位は他の地位よりも機能的に重要度が高く、それを遂行するのに特別なスキルを必要とする。
② どのような社会でも、機能的に重要な地位を遂行するのに必要なスキルを訓練によって獲得できるような才能をもっている個人は限られた人数しかいない。
③ 才能がスキルに転換するには一定期間の訓練が必要であり、その間、訓練を受ける者はなんらかのかたちの犠牲を払わなければいけない。
④ 才能のある人間がそれらの犠牲を払って訓練を受けるように仕向けるためには、それらの訓練の終了後に就く地位が、人の羨望する希少な報酬を他よりも格段に多く手にすることができるという特権をもたらすのでなければいけない。
⑤ 人が羨望する希少な報酬とは、権利としてまた役得として、機能的に重要で特別なスキルを必要とする地位に付随するものであり、a）生計と快適な暮らし、b）気晴らしと娯楽、c）自尊心と自我拡充、などに役立つものどもである。
⑥ これらの報酬を他よりも多く獲得する結果、それらの地位は名誉と尊敬を他よりも多く獲得する。名誉と尊敬の不平等配分、ならびに、地位に権利や役得としてともなう所得、余暇、自尊心の不平等配分が制度化された社会的不平等すなわち社会階層を構成する。

チューミンとデービス＆ムーアの間に展開された論争のポイントについては後述する。このチューミンの要約によれば、機能主義的社会階層理論とは、つぎのような考え方である。社会の中の様々な地位には国家の存続発展にとっての重要度という点で差異がある。重要度の高い任務ほど高い素質と長期間の高度な訓練を必要とするので、能力に基づく厳格な選抜がなされるべきであり、

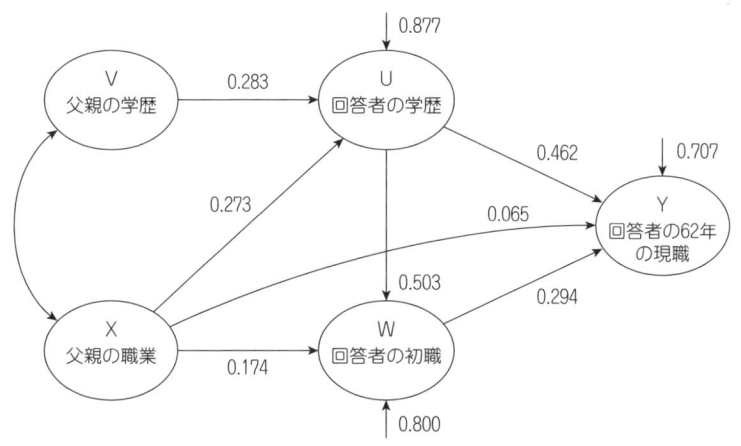

図 11 - 1　社会階層形成過程の基本モデルにおけるパス係数（25〜34歳層）

```
                    ↓ 0.877
         0.283
   V ─────────────→  U                              ↓ 0.707
 父親の学歴         回答者の学歴
    ↑  ╲              │    ╲ 0.462
    │   ╲ 0.273       │     ╲          Y
    │    ╲            │ 0.503 ╲ 0.065  回答者の62年
    │     ╲           │        ╲       の現職
    │      ╲          │         ╲ 0.294
    X ──────→────── → W ──────→
  父親の職業  0.174   回答者の初職
                        ↑ 0.800
```

（出所）Blau & Duncan（1967：170）のFig. 5.1にp.181のTable5.4の25〜34歳層の数値を書き込んだ。

その選抜と訓練に耐えて重要な任務を遂行する者に対して，権力・所得・名誉が多く配分されるのは不可避である。このような社会的合意に基く能力主義的選抜システムの産物が社会階層である。

（3）社会移動の実証分析：進化論的機能主義

　社会移動の実証研究は先進諸国の社会学の重要テーマとして広がった。親と子の職業的地位の移動を分析する実証研究の目的は，社会がどの程度「家族システムを通ずる地位の相続のない競争的な社会システム」（デービス＆ムーア）なのかを確かめることである。その古典がブラウ＆ダンカンの研究であった（Blau & Duncan, 1967）。彼らは合衆国統計局が1963年3月に20〜64歳の男性約2万5,000人を対象に行った月間人口調査に，学歴，職業，父親の学歴，職業などに関する質問を付帯してもらい，約2万700の有効回答を得て分析を行った。寄せられた職業名は職業威信スコア，最終学歴は教育年数を用いて何れも連続的な数値に変換し，回答者を25〜34歳，35〜44歳，45〜54歳，55〜64歳の4つの同時出生集団（年齢コホート）に分け，それぞれにパス解析を施して，結果を比較した。そのうち25〜34歳層の結果を示したのが図11-1である。図

で父親の職業Xの回答者本人の現職Yに対するパス係数は0.065だが，これはXがYに対して直接にもっている影響力，直接効果という。XがWやUを経由してYに及ぼす影響，XがUとWの2つを経由してYに及ぼす影響を間接効果という。パス解析では間接効果の強さは，介在する複数のパス係数同士を掛け合わせることで計算される。そこでXのYに対する間接効果は以下の3つのルートの合計で，0.217となる。

X→W→Y　　　　：　　0.174×0.294＝0.051

X→U→Y　　　　：　　0.273×0.462＝0.126

X→U→W→Y　　：　　0.273×0.503×0.294＝0.040

　直接効果と間接効果の合計0.065＋0.217＝0.282が，XのYに対する総効果となる。このようにして，4つの年齢集団のすべてについて，回答者の現職Yに対する父親の学歴Vと職業Xの効果を，回答者本人の学歴Uと比較して計算すると次の表11-2のようになる。

　この表から次のようなことがわかる（なお，表でR^2は決定係数といい，現職Yの威信スコアのバラツキのうちでこのモデルによって説明される割合のことである。先の図1でYの外側から来る矢印＝残渣パス係数は，Yのバラツキのうちでこのモデルに登場しない様々な現象からの影響を示しており，「決定係数＋残渣パス係数二乗＝1.00」である）。

① 回答者の現職に対する父親の職業の影響力は，回答者の学歴を経由しての間接効果が若い世代ほど上昇傾向にあるが，直接効果の減少が大きいために，総効果は低下している。

② 回答者の現職に対する父親の学歴の影響力は，どの世代でも直接効果はゼロだが，回答者本人の学歴を経由しての間接効果が若い世代ほどかなり上昇し，その結果として総効果はかなり上昇している。

③ 回答者の現職に対する回答者本人の学歴の影響力は，もともとどの世代でも親の学歴や職業の影響力に比べて2倍以上大きいが，若い世代ほど直接効果，間接効果ともにかなり上昇し，その結果，総効果は著しく上昇している。

④ このように回答者本人の学歴の影響力の増加している結果，回答者の現職

表11-2 4つの年齢コホートの世代間職業移動の総括

本人現職Yへの影響力	種類	25〜34歳	35〜44歳	45〜54歳	55〜64歳
父親学歴Vの効果	直接効果	0	0	0	0
	間接効果	0.173	0.151	0.114	0.147
	総効果	0.173	0.151	0.114	0.147
父親職業Xの効果	直接効果	0.065	0.115	0.114	0.084
	間接効果	0.217	0.205	0.214	0.177
	総効果	0.282	0.32	0.328	0.261
本人学歴Uの効果	直接効果	0.462	0.485	0.41	0.399
	間接効果	0.148	0.087	0.115	0.124
	総効果	0.61	0.572	0.525	0.523
本人初職Wの効果	直接効果	0.294	0.191	0.243	0.258
本人現職Yの決定係数R^2		0.5	0.45	0.41	0.391

(出所) Blau & Duncan (1967：181), Table5.4をもとに計算した。

のバラツキがパス・モデルによって説明される割合＝決定係数は、若い世代ほど一貫して大きい。

これらのことからブラウ＆ダンカンは、アメリカ社会で産業化が進むにつれ合理性と効率性が重要になり、社会の色々な側面で血縁や地縁などの要素（帰属的基準 particularistic standards）よりも業績主義的な要素（普遍主義的基準 universalistic standards）が優先するようになり、その結果アメリカ社会では上流階層に生まれても下降移動したり労働者階層に生まれても上昇移動したりする社会移動が活発に起こり、階層制度が固定していた古い時代には浪費されていた人的資源が充分に活用されて社会全体の富と人々の生活水準が向上するとともに、人々は自分の人生や子どもの人生に希望をもてるので過激な労働運動や政治運動に身を投じることはなく、アメリカの民主主義の安定が保たれると主張した（Blau & Duncan, 1967）。

2 機能主義的社会階層論の躓き──コールマンレポート

以上のようにブラウ＆ダンカンは教育の機会が均等であれば普遍主義（業績主義）的な選抜システムによって社会移動が促進されると主張した。デービス＆ムーアの社会階層理論と軌を一にする主張である。しかしその2年後に、い

くら教育機会を均等にしてもそれだけでは「家族システムを通ずる地位の相続のない競争的な社会システム」の実現にはつながらないことを示す重大な研究が登場した。「教育機会の均等に関する調査」と1966年に出されたその報告書，通称コールマンレポートである（Coleman, et. al., 1966）。

　暗殺されたジョン・F．ケネデイーのあとを継いで，1963年に第36代大統領になったリンドン・B．ジョンソンは，1964年の年頭教書で「合衆国における貧困に対する無条件戦争」を宣言し，2月には減税法，7月には公民権法案を成立させた。その年の大統領選挙で共和党候補に地滑り的大差をつけて圧勝し再選された彼は，1965年の年頭教書では「偉大な社会」のスローガンを掲げ，黒人の貧困対策に本格的に取り組んだ（清水，1991：376-378）。社会移動に関する実証研究の結果からすると，黒人の貧困はその低学力・低学歴のせいであり，また上述したアメリカの伝統的な信念からすると，投入される教育資源を平等にすれば，黒人の子供も白人に負けない学力・学歴を達成し，ホワイトカラーの良い仕事に就いて親の貧困から脱却できるはずであった。

　そこで1964年に成立した「公民権」法案の第402節は連邦健康・教育・福祉省教育局長官に，「この条項の発効から2年以内に，合衆国の全ての段階の公立教育機関に於ける，人種，肌の色，宗教，出身国などを理由とした教育機会の不平等の実態を調査し，大統領及び議会に報告すること」を命じた。それに従って行われたのが「教育機会の均等に関する調査」である。ジョンズ・ホプキンズ大学の社会統計学者ジェームズ・S．コールマン（James S. Coleman）をヘッドにする調査チームには，連邦教育局から①約90万人の生徒（うち半分は白人，半分は非白人）に標準学力検査をする，②選ばれた学校については該当学年の生徒全員を調査対象とする，③調査は郵送調査で実施する，という3つの基本方針が示され，全国約1,200の公立学校の第1, 3, 6, 9, 12学年の生徒，教師，校長，視学官など約65万人を対象とした2年間にわたる大がかりな調査が行われた。

　B4判で80頁にも及ぶ報告書を，分析過程の細部にわたって紹介するのは紙幅の関係で不可能なので，本論にとって重要な学力調査の分析結果を紹介する。

〈学力調査結果の分布〉
① すでに第1学年の段階で黒人の子どもは白人の子どもよりも学力がかなり低い。言語検査でも非言語検査でも、またどの地域でも、黒人の子どものおよ75％から85％は白人の子どものメデイアン（中央値）より下に分布している。
② 学年進行とともにこの差は縮まらず、むしろ拡大していく。第12学年でも第1学年と同じように、どの領域の検査でもどの地域でも黒人の80％は白人のメジアンより下に分布している。とくに非大都市圏の南部や南西部ではほぼ100％が白人のメジアンより下である。学年進行とともに差が開いていく傾向は、とくに非大都市圏の南部や南西部で強い。　　　　　　　　　（Coleman et. al., 1966：219-275）

　これは調査の前提をくつがえすような重大な結果であった。第1に、学校教育の開始された時点ですでに差が開いていることは、学力に対して家庭や地域社会の文化的影響力がかなり大きいのではないかと疑わせる。第2に、学力差が学年進行とともに縮まらず拡大さえすることは、黒人が学校教育開始時点で抱えている不利をはね返す手助けに学校がなっていないことを意味する。もしこれらのことが本当なら、投入される教育資源を平等にすることによって人種間の学力・学歴格差は縮小し、それによって社会的不平等の問題も緩和されるはずであるという前提は、根底からくつがえることになる。そこでコールマンたちは学力の規定要因に関する詳細な分析を行った。以下がその分析結果である。

〈学力の規定要因〉
① 従属変数に生徒個々人の言語検査得点、独立変数に言語検査学校平均点（学校の影響力の代理指標）、生徒の社会階層、生徒の態度を用いた重回帰分析の結果、従属変数の分散のうち30％から50％が説明できる（決定係数が0.30～0.50のあいだである）。
② ステップワイズ重回帰分析で、独立変数の影響力を決定係数の増加分で判断すると言語検査学校平均点（学校の影響力の代理指標）とそれ以外（社会階層、態度）はほぼ半々の影響力である。ただし、白人生徒とアジア系生徒の場合は、社会階層要因（客観的および主観的）の影響力が言語検査学校平均点よりもはるかに大きい。逆に黒人や他の人種の生徒集団では学校平均点（学校の影響力の代理指標）の影響

第Ⅱ部　変動する社会と教育

力が上回っている。
③ 学校平均点の中には(i)教育経費，施設・設備，カリキュラム，教員の質などのいわゆる「学校の影響力」＝「教育機会」の効果の他に，(ii)学校の生徒集団の社会階層（階層の高い親が多いのか階層が低い親が多いのか）構成の効果も混じっている。「学校の影響力」のうちの2〜3割は生徒の社会階層からの影響の結果であり学校の正味の効果はステップワイズ重回帰分析で得られた②の結果の7〜8割どまりだった。たとえば，第12学年の黒人生徒の言語検査得点の分散の20.907％は「学校の影響力」の結果のようにみえたが，結局，学校の正味の影響力は0.2090×0.7095＝0.1483，14.83％だった。　　　　　　　（Coleman et. al., 1966：295-302）

〈コールマンによる総括〉（報告書21-23頁）
① 生徒の社会階層的背景の影響力を除いてみると，施設・設備，カリキュラム，教員などの特性の学校間格差が生徒の学力に与える影響はごく小さなもの only a small fraction になる。ただし，アジア系を除く少数人種集団の生徒は，白人生徒よりは学校に影響される度合いが強い。
② 学校特性の中では施設・設備やカリキュラムの影響は小さく，教員の学力（標準テスト得点）や学歴はそれより大きな影響力をもっており，それは学年とともに大きくなる。
③ 生徒の学力に対して最も大きな影響力をもつ学校特性は，生徒集団の構成である。教育的な家庭環境に育ち大学進学意欲をもっているようなクラス仲間にめぐまれると，白人やアジア系生徒は別として，少数人種集団の生徒は成績をのばす可能性が大きい。　　　　　　　　　　　　　　　　　（Coleman et. al., 1966：21-23）

3　葛藤理論の登場とその論理

　教育機会均等政策は，本来，人間の知的能力は身分，階級，人種，民族にほぼかかわりなく正規分布している筈であり，観察される集団間の平均値の差は生育環境の差の反映だということを暗黙の前提にしていた。これに対して観察される集団間の差は生まれつきのものであり，それを反映した教育達成の人種・民族・階層間格差は教育機会均等によって是正することはできないと主張したのがIQ遺伝説であった。コールマンレポート公表後にはジェンセン，ヘ

アンシュタインなどの心理学者がIQ遺伝説に立ってジョンソン政権の教育機会均等政策批判を展開した。彼らが依拠したのはイギリスのシリル・バートのIQの80％は遺伝で決まるという学説であったが、やがてこの学説が偽造データによっていたことが暴かれるなどして、IQ遺伝説は1970年代末に凋落していった。*　代わって当時の若者や知識人の反体制運動の流れの中から葛藤理論と総称される論者たちが登場し、教育選抜、職業選抜は機能主義理論が考えるように普遍主義的な知的能力基準によってなされるのでなく、身分、階級、人種、民族などの社会集団に特有の個別主義的基準によってなされているので、結果として教育は社会階層を再生産することになると主張した。そこにはK．マルクスに依拠する潮流とM．ウェーバー（Max Weber）に依拠する潮流があったが、ここでは前者の代表としてボールズ＆ギンタスを、後者の代表としてコリンズを取り上げる。

　　＊コールマンレポート以降のIQ遺伝論争と遺伝説の顛末については、Leon J. Kamin, 1974, *The Science and Politics of I.Q.*（L. J. カミン、岩井勇児訳『IQの科学と政治』黎明書房、1977年）参照。

（1）ボールズ＆ギンタスのネオ・マルクス主義理論
① 機能主義理論の実証的批判

　彼らは先ず、彼らが「専門技術主義＝能力主義イデオロギー（Technocratic-Meritocratic Ideolog）」と呼ぶ従来の機能主義理論が、現実に適合しないことを論証した。ボールズとバレリー・ネルソンが1974年にハーバード大学の経済学雑誌に掲載した「IQの遺伝と経済的不平等の世代間伝達」という論文である（Bowles and Valerie Nelson, 1974）。この論文で、ボールズ等はブラウ＆ダンカンたちの用いたデータ（1962年の時点で職歴をもつ非農業の白人男性）をベースとし、それに既存の知能研究の成果を組み込んでIQを変数として採り入れ、次の図11-2のパス・モデル（因果モデル）を用いてパス解析を行った。その結果、ボールズ＆ネルソンが得たパス解析結果は次の表11-3のとおりだった。

　この結果は遺伝的IQが直接に、もしくは小学校入学時に認定（測定）されたIQ得点と教育年数（学歴）を経由して間接に、職業や所得におよぼす効果が小

第Ⅱ部　変動する社会と教育

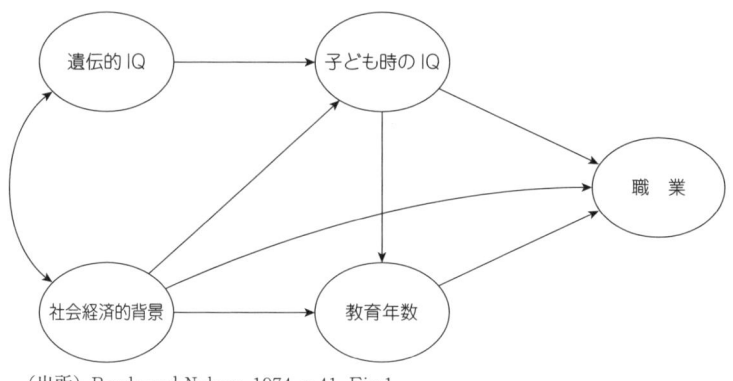

図 11-2　ボールズ＆ネルソンのパス・モデル

（出所）Bowls and Nelson, 1974, p.41, Fig.1.

表 11-3　「遺伝的IQ」と「社会経済的背景」の効果の比較

職業に対して	遺伝的IQの効果			社会経済的背景の効果			教育年数の効果			決定係数R^2
	直接	間接	総効果	直接	間接	総効果	直接	間接	総効果	
25-34歳	0.000	0.146	0.146	0.152	0.348	0.530	0.643	0.000	0.643	0.561
35-44歳	0.000	0.162	0.162	0.270	0.328	0.598	0.537	0.000	0.537	0.581
45-54歳	0.000	0.194	0.194	0.168	0.327	0.495	0.530	0.000	0.530	0.483
55-64歳	0.000	0.199	0.199	0.225	0.262	0.487	0.452	0.000	0.452	0.449

所得に対して	遺伝的IQの効果			社会経済的背景の効果			教育年数の効果			決定係数R^2
	直接	間接	総効果	直接	間接	総効果	直接	間接	総効果	
25-34歳	0.000	0.162	0.162	0.166	0.121	0.287	0.158	0.000	0.158	0.146
35-44歳	0.000	0.110	0.110	0.226	0.183	0.409	0.291	0.000	0.291	0.244
45-54歳	0.000	0.112	0.112	0.292	0.146	0.438	0.225	0.000	0.225	0.255
55-64歳	0.000	0.154	0.154	0.109	0.160	0.269	0.261	0.000	0.261	0.158

（出所）図11-2と同論文のp.43頁，Table1より算出。

さいことを明らかにしている。この意味では，遺伝的IQが社会的地位を大きく左右するという保守派IQ論者の主張をくつがえしたと言える。

　ただし，デービス＆ムーアの機能主義的階層理論やブラウ＆ダンカンの社会移動研究は，学校教育が人々により高度な知識・技術の蓄積をつくりその生産性を高めることを疑うことのない前提として，それを直接に測定する代わりにその代理指標として「教育年数（学歴）」を用いてきた。ボールズ＆ネルソン

のパス解析結果では，とりわけ「職業」に対する「教育年数」の総効果は「社会経済背景」と同等かそれ以上の大きさである。したがって「教育年数」を認知的技能の代理変数としたままでは，ボールズ&ネルソンのパス解析は，「専門技術主義＝能力主義イデオロギー」の正しさを論証したことになってしまう。そこで，彼らは，学校教育が子ども・若者に付与しているのはより高度の知的能力（知識・技術）ではなく，資本主義的生産関係の中で彼らが予定されている社会的地位に相応したパーソナリティ類型であるという「対応理論」を提唱した。

② **対応理論**

 ボールズ&ギンタスの主張する「対応原理」(対応理論 correspondence theory とも呼ばれている）は，K. マルクス（Karl Marx）の有名な社会構成体論[*]を教育に適用したものである。それによれば，労働者階級が被支配の現状を受け入れ，育児をつうじて，あるいは学校への期待や子どもへの指導をつうじて，規則を遵守して分相応に努力する人格を子どもたちの中に作り上げるのに対し，資本家階級，管理者階級は，好奇心旺盛で，自己規律ができ，柔軟な思考のできる人格を子どもたちに作り上げる。資本主義的分業体制の中では，そのような人格特性が基準となって地位や所得が配分されるから，「専門技術主義＝能力主義」の予想とは違って，学校教育で獲得される知的能力が人々の職業的地位や所得に対してもつ影響力はごく小さなものでしかない，ということになる。彼等のこの「対応理論」のベースは，以下のような諸研究であった。

> ＊社会構成体論：生産手段を所有する資本家階級と生産手段を所有しない労働者階級のあいだの支配・従属の関係（下部構造）が人間の社会及び歴史の基本的な動因であり，法律や教育，宗教，文化など（上部構造）は階級支配を隠蔽するための装置として下部構造に規定される存在であるとして把握する概念。

〈大学の学校文化の研究〉

 ジャン・ビンストックは，52の公立短期大学，州立大学，師範カレッジ，私立，宗派立，カレッジの規則，規律，行動規範にかんする学生便覧を集め，アカデミックな構造がどの程度きびしいか，個人的，社会的行動に関する規律がどの範囲にわたっているか，学生がどの程度まで自由に文化的事業や課外活動に従事できるか等を分析し

た。その結果，労働者階級の子弟を入学させ，生産のヒエラルキーの中で低いレベル
のスタッフを養成する学校は追随者的性格と行動管理を強調するが，他方，より高い
地位のスタッフを養成するようなエリート的な学校では指導者的性格と動機管理とを
強調することを見出した。

〈工場労働者の勤務評定の研究〉

　リチャード・C.エドワーズはボストン地域の労働者数百人を調査し，労働者の同
僚によって評価された3つの性格特性——規則志向型，信頼性，企業規範の内面化が，
監督者による労働者の評価点を正確に予測することを見いだした。規則志向型は，生
産のヒエラルキーのもっとも下位のレベルについて比較的重要度をもち，規範の内面
化は最も高いレベルで支配的であり，他方，信頼性は中間レベルで顕著であった。

〈ハイスクールの成績評価の研究〉

　ピーター・マイヤーは，ニューヨーク州のある1つのハイスクールの最上級クラス
237名に対して，エドワーズと同じ性格測定を行ない，さらに各個人の成績平均点，
IQ得点，カレッジ入試SAT（Scholastic Achievement Test）の国語と数学の得点を
学校の公式記録から収集した。予想されたようにIQ得点が成績平均点と最も関連が
強く0.77の相関係数だったが，16対の性格特性もほぼ同じ程度の予測能力をもってい
て多重相関係数は0.63であった。更に，成績得点に対する性格特性の寄与率のパター
ンをみると，ヒエラルキー的分業に適合しない創造性，独立性，積極性などは成績評
点に不利に作用し，産業で監督者から高い評価を受けることをエドワーズが見出した
ような性格特性，つまり規則指向性，信頼性，服従などは成績評点に有利に作用する
ことを発見した。

〈家庭の育児様式の研究〉

　メルヴィン・コーンは国立精神衛生研究所でおこなった10年間にわたる膨大な研究
から，経済的地位の高い人ほど，好奇心と独立心を高く評価し，仕事について自由と
か選択という側面を重要視し，動機づけの内面化のレベルが高く，人間関係における
信頼度が高くなること，逆に地位の低い人ほど動機づけが補償・給料・労働条件のよ
うな外的な要因によって左右され，さらに明確な社会的規則に対する適合が高く，他
の人々に対する信頼が低くなる傾向をもつことを発見した。

　また，コーンは1956年に，夫が中流階級ないし労働者階級の職業を持ち，5年生の
子どもを持つ白人の母親339人のサンプルに対して育児様式の調査を行ない，低い地
位の両親は子どもたちに従順，整頓，正直を高く評価するが，両親の地位が高くなる
と好奇心，自制，思いやり，幸福を強調するようになることを見出した。インタビュ
ーした子どもたちの父親も同じような価値のパターンを示した。コーンはさらに，
両親の地位が高くなるほど，内面化された規範が崩れたとき叱り，両親の地位が低く
なるほど，規則を破るということを叱る傾向をもつことを見出した。コーンは1964年

に，これらの命題を検証するために，民間雇用労働力から3,100名の男子からなる全国的なサンプルを取り質問紙調査を行なった。その結果は，かれの当初の仮説を支持するものだった。仕事の地位が高い父親ほど，子どもに対して，思いやり，好奇心，責任，自制を選好し，地位の低い父親は礼儀正しさ，整頓，正直，従順を選好した。さらにコーンは，職業的な「自己による方向決定」の程度が，子育てのさいの価値を予測する要因として，職業的な威信や学歴のような，他の地位変数よりもはるかに統計的な有意性をもつことを明らかにした。

(Bowles & Herbert Gintis, 1976 = 1986,「第Ⅴ章　教育と人格的発達」訳書：21 - 251)

(2) コリンズの「同一文化共有理論」

① 階級と身分

ラインハルト・ベンディクス（Reinhard Bendix）は，マルクスの「階級」概念のとの対比で，ウェーバーの「身分」概念の特徴を次のように説明している。

……集団的行為のこの二つの条件（階級と身分）は，相互背反的である。市場は人格上の（パーソナル）差異には関知しない。たとえば取引所における取引は，少数の標準化された語句や記号に還元しておこなわれる。取引人のあいだで重要な意味をもつ差異といえば，ただ，各人がどのくらい信用のおける人物であるかということだけである。要するに経済的行為は，「合理的に動機づけられた諸利害の調整」を志向している。〔しかし〕身分秩序にかんしては逆のことが真であり，そこでは人間は威信や生活様式にもとづいて社会層を形成する。身分的考慮にもとづく行為は，ことごとく「行為者の共属感情」に志向している。人は，身分〔的地位〕を保持するためには，富そのものこそ威信の有効な基礎であると誘いかけられても，そのような勧誘をすべてしりぞけるであろう。さもなければ，富者が家柄のよい者よりも高い「名誉」を所持していると主張しうることになり，そうなると身分秩序がその基盤を失うことになるからである。

（ベンディクス, 1967,「Ⅱ　社会・宗教・世俗倫理――諸文明の比較研究　4章　序論」）

ウェーバーのこの身分概念に依拠して，能力主義的な教育イデオロギーの虚妄性を批判したのがランドール・コリンズである。ボールズ＆ギンタスは能力主義イデオロギーを専門技術主義＝能力主義（Technocratic-Meritocratic Ideology）と呼んで資本家階級の利益の隠れ蓑としたが，コリンズはそれを技術的機

能主義（Technocratic Functionalism）と呼んでWASP（ホワイト・アングロサクソン・プロテスタント）の利益の隠れ蓑として痛烈に告発した。

② 実証研究の収集による技術的機能主義の批判

コリンズは，教育に関する技術的機能主義の論理体系を以下のように要約した。

〈技術的機能主義の論理構成〉（R. コリンズによる集約）
1. 産業社会においては，技術的変化が原因となって様々な職業の技能上の必要条件が常に上昇する。それは次の2種類の過程から成っている。
   ①技能水準の低い職業の割合が減少し，代わって技能水準の高い職業の割合が増加する。
   ②たとえ同じ職業であっても，それに求められる技能の水準が上昇する。
2. 学校教育は，特定の技能という形であれ，また一般的能力という形であれ，これら技能的要件のより高い職業に必要な訓練を与えている。
3. その結果，就職時に求められる学歴水準は着実に高まり，ますます多くの者が，いままで以上に長い期間，学校で過ごすことになる。
（コリンズ「教育における機能理論と葛藤理論」，カラベル／ハルゼー，1980：100）

経済発展研究，労働経済研究，企業内教育研究，職業教育研究，学校社会学などの膨大な諸研究を収集して検討した結果，彼は技術的機能主義の3つの命題はことごとく現実に合っていない，と以下のように結論づけた。

……熟練職種の増加と未熟練職種の減少という職業構造の変化は，アメリカ労働力における教育水準の上昇の原因ではない。大衆に基礎的な読み書き技能を付与することを除いて，経済発展への教育の寄与は明確でない。また，往々にして教育は職場での生産性とは無関係であり，時には逆作用さえ及ぼす。職業上の技能の習得は主として実務訓練に由来し，定型的な学校教育からくるものではない。学校自体の実際的機能，成績評価制度の性格，職業的成功との無関係性，そして学生間の支配的な気質からみて，学校教育は職業上の技能の訓練手段としては極めて不十分なものであることが明かである。

（コリンズ，1984：29）

③ 学歴と職業の結びつきについての葛藤理論

　技術的機能主義の代わりにコリンズが提案したのが，ウェーバーの身分概念に立脚した葛藤理論であった。彼によれば，葛藤理論は次の3つの命題から構成されている。

> 〈身分集団〉
> 　社会の中には，①経済的条件の相違（階級）②権力上の地位の相違③文化的条件の相違，などをきっかけとする身分集団が発生する。身分集団の成員は，言語様式や，服装，装飾の好み，礼儀作法，儀礼，会話の話題，意見，価値観などからなる共通の文化を持つことによって，相互に身分的な平等感をいだいており，逆に他の身分集団に対して違和感を抱いている。
> 〈利害をめぐる闘争〉
> 　社会の中には富，権力，威信などの希少な財をめぐる闘争が絶えず存在するが，それはつまるところ身分集団間の闘争に収斂する。それは，様々な身分集団に支配された組織間の闘争の形をとることもあるが，より複雑な社会では，組織内での身分集団間の闘争の形をとることもある。いったん組織内の各レベルで，それぞれ異なった身分集団に属する職員集団が形成されると，それぞれの職員集団は彼ら自身の身分集団の中からより多くの職員を採用しようとし始める。
> 〈身分文化としての教育〉
> 　学校の中心的活動は，特定の身分文化を教え込むことにある。学校はまず単語とその変化の仕方を教え，服装のスタイル，美的センスや価値，礼儀作法を教え，さらに社会性とか体育を重視するが，それは決して副次的なものでなく，学校が広めようとする身分文化の中核である。特定の身分集団が学校を支配している限り，彼らは将来労働組織内での支配が容易になるように，学校を利用しようとする。
> （コリンズ「教育における機能理論と葛藤理論」，カラベル／ハルゼー，1980：110-114）

（3）同一文化共有モデル

　この葛藤理論を構成する3つの命題を総合して学歴と職業の結びつきを説明したのが「同一文化共有モデル」である。コリンズは既存の大学研究や労働研究を収集整理して，それを証拠として用いながら，次のように述べている。

> 　前述の同一文化共有モデルの検証には，職業上の達成に対して，このモデルが教育の重要性を予言するという諸事例を検討するのがよかろう。教育は次の二条件が同時

に満たされる場合に、最も重要なものとなる。すなわち、(a) その種の教育が、特定の地位集団における成員資格を最も的確に反映する場合、(b) その地位集団が、特定の組織における雇用を統制する場合である。……合衆国では明示的な訓練によるか、エリート的背景から学生を選抜するか、あるいはその両方により文化的エリートを輩出する学校は、中等段階での私立の大学予備校とエリート大学（アイビーリーグと、やや限定されるが主要な州立大学）であり、専門職の訓練段階でエリート集団を生産する学校は、エリート大学に設置された専門職業学部（professional schools）である。中等段階で各自多様に社会化された非エリートを輩出する学校は、公立ハイスクール（とくに中流階級居住地所在のもの）であり、英国系新教徒の雇用主の文化的視点からは、カトリック系の学校と黒人のみの学校はそれほどの評価を受けない。高等教育段階で、カトリック系黒人のカレッジや専門職業教育学部はエリート養成というほどではなく、商業訓練学校になると非エリート的形態の教育を行なうのである。

合衆国では、的確に英国系新教徒の上層諸階級に支配されている組織体は、大規模な全国組織の企業法人と最大規模の商社である。少数民族文化の成員に統制されているような組織体は、地方の小規模製造業・建設業・小売業である。法曹界でも少数民族文化の成員は、独立自営の形態をとり企業組織の法律事務所に雇用されることは少ない。政府雇用では、地方自治体は非英国系の各民族集団がわりあいに多くを占めているが、中央政府の特定機関（国務省と財務省は有名）は白人英国系新教徒のエリートで支配されている。

（コリンズ，1984：49-50）

4 論争史を振り返って

以上、第2次大戦後の米国で、社会階層と教育のかかわりについて機能主義と葛藤理論のあいだで展開されてきた論争を紹介してきた。論争は葛藤理論の側が機能主義の理論的的妥当性（社会階層をめぐる現実を包括的・体系的に説明する力）を否定し、機能主義よりも葛藤理論の方が理論的妥当性が高いことを主張するというかたちで展開されてきた。それは日本の教育社会学界にも反映し、機能主義理論と葛藤理論は二者択一であり、そして理論としての優位性は葛藤理論の側にあるという了解がなされたまま現在に至っている。

しかし、この二者はどちらかが正しければどちらかが間違っているという関

係にはなく，そもそも違う次元の現象を対象にする理論体系だった。そのことを端的に表していたのが第1節で紹介したデービス＆ムーア v.s. チューミン論争であった。デービス＆ムーアの理論が教育による社会的地位の相続を無視しているというチューミンの批判に対して，デービス＆ムーアは，自分たちの機能主義理論は「地位の相続のない競争的な社会システムを仮想して，そこにおける社会的不平等の形成を考察するための理論的作業」つまり仮説モデルであると反論した。この仮説の中心はすでに見たように，社会的地位の「機能的重要性」の序列であった。それにつきチューミンは，「デービス＆ムーアの機能的重要度の判断は，結局，社会学の理論に基づく体系的な判断というより，社会的な価値判断を帯びた基準（value-laden criteria）である」と批判した。つまり，デービス＆ムーアは社会で偉いと見なされている地位を機能的重要性が高いと言っているに過ぎない，と批判した。それに対して，デービス＆ムーアは，「現実には機能的重要性のラフな判断は常に行われている。たとえば戦時には，特定の産業や職業に資本設備や労働力や材料が優先的に配分される。類似のことは平時の全体主義国家や発展途上諸国でも行われている。」と反論した。

　　＊デービス＆ムーア論文とそれをめぐるチューミン対デービス論争の全ての論文は Reinhard Bendix and Seymour Martin Lipset (eds.), *Class Status And Power : Social Stratification In Comparative Perspective*, The Free Press, 1953：47-63に収録されている。

　この論争から，機能主義的階層理論と呼ばれているデービス＆ムーアの主張の全体像を描くと，次のようになる。

　戦時の自由主義諸国や平時の全体主義国家，発展途上諸国の開発独裁においては資源が特定の国家目的に向けて集権的に傾斜配分される。それと同じように，社会を構成する地位群についても，社会は国家の存続にとっての重要度を常に判断しており，重要度が高いと判断された地位群については厳格な能力選抜と長期間の高度な教育訓練を施す体制をとっている。家族システムを通ずる地位の相続のメカニズムの妨げがなければ，この能力主義的選抜システムにより，社会の最上層には血統や親の財産にかかわりなく適切な素質の持ち主が選び出され，社会移動が促進されるはずである。

デービス＆ムーア論文が発表されたと同じ1945年に刊行された本の中で，E. H. カーは次のように述べている。19世紀ヨーロッパの中間階級政府にとっては自由貿易と労働力の国境を超えた自由な移動は当たり前のことであったが，19世紀末に国境線で区切られた民族国家体制が進み，第一次大戦前後から普通選挙権の拡大と普通義務教育によって生まれた労働者大衆を基盤とする大衆国家が登場すると事情は一変した。大衆国家は大規模な移民入国に対して国境を封鎖して，労働者大衆の賃金水準や生活水準の維持に奉仕することを国是とし，労働者も資本家と同様に産業の保護と補助金に関心をもつようになった。国民国家のそのような変貌をE. H. カーは「経済ナショナリズム」と呼んだ（カー，1952：27 - 35）。

　デービス＆ムーアの機能主義階層理論は，国家の指導者層の選抜が家族システム（階級，身分）の影響力を排除して国家の力によって厳正に行なわれることを期待する「経済ナショナリズム」の規範意識の表現だったと言える。第一次大戦後のアメリカではソビエト・ロシアの中央集権的な計画経済体制に刺激された言論人が，フランスのサンシモンやオーギュスト・コントの思想的影響を受けてテクノクラシー（専門家支配社会）運動を展開し，ローズヴェルト大統領のニューディール体制期に連邦政府の各種の科学諮問会議を生み出し，その精神はさらに，第二次大戦後には宇宙開発・軍事技術開発・経済発展・途上国開発をめぐる米ソ競争の中で人的資源開発（マンパワー）運動へと引き継がれた。デービス＆ムーアとチューミンの間の論争が行なわれた1950年代，60年代のアメリカは，この流れの中で，高等教育を受けた科学技術者，企業家，政治家などの人材が，アメリカの国防，軍事技術や宇宙開発，技術革新と経済発展の担い手として強調される時代であった。＊

　　＊アメリカにおけるテクノクラシーの成立・発展については，W. H. G. アーミテイジ，赤木昭夫訳『テクノクラートの勃興』筑摩書房，1972年を参照。また，マンパワー論については，笠井章弘『現代の経済と技術7　マンパワー革命』講談社，1968年を参照。

　それに対して社会階層の現実は，「経済ナショナリズム」の期待に反して，デービス＆ムーアが「家族システム」という概念で総称した階級（ボールズ＆

ギンタス）や身分（コリンズ）による相続メカニズムによって支配されていることを暴露したのが葛藤理論であったと言える。しかし，ネオ・マルクス主義にしろ，ネオ・ウエーバー学派にしろ，葛藤理論は機能主義社会階層論に取って代わる唯一正しい社会理論という訳にはいかなかった。なぜならば，社会階層が再生産される現実を改革すべき処方箋を描くという段になると，彼ら葛藤論者たちも，階級や身分の個別利害を排除した普遍的基準による厳格な選抜システムの国家的な維持という論理への回帰が避けられなかったからである。資本主義社会の学校教育は，能力主義的選抜の装いの下で，結局は親世代の所属階級（資本家階級，労働者階級，中間階級）に相応した人格を子ども世代に形成して相応の階級に送り出しているに過ぎないと論じたボールズ＆ギンタスの場合，そのような階級再生産に終止符を打つために学校教育が果たすべき任務は，子ども世代に階級意識を覚醒させ，階級の廃絶に向けた社会主義運動を高揚することであった。しかし，この階級廃絶・国家廃絶の実験が共産党一党独裁による徹底した全体主義体制を生み出し，その支配者層が再生産・固定化された挙げ句に，次々と破局を迎えたことは言うまでもない。

　階級廃絶が権力の極限的な一元化と再生産をもたらすこのパラドックスは，人間社会の支配・被支配の現実的な力学を把握するのに階級概念では不充分であるとして身分概念に依拠したウエーバーが，社会主義の無惨な実験結果をまつまでもなく夙に予見していたことであった（雀部，1989：261－300参照）。しかし，身分概念に依拠して社会階層再生産の現実を切れ味鋭く分析できたネオ・ウエーバー学派とて，同じパラドックスに囚われたままである。コリンズは，同一文化共有メカニズムによる社会階層再生産を廃絶する途として「資格廃止論」（義務教育制度の廃止，雇用者による採用選抜基準から学歴の追放）を唱えた。だが，それは，彼の同一文化共有仮説に従えば，アメリカの伝統的な支配的身分集団であるWASPが，学歴資格を隠れ蓑にすることなく，より公然と身分文化（言語，服装，趣味，宗教，表情，所作，等々）を基準にした選抜を行う事態を呼び寄せる結果にしかならないことは明白である。そこでWASPの文化支配を廃絶しようとすれば，WASP以外の文化を国家が強権的に支配的文化の地位に祭り上げるしか手がない。実際に，発展途上の多文化社会（複数の

身分集団が混在する社会）が急速な経済発展を目指そうとするときに陥るいわゆる開発独裁の下では，特定の身分集団の文化が公的なものとして制度化される現象が観察されている（梶田，1988：66-68）。

このように考えれば，機能主義と葛藤理論は二者択一ではなく，階級や身分などの下位の社会集団が教育（学歴）を通じて私的利益を極大化しようとする現象を説明しようとしたのが葛藤理論であり，上位集団としての国民国家が階級や身分などの下位集団の私的利益を超えて国益を守護しようとする現象を説明したのが機能主義階層理論であると言える。葛藤理論からすれば，階級や身分集団の私的利益の貫徹，階層の再生産こそが現実であり，機能主義の描く機会平等，能力主義選抜，社会移動などは欺瞞的なイデオロギーに過ぎないということになる。だが，大きな政府路線（金融・為替・景気政策，福祉政策）やフォーディズム（大量生産・大量消費システム）により中流階層が成長し，E. H. カーのいう「経済ナショナリズム」が持続してきた70年代（日本は80年代）まで，機会平等，能力主義，社会移動などは先進諸国の「国民」のあいだの共同主観的現実であり続け，国家に対する信頼と依存の基盤であり続けてきたと言える。

サッチャーが新自由主義に立脚して「大きな国家」路線を「小さな国家」路線に転換したイギリスでは，トニー・ブレアが率いるニューレイバーが「第三の道」を掲げ，「機会均等」「能力主義」理念の下で「経済ナショナリズム」を再編するサッチャー路線を継承してきた。我が国でも小泉政権末期に高まった格差社会論は，格差の拡大は避けられないが「負け組」の子は「負け組」，「勝ち組」の子は「勝ち組」という格差の固定は避けるべきだという議論に収斂し，「再チャレンジ」理念，「機会均等」理念はその後も支配的な影響力を保持している。

山崎望は，政治学の分野で「国民国家・主権国家という枠組みでは世界は把握できず，規範的な構想の手掛かりとしても限界がある」という認識が広まっているとして，政治共同体論における自由主義，共和主義，共同体論それぞれにおける国民概念と市民概念の乖離に伴う新潮流を分析・整理している（山崎，2005）。「第三の道」「再チャレンジ」などは，「経済ナショナリズム」の終焉に

伴う現象なので，山崎が指摘するような政治共同体理念の再編にかかわっている筈である。「第三の道」「再チャレンジ」などの理念が，「政治ナショナリズム」や「軍事ナショナリズム」の回帰の露払いとして利用されるに終わる事態を避けるためにも，それらの理念・政策を周到に分析し，政治共同体論の大きな変動の流れの中に置き直してみて，現在位置を確認する必要がある。「経済ナショナリズム」期の機能主義社会階層論と葛藤理論の論争史は，そのための貴重な手掛かりである。

学習課題

① カミン（1977）（195頁参照）を参考に，IQの遺伝 vs. 環境論争について考えてみよう。

② Bendix and Lipset（1953）203頁参照）でデービス対チューミン論争を読んでみよう。

③ アーミテイジ（1972）および笠井（1968）（204頁参照）を参考にして，デクノクラシーの歴史について整理してみよう。

参考文献

カー，E. H., 大窪愿二訳 1952 『ナショナリズムの発展』みすず書房.
梶田孝道 1988 『エスニシティーと社会変動』有信堂.
コリンズ，R. 1980「教育における機能理論と葛藤理論」J. カラベル／A. H. ハルゼー編，潮木守一・天野郁夫・藤田英典編訳『教育と社会変動 上』東京大学出版会.
コリンズ，R., 新堀道也監訳，大野雅敏・波平勇夫共訳 1984 『資格社会——教育と階層の歴史社会学』東信堂.
雀部幸隆 1989「ウェーバーの社会主義論——今日の問題のための原理的考察」『季刊窓 2：特集——社会主義はどこへ？』1989年12月，261-300頁.
清水博編 1991 『アメリカ史 増補改訂版』（世界各国史 8）山川出版社.
ベンデイクス，R., 折原浩訳 1966『マックス・ウェーバー——その学問の全体像』中央公論社.
山崎望 2005「再配置されるシティズンシップ——政治共同体の変容」『思想』岩波書店，2005年6月，81-102頁.
Blau, Peter M. & Otis Dudley Duncan 1967 *The American Occupational Straudture,*

第Ⅱ部　変動する社会と教育

　　　The Free Press, pp.120‐121.
Bowles, Samuel & Valerie Nelson 1974 "The Inheritance of IQ and the Intergenerational Transmission of Economic Inequality", *The Review of Economics and Statistics*, Vol.56, No.1, February, pp.39‐51.
Bowles, Samuel & Herbert Gintis 1976 *Schooling In Capitalist America*（S. ボールズ & H. ギンタス，宇沢弘文訳　1986『アメリカ資本主義と学校教育Ⅰ──教育改革と経済制度の矛盾』岩波現代選書）.
Coleman, J. S. et al. 1966 *Equality Of Educational Opportunity*, U.S.Department of Health, Education, and Welfare.
Tumin, Melvin M. 1953 "Some Principles of Stratification : A Critical Analysis", *The American Sociological Review*, V.18 (August, 1953), pp.387‐393.

　　　　　　　　　　　　　　　　　　　　　　　　　　　　（岩木秀夫）

第12章 就職と学歴

　私たちが教育の問題を考える際には，往々にして学校の中のことばかりを考えがちである。しかし，その学校内の様々な問題を引き起こす原因は，学校の中ばかりにあるわけではない。むしろ，学校の外側の社会のあり方が学校教育の歪みをもたらす元凶と見なされる場合がある。学歴社会の問題は，日本ではまさにそのような「元凶」扱いされる問題の代表であった。しかしながら，現代の教育改革の起点として位置づけられる1985（昭和60）年の臨時教育審議会第一次答申は，すでに学歴社会の問題を次のようにやや楽観的に語っている。

　「…近年の経済社会環境の変化に伴い，企業などが個性，創造性豊かな人材をより強く求めるようになってきたことなどから学歴格差は大きく減少しつつあることも疑いない。とりわけ厳しい企業間競争があるために，出身学校にとらわれない実力中心の人材登用の傾向が以前より強くなっている。…」

　この指摘からかなりの年月を経た今日，私たちの社会は本当に学歴主義的な風潮を徐々に後退させてきたと言えるのだろうか。そこで本章では，就職の場面で見られる学歴主義の問題をとりあげ，学歴主義の社会的基盤を明らかにする教育社会学的議論を紹介していこう。

1　学歴主義批判の背景

　私たちの周囲では「これからは学歴ではなく実力や成果が問われる時代だ」とか，「現代では学歴ではなく人物重視だ」といったような声をよく聞く。しかしながら，その一方で有名人・芸能人の学歴がテレビで話題になったり，ビジネスマン向けの雑誌で「大学と出世」「学歴と給料」といった特集が組まれたり，「学歴」をタイトルに含む一般向け書籍が相変わらず出版されるなど，私たちの学歴へのまなざしは変化していない部分も多い。

　そもそも，学歴主義を前近代の悪しき遺物とみなし，これからの社会を「実

力主義だ」「成果主義だ」「人物重視だ」といった指摘をすること自体が，実は日本ではかなり昔からの「お約束」の議論でもあった可能性を最初に指摘しておきたい。たとえば，昭和初期の大学生向け就職マニュアル本の一つには「三菱ではどう云ふ人を採用するかと云へば云うまでもなく人物本位である」(壽木孝哉『学校から社会へ』先進社，1930年刊）と書かれている。昭和初期といえば大学によって初任給に格差をつけていた時代であるから，今よりはるかに「人物本位」ではなかったはずであるが，それでも「云うまでもなく人物本位」といっているわけである。この事例からも明らかなように，学歴重視の風潮が厳然と存在していても「人物本位」などと表明することはいともたやすいことであり，逆にいえば今日言われている実力主義，成果主義，人物重視などといった言説をそのまま鵜呑みにすることはできないということになる。むしろ，100年近くもの間，学歴を重視する社会的風潮は，学歴批判言説を伴いながら，私たちの社会の中で持続してきたと考えるほうが実態に近いように思われる。では，なぜこうした批判の中でもこのような学歴主義的風潮が持続可能だったのだろうか。

2　近代社会と学歴

(1) 前近代社会と血縁の原理

　学歴主義的風潮が長期間持続しているとしたら，そこにそれなりの社会的基盤が存在すると考えるのは，さほど無理な想定ではないだろう。こうした社会的基盤の説明のうち，ここではまず大局的な観点から，近代化が学歴主義的風潮を呼び起こすのだ，とする説明を紹介しておこう。

　私たちは今でこそ自分の職業を決めるのに自分の意思で自由に就職活動を行っているのだが，そうしたやり方は実は近代以降になって初めて広く定着したやり方である。なぜなら，前近代社会であれば，貴族の子は貴族に，農民の子は農民に…という形で血縁による地位の世代間継承を行うのが基本的パターンであったからである（図12-1）。しかしながら，自由・平等・効率といった価値を標榜する近代社会にあっては，こうしたやり方は時代状況にそぐわないも

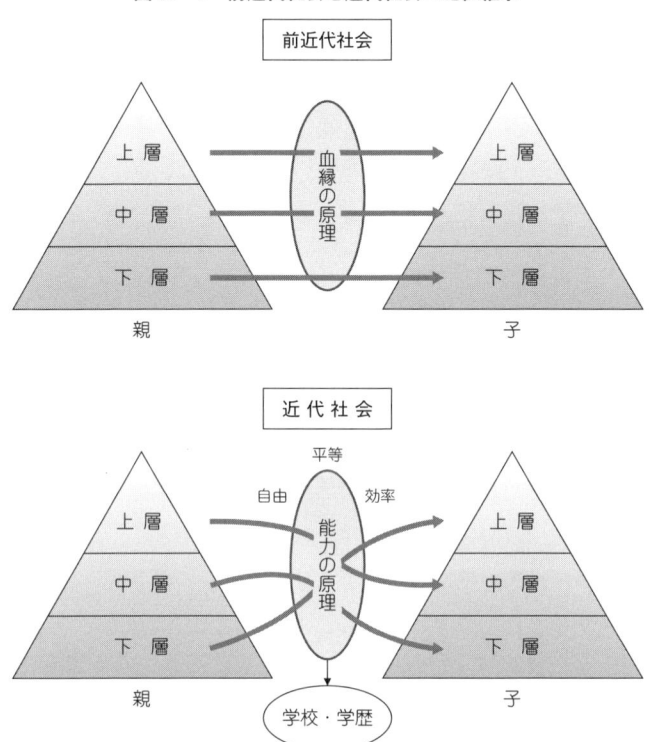

図 12-1 前近代社会と近代社会の地位継承

前近代社会

（上層・中層・下層のピラミッド：親→子、血縁の原理）

近代社会

（上層・中層・下層のピラミッド：親→子、能力の原理、平等・自由・効率、学校・学歴）

のとなっていた。なぜなら，血縁の原理に基づく前近代のシステムは，自由に職業を選べないという点でひどく不自由であり，恵まれた職業につける人があらかじめ決まっているという点でひどく不平等であり，さらにたとえ能力があっても身分が低ければ社会的に人材を吸い上げられないという点でひどく非効率なシステムであったからである。

（2）近代・能力・学歴

そこで登場したのが能力の原理であった。人々を能力に応じて様々な地位に割り当てていくことを可能とする価値観が支配的となったのが近代社会だったのである。しかし，ここでやっかいなのは，能力を正確に測る装置などどこにも存在しないということである。「彼は能力があるね」と誰かがいっても，別

の人が「いや，でも彼は少し頭が固いよ」などと否定する場面に出くわしたことはないだろうか。このように能力があるかないかの判定は見る人によって様々で非常に曖昧なものでしかない。そのうえ，何の能力なのか，いつの能力なのか，といった能力の定義も曖昧なまま議論されていたりすることもまれではない。そこで，そうした曖昧さを避けるため，近代以降の多くの社会では，より多くの，そしてより良いと言われる教育を受けた人を能力があるとみなし，厚く待遇してきたのである（図12-1）。

　実はこれこそが，学歴主義の社会的基盤なのであり，近代化はある意味で学歴主義を必然的に引き起こす側面をその内部に抱え込んでいたわけである。実際，学歴主義は日本だけではなく，近代化を達成したほとんどすべての社会において，程度の差はあるにしても必ず見られる現象である。特に，欧米に比べて後から近代化を開始したアジア諸国は概して学歴主義的風潮が強い。なぜなら後からの近代化は政府主導で近代化を進める場合が多く，必然的に急造のエリート教育機関で欧米の先端知識を導入し，それを伝授された高学歴者により恵まれた処遇を与えるという体制を敷くことがしばしばだからである。ロナルド・ドーア（Ronald P. Dore）はこのように後発近代化国ほど労働市場で学歴偏重となり，ひいては教育が受験中心主義に傾いてしまう現象を指して「後発効果」と呼んでいる。

　このように考えてみると，学歴社会を無くすことがきわめて困難なことに思えてくる。少なくとも，学歴社会を脱却するためには学歴とは異なる能力の尺度－それも学歴と同等以上の明確かつ説得的な尺度－が登場しなければならないことになる。学歴社会が今後も持続するかどうかは未知数の部分があるが，少なくとも以上の議論からは，我々が常識で考える以上に学歴社会が実は根深いものなのだと理解できるだろう。そのうえ，就職の場面ではさらに様々な状況が折り重なって，就職機会と学歴の対応関係が一定程度維持されているとさえ見ることができる。次節では，さらに論点を絞ってその点について説明しよう。

3 労働市場における学歴の意味

(1) 大卒就職における大学間格差

　岩内亮一らの研究によると，新規大卒者の就職格差はバブル景気時点にも見られたが，バブル崩壊以後の大卒就職市場においても明確に見られるという。具体的には，より入学難易度の高い有名大学の学生ほど，大企業への就職者が多くなっているのである（図12-2）。大企業への就職が大学生にとって望ましいことであるとは限らないが，少なくとも出身大学の社会的評判と就職先企業の知名度がかなりの程度対応している以上，学歴が就職機会に対して制約的に作用している可能性は否定できない。

　このような格差は，高卒・大卒といった学校段階別の学歴差を問題とするだけでなく，同じ大卒の中でもどの学校かというレベルでの学歴差を問題にするという意味で，ヨコの学歴あるいは学校歴の格差という。ではこの学校歴による就職格差はどのように生み出されるのであろうか。

(2) 就職の学校間格差の不合理性

　比較的単純な第1の説明は，採用側の企業が愚かにも時代遅れで不合理な学歴主義的採用人事をやってしまっている，とするものである。「学閥」によってこの現象を説明しようとするのは，基本的にはそういうことである。確かに特定の大学出身者が多い官庁や企業，業界というのは多い。しかしながら，周囲の大学生を見回してみて，学閥によって引き上げられて就職を決めたという学生が果たしてどれほどいるだろうか。また採用する側も学閥に全面的に依存しているようでは組織として効率が悪い。したがって，このような説明はありうるとしても部分的なものにとどまると考えるのが自然である。

　同様に，大企業ホワイトカラー職のように恵まれた職業の労働市場は相対的に恵まれた特定の身分集団（社会的地位や生活様式，生活意識を共有する集団）が支配しており，彼らが自分たちと同じ文化をもつ身分集団の中から採用するためにそのような採用基準（たとえば学歴）を用いる，とする説明がある。これ

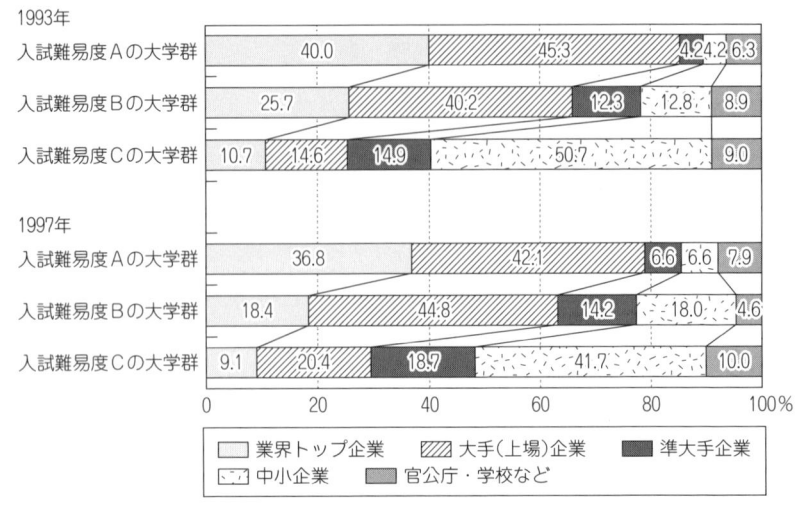

図12-2　入学難易度別・就職先（企業規模別）の割合

1993年
- 入試難易度Aの大学群: 40.0 / 45.3 / 4.2 / 4.2 / 6.3
- 入試難易度Bの大学群: 25.7 / 40.2 / 12.3 / 12.8 / 8.9
- 入試難易度Cの大学群: 10.7 / 14.6 / 14.9 / 50.7 / 9.0

1997年
- 入試難易度Aの大学群: 36.8 / 42.1 / 6.6 / 6.6 / 7.9
- 入試難易度Bの大学群: 18.4 / 44.8 / 14.2 / 18.0 / 4.6
- 入試難易度Cの大学群: 9.1 / 20.4 / 18.7 / 41.7 / 10.0

凡例：業界トップ企業／大手（上場）企業／準大手企業／中小企業／官公庁・学校など

（出所）岩内亮一・苅谷剛彦・平沢和司編『大学から職業へⅡ——就職協定廃止直後の大卒労働市場』広島大学大学教育研究センター所収，1998年，濱中義隆の論文より。

はランドル・コリンズ（Randall Collins）の葛藤理論の応用である。確かにこれが事実であるならば，企業という組織にとっては必ずしも経済合理的ではないことが実際に生じていても不思議ではないことになる。しかし，身分集団というものがそもそも日本社会における我々の実感と少々ずれている。これも説明としてはありうるが，全体的傾向を十分に説明しうるものでないと言えよう。

また，採用人事担当部署の組織の論理で学歴主義的採用が行われてしまうという，なんとも不合理な現象が指摘されることもある。かいつまんで言えば次のような話である。ある年に某企業の人事部が多様な人材が必要と考えて採用活動を展開し，その甲斐あって特定の大学に偏らない新規採用者を獲得できた。ところが，有名X大学の卒業生の新入社員が前年よりも少なくなったことが重役会議で問題となり，人事部長は大目玉をくらってしまったという。すなわち，X大生が少ないこと＝採用人事の失敗，とみなされてしまったのである。翌年からその企業の人事部がX大生の採用に全力を挙げたのはいうまでもない。これは人事部という組織にとっては合理的な動きである。経済的には不合理でも，組織論の観点からは合理的であることがある，という一例である。しかし，こ

れも企業が利潤追求の組織であることを考えたとき，いつまでもこのような不合理が継続されるのかという疑問もある。そこで，次に企業の経済合理性の基準が満たされる説明を考えてみよう。

(3) 就職の学校間格差の合理性

　第2の説明は，第1の説明とは逆に，大学間の就職格差は実力を反映したに過ぎないので何の問題もない合理的な採用行動だとする説である。このような説は有力大学の関係者以外には実に不愉快な説なのだが，時折見られるのでいちおうあげておこう。ただし，考えるヒントとしては悪くない要素を含んでいる。すなわち，より良いとされる教育を受けた人間が労働市場において高い評価を受けるという意味を強調するならば，それは教育投資の考え方と重なる部分が出てくるからである。自分という人間への教育投資（人的資本投資）が個人の生産性を高め，それが労働市場での評価につながり，報酬として返ってくる，これがゲーリー・ベッカー（Gary S. Becker）の人的資本論の基本的考え方である。この考え方にたてば，労働市場でのもろもろの結果は，おおむね実力の反映ということになる。しかしながら，こうした考え方には，労働市場において十分に情報があり「実力」がかなり明確に把握できること（完全情報）や，教育が間違いなく生産性を高めているという前提が必要である。しかしながら，これらの条件をなかなか満たすことができないのが現実の社会である。したがって，こうした条件を満たさない場合も考えておかなければならないだろう。

(4) 訓練可能性説

　そこで第4の説として，労働市場での情報が十分ではなく，さらに学校教育が必ずしも生産性を高めていないという前提の下で編み出された仮説がある。経済学の分野ではスクリーニング仮説，フィルタリング説，シグナリング理論などと呼ばれるものはこのカテゴリーに入れてよいだろう。ここではこうした系列の議論の中で，日本の就職と学歴の問題に特によく当てはまると思われるレスター・サロウ（Lester C. Thurow）の訓練可能性（trainability）説を紹介しよう。この議論のポイントは，我々は学校で身につけた知識技術をもって労働

市場に入るのではなく、仕事の上で習得すべき知識技術は主に企業の中で職務を行いながらの訓練で形成されるという前提に立つ点である。いわゆるOJT（on-the-job training）である。なぜなら、学校教育や外部の訓練機関はその企業での職務にぴったりあった訓練を行うわけではないし、その企業で必要な知識技術は企業内で働きながら学ぶほうが効率良い面があるからである。仮にそうであるならば、企業が人を採用する際には、職階上の下位の単純な職位から採用して、徐々に仕事を覚えさせながら昇進させていくのが合理的だ。したがって、その場合には採用時点での「実力」を厳密に問う必要はなく、世間知らずの大学生でもいっこう構わない。「実力」は企業の中で育成していくのだから。ただし、欲を言えば鍛えがいのある人材、訓練したら伸びそうな人材（＝「訓練可能性」が高い人材）が採れればいい、ということになる。ところが、現実の労働市場は不完全情報の世界であり、誰の訓練可能性が高いのかがよくわからない。そこで訓練可能性のインデックスとして、様々な属性情報を企業内に蓄積されたこれまでの企業内訓練データと照らし合わせて使う。たとえば、○○県出身者はすぐ辞めてしまうから訓練に向いていないとか、××大学出身者は飲み込みが早いなど、企業内の統計に基づいてそのインデックスに序列をつけるのである。*この説にしたがえば、日本で見られる大学間就職格差は、企業が有力大学の訓練可能性が高いと判断し、その序列にしたがって採用を決めている、ということになる。確かに有力大学は歴史と伝統があり、多くの大企業で活躍する人材を輩出してきているので、こうしたメカニズムが作動しやすい（ただし、新しい大学の情報が蓄積されてくるとまた変わってくる可能性もあるが）。これが訓練可能性説による大学間就職格差の説明である。

　　＊こうした序列付けは、実は出身地、性別、宗教など様々なものを用いることができるので、場合によっては非常に差別的な判断を下すことになる。これを統計的差別という。しかし、不完全情報という制約の下では、企業内統計に基づいている点で一定の合理性もあわせ持っている。その意味ではこの統計的差別はやっかいな「差別」の一つと言えよう。

（5）意図せざる結果としての就職格差

　さて、おおまかには以上の3通りの説明が考えられるが、これらとはまた違

う説明を最後に挙げておこう。それは，採用側の企業も応募する側の学生も決して学歴主義的風潮に与しているわけではないのだが，ある方針で就職・採用活動を行っていくとその結果として学校間就職格差がたち現れてしまうという説である。たとえば，仮に企業が特定の大学に片寄らずにできるだけ多様な大学から採用しようとしたとしても，いわゆる有名大学というのは一般の大学に比べて数が限られる。そうすると，100社の大企業が有名X大学から1名ずつしか採用しなくても，X大学の側から見れば100人の大企業就職者が誕生することになる。ところが，中堅大学は数が多いので100社の大企業が中堅大学からも1名ずつ採用しようとしても，中堅大学自体が100大学あれば大企業就職にありつけるのは一つの大学につき1人だけという計算になる。このように個々の企業に学校歴偏重の意図はなくとも，多様な採用という方針と大学序列の分布形状（上が少なく真ん中が多い）の合成効果によって，結果的に大学間就職格差が現れることがありうる。竹内洋はこのような仕組みを「ねじれ効果」と呼んだ。確かに意図と結果がねじれているわけである。

　また，さきほど述べた情報の不完全性を前提にした場合，求人側も求職側もできるだけ質の高い情報（誰の能力が高いのか，どの会社が自分に適しているのかなど）をいかにして得ることができるかが重要となる。労働市場の情報は職業安定所や求人票，会社のホームページや求人誌など様々な情報があふれているが，様々な人的ネットワークが活用されることも多い。実は，この人的ネットワークこそ労働市場で質の高い情報をもたらすとするのが，マーク・グラノベッター（Mark S. Granovetter）のネットワーク理論である。誰でもアクセスできる求人票などには表面的な情報しか載っていないことも多く，会社や応募者のウラ情報や細かい事情などは人的ネットワークを通じて入りやすいのである。ただし，親やきょうだいといったあまりに身近な関係のネットワーク（「コネ」と呼ばれているもの）は，その範囲が狭すぎて有効に機能しないことも多い。むしろ，少し離れた関係のネットワーク（友人やバイト先の知り合いなど）のほうが効果的であったりする。このことをグラノベッターは「弱い紐帯の強さ」（strength of weak ties）と表現している。日本の大卒就職の場面で言えば，バブル景気の時代に流行ったOB・OGネットワークの活用は，それがこの弱い紐

帯の特徴を備えているがゆえに強さを発揮していたと見ることができる。ただし，このOB・OGネットワークの活用は，苅谷らの研究によれば，大学間格差を維持する役割を果たしていた側面がある。つまり，有力大学のOB・OGネットワークは大企業にがっちりと接続されているが，中堅以下の大学や新設大学にはそのようなネットワークが存在しないからである。このネットワークは学歴主義的に意図して利用される面もあるが，仮に意図がなかったとしても，特定の大学に有利に作用する性質をそもそももっているということができる。

以上，本節で述べた様々な説は，どれか一つが妥当するというよりも，多様な現実の諸側面をそれぞれ切り取ったものと考えることができるだろう。「就職と学歴」の問題は，一見単純な学歴主義という偏見の産物のようにも見えるが，実際には多面的に見ていかなければ十分には理解できない，ということを諸説が示してくれていると言える。

4　戦後日本の就職・採用システムとその揺らぎ

　以上の議論は，就職における学歴の意味をめぐっての様々な諸説であり，必ずしも日本に限定されない内容をもっている。しかし，日本という文脈に置いたときには就職と学歴の関係に影響を与える日本的背景があるのではないだろうか。この節ではそうした日本社会的背景をいくつか取り出し，さらにその変化の動向を考察してみたい。

（1）新卒一括採用方式

　前節で述べたように，情報の不完全な労働市場ではいかに有効な情報を得るかということが重要である。しかし，いかに職業安定所に通い，インターネットを駆使し，人的ネットワークを活用して情報を集めることができる環境にあったとしても，時間がなければそれらをうまく活用することはできないだろう。時間が無ければないほど，さきほど訓練可能性説のところで述べたように情報の不完全性が高まり，結果として統計的差別のメカニズムが働きやすくなって

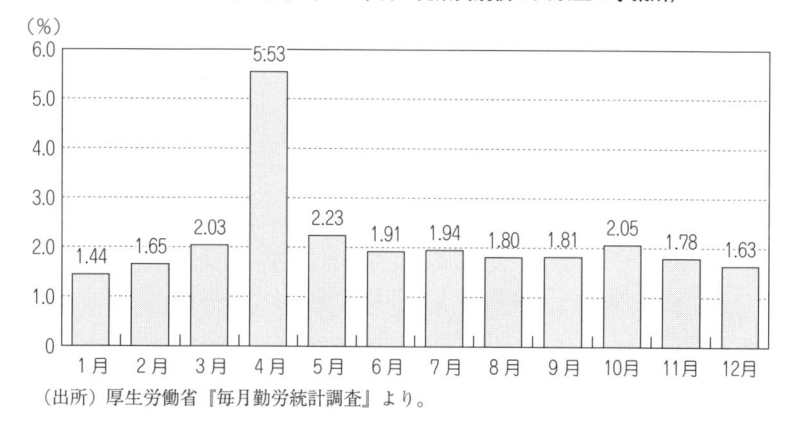

図12-3　月別入職率（2005年度・従業員規模5人以上の事業所）

1月 1.44　2月 1.65　3月 2.03　4月 5.53　5月 2.23　6月 1.91　7月 1.94　8月 1.80　9月 1.81　10月 2.05　11月 1.78　12月 1.63

（出所）厚生労働省『毎月勤労統計調査』より。

　学歴主義的な採用人事が行われる可能性が高まると予測される。実際のところ，日本ではこうした時間的制約のある雇用慣行がこれまで強固に存在していた。それが新卒一括採用方式である。この慣行の存在は，我々の実感からしても明らかであるが，月別の入職率のデータを見ることで確認することができる。図3に見られるように，日本の企業は4月採用が他の月の採用に比べて圧倒的に多いのである。この数字が新規学卒者によって支えられていることはいうまでもない。

　日本の雇用慣行といえば，終身雇用・年功賃金・企業別組合などがしばしば取沙汰されるが，この新卒一括採用も国際的にあまり類を見ない制度であると言われる。というのも，田中博秀の指摘にもあるように，このやり方は年度当初に一時的に余剰労働力を抱えるやり方であり，欧米ではおよそ考えられないことだからである。このような採用慣行は1920年代にはすでに現れるようになったとも言われるが，これによって教育システムと経済システムの間には時間的隙間がない状況が形成されることになった。そして実は，企業社会の学歴主義的な秩序が明確に制度化されていくのもこの時期だったと言われているのである。この時間的な制約は，採用者側も応募者側も十分な情報交換ができない状態で採用・就職を決めていくというシステムであり，必然的に学歴を始めとする各種のインデックスが用いられやすい環境を用意したと言えるだろう。

（2）就職協定

　さらに，この教育と経済の隙間のないシステムは，教育システムと経済システムとの齟齬が生じやすいシステムでもあった。このシステムのもとでは，企業は在学中の学生に対して採用選考を行わねばならなかったから，しばしば大学の授業や試験を無視した採用活動を行った。そのことが教育界で問題化してできあがったのが，1996年度まで存続していた就職協定だった。すなわち，大学教育を守るためにはある一定の時期より前は採用・就職活動を自粛せよ，という大学団体と企業団体との取り決めである。本来自由であるはずの就職・採用活動の時期を規制しようということ自体が類例を見ないきわめて特異な現象なのであるが，皮肉にもルールが比較的守られた年ほど「短期決戦」などと言われ，有名大企業が業種を問わずわずか1週間か2週間で採用内定者を出しまくるという混乱した状況を生み出したこともあった。こうした採用が情報戦に強い有力大学や大都市部の大学に有利に作用することもあったのは想像に難くない。このように時間的に隙間のない就職・採用システムは，就職と学歴の関係をより強固なものにする可能性をはらんだものだったのである。

（3）学校推薦制（指定校制）

　この隙間のない就職・採用システムは，就職協定と同様に学校教育システムの側の関与の度合いを大きくする役割を果たしたと考えられる。すなわち，学校が企業に対して推薦をして就職をさせる仕組みの成立である。この仕組みは現在でも高卒就職や理科系大卒・大学院修了者の就職プロセスで一部見出せる。高等教育機関の側で組織的に就職問題に対処し就職斡旋していこうとする仕組みの制度化は，高学歴者の就職難が問題化していた二つの世界大戦の間の時期にまでさかのぼると言われる。この学校推薦制度は企業にとっては信頼関係のある大学や教授の推薦であるため，ある程度安定的で均質な採用者を獲得できるメリットがあり，また学校の側も学生を失業させずに安定して就職させることができるメリットがあった。しかしこの仕組みは，企業が特定の大学へ求人を出し，大学はそれに応じて学生の推薦をするというものであったので，求人が有力大学に集中した。この点で，戦後の1970年代に批判されることになる指

定校制と重なるものであった。

　指定校制が社会問題化したのは、1960年代後半から1970年代にかけて、大卒就職市場の自由化が文科系で進んだことともかかわりがある。つまり、学校推薦制が大いに機能していた時代から、高等教育の大衆化という要因も加わって自由応募制に切り替わっていく時代だったのである。これまで自由な大卒労働市場に出ていなかった学生たちが自由に活動し始めたとき、企業に応募しようとして「おたくの大学は指定校に入っておりません」という形で門前払いを食わされたりしたことが問題を顕在化させたのである。以降、多くの企業は表向きは指定校制度を取りやめていく。しかし、その代わりに登場したのがOB・OGネットワークの活用（リクルーター制度）であった。さきほど述べたように、この仕組みもまた特定の大学に有利に働くものであった。就職と学歴という点で見るなら、実際はみかけほど変化していなかったのである。

（4）日本型システムの揺らぎ

　以上のような卒業から就職までの時間的隙間のないシステムは戦後社会を通じて定着してきたわけであるが、近年ではその変化の兆候にも見える現象が現れ始めている。

　まず、長期の趨勢として、大学そのものの数が劇的に増えてしまったという現実が「大卒就職」の意味の変質をもたらしたという側面を考慮しなければならない。文部科学省の学校基本調査によれば、高度成長真っ只中の1965年には317大学だったが、40年後の2005年にはその倍をはるかに超える726大学に増加した。マーチン・トロウ（Martin Trow）流に言えば、大学は大衆化しただけではなくユニバーサル化し、選り好みさえしなければ誰もが大学に入ることができるようになってきている。つまり、大学に入学してくる層も変わり、高度成長期に確立した就職・採用システムが今日において十分に機能しなくなってきたとしても何の不思議もない状況となったのである。学校が推薦状を発行して企業がそれに基づいて採用するという学校推薦制は、1960年代後半から1970年代にかけて、文科系の労働市場ではすでに崩れて自由応募制が主流となっていたが、さらに1990年代以降は、これまで推薦制が維持されてきた理工系の労働

市場や高卒の労働市場でもこのシステムが崩れ始めているとも指摘されるようになった。

　また，平成の大不況によって，企業側の採用意欲が1990年代半ばから2000年代前半までかなり冷え込んでしまったことも近年の変化の大きなきっかけとなっている。時間的隙間のないシステムは，高度成長期を中心とする日本企業の高い人材需要に支えられたシステムでもあった。というのも，需要がないのに，情報不足の中であらゆる種類の職の採用を4月に行う必要はあまりないからである。ここでは当然，従来からの4月定期採用をする場合もあれば，そうではない場合もある，という具合に多様化していく。「通年採用」「職種別採用」「コース別採用」などと呼ばれるケースが近年話題となっており，採用方式は多様化・複雑化してきている。またこれに関連して，採用する側は必ずしも正規社員にこだわらない採用も拡大している。大卒の派遣社員やフリーターが話題になるようになったのも，こうした人材需要の長期的低迷と関連があると言えよう。

　これに輪をかける形で，1997年に大卒者のための就職協定が廃止されるに至った。就職協定はほとんど守られないルールとも言われていたが，それでも企業の採用活動を一定の時間枠にはめ込む役割を多少なりとも果たしてきた。しかし，それがなくなったことにより，企業側の採用活動はさらに自由度を増し，その結果，就職・採用活動は従来にも増して早期化・長期化したと言われている。

　また，インターネットの急速な普及により就職・採用活動もインターネットがフル活用される時代となったことやエントリーシートによる採用方式の定着，SPIの普及などに見られるように，大卒労働市場における就職・採用活動の仕組みは，この10年あまりの間でかなり様変わりしたと言えるだろう。

　では，こうした大卒労働市場の変貌は，本章の主題である「就職と学歴」の関係の変化につながっているのであろうか。節をあらためて，最後にその点を考えてみよう。

5 今日における「就職と学歴」を見る視点

　以上で考察してきたように，学歴主義は近代社会に組み込まれたものであり，労働市場でも一定の経済合理性を満たす形で利用されている。こうした状況の中では，確かに表向きは指定校制をとらなくなったといっても，現実にはまだ有力大学と有名企業の対応関係は持続していると見るのが自然である。OB・OGリクルーターを積極的に活用して各企業が有力大学の学生に接触していたバブル期はさほど大昔のことではないのである。前節で述べた様々な変化は，「就職と学歴」という問題に関して言えば，まだ劇的変化の兆候を示しているとは言い難い段階だと言えよう。冷静に考えれば，インターネットによる登録をしても大学によっては返信が来ない場合があるとも言われており，早期化や長期化も地域や入学難易度によってその様相は異なる。

　では，学歴主義が強固である現状を，我々はこの秩序を受け入れることしかできないのだろうか。

　ここではさしあたり，必ずしもそうではないと答えておこう。そのヒントは本章で紹介した教育社会学的な諸研究の中に見出される。たとえば，訓練可能性説では，社会的評判が得られていない大学や新設の大学であっても，企業内の訓練データに良い傾向を少しずつでも蓄積していけば，「経済合理的に」これらの大学の採用枠が作られる可能性が出てくるわけである。すなわち，現在の学歴主義の合理性は，かつて大学が少なかったころの古いデータに基づいた合理性なのであり，限定された合理性なのである。歴史的・社会的制約の中での合理性は，その文脈自体が変化すれば同じ合理性に基づく判断であっても，別の結果をもたらすことが大いにありうる。そのような視点で見ていけば，学歴主義は強固であるとはいっても，少しずつ変容していく可能性はある。重要なのは，様々な変化が見られるからといってすぐに「学歴主義の崩壊だ」などと短絡するのではなく，どの部分が表層的な変化でどの部分が本質的な変化に連なるものであるのかを冷静に見極めようとする視点なのではないだろうか。

第Ⅱ部　変動する社会と教育

> ┌学習課題┐
> ① インターネットで「就職と学歴」を検索し，そこに出てくる議論を本章で取り上げた教育社会学的諸概念を使って批評してみよう。
> ② 現在の就職・採用の方法の中で，特定の大学だけが有利になってしまう方法はあるだろうか。考えてみよう。
> ③ 外国の就職・採用活動の方法はどのようになっているのだろうか。調べて日本と比較してみよう。

参考文献

天野郁夫 2006『教育と選抜の社会史』ちくま学芸文庫.

麻生誠 1991『日本の学歴エリート』玉川大学出版部.

尾崎盛光 1967『日本就職史』文芸春秋.

竹内洋 1995『日本のメリトクラシー』東京大学出版会.

Becker, G.S. 1964 *Human Capital*, National Bureau of Economic Research（佐野陽子訳 1976『人的資本』東洋経済新報社）.

Collins, R. 1979, *The Credential Society*, Academic Press（新堀通也監訳・大野雅敏・波平勇夫共訳 1984『資格社会』有信堂）.

Dore, R.P. 1976 *The Diploma Desease*, George Allen & Unwin Ltd（松井弘道訳 1990『学歴社会 新しい文明病』岩波同時代ライブラリー）.

Granovetter, M.S. 1974 *Getting a Job*, Harvard University Press（渡辺深訳 1998『転職──ネットワークとキャリアの研究』ミネルヴァ書房）.

Thurow, L.C. 1975 *Generating Inequality*, Basic Books（小池和男・脇坂明訳 1984『不平等を生み出すもの』同文舘）.

（中村高康）

第13章 社会変動と教育

　本書においては，序章「教育社会学とは何か」にはじまって，第Ⅰ部8章，第Ⅱ部4章にわたって教育社会学の内容を色々な角度から説明してきた。ここでは最終章として，社会変動という切り口から教育と社会についてもっと詳しく論を展開する。そのために，過去の社会学の主要な社会変動に関する学説にも触れておきたい。その上で，教育と社会変動との関係や教育社会学の展開について言及する。こうした学論に関する展開は，その学問の構造，変動さらには歴史を通してはじめて質的な変化が明らかとなる。教育社会学という学問は社会との関わりがきわめて深く，とりわけ，最近の社会変動は，これまで人類が経験してこなかった農業社会（agricultural society）→国家産業社会（national industrial society：国家単位を中心に展開される産業社会）→グローバル知識社会（global knowledge-based society：筆者の造語で，グローバル化と知識社会化とが同時間的に進行する社会，ないしは両者の一方が他方を随伴しながら進行する社会）といった第三期の未知なるメガ的地殻変動に直面しつつあるだけに，斯学の重要なエポックを構成する視点になるだろう。

1　社会変動とは何か

(1) 社会変動の意味

　社会変動は英語で"Social Change"という言葉で表現される。社会的"Social"と変動"Change"という言葉からなる合成語である。地球上の生物で，生き物が，広く社会を形成し，社会を急激かつ大規模に変化，変動させることのできるのは人間だけであり，それが人類と他の生物と区別できるもっとも特徴的な一つといってもよいだろう。この社会の変化は必然的にある種の方向性を伴うが，それは現状維持か革新か，あるいは進化か退化か，といった価値観を随伴する。生物の多くは，それらの社会的営みにおいて，個体の維持，伴侶との関係，お産，子育て等々は，本能に左右されていることが多いが，人類は

精神的な営みによって意図的に社会を変化させることができる。

　最近の象徴的な出来事は，アメリカ合衆国における黒人初のオバマ大統領の誕生である。氏は，"Change"，"Yes, We Can"という象徴的なキャッチフレーズを国民に訴えて支持された。このChangeとは，変動というよりも改革，革新を意味する。このように，人間社会における社会変動とは，この人類の思想，イデオロギー，理念，哲学，科学的精神等によって意識変革できるところに最大の特色がある。政治という世界で社会変動の意味するところをわれわれは直接に実感できる。この同じ年に我が国では戦後の保守政治にとってかわって国民は民主党政権を選択した。それによって，子ども手当，高校無償化など教育政策は大きく変化しようとしている。その国民の選択の結果が問われるのはこれからであり，両政権にとって早くも多くの課題が要請されている。

（2）社会変動と社会学の諸理論

　そもそも社会学において，古典的に社会変動の概念に先鞭をつけたのは社会学者の始祖といわれるオギュースト・コント（Auguste Comte 1798 - 1857 フランス）である。氏は諸学問から構成される精神的歴史の集大成として実証哲学から独立した社会学（Soziologie）なるものを提唱した（『実証哲学講義』1811年）。その内実は，市民社会危機を克服する政治を含んで実証する社会動学（Dynamique Social）と現代社会を解析し予知する社会静学（Statique Social）から構成されるとした。その社会変動に伴う発展段階説には，神学－哲学－科学の三段階が展開されると同時に，その支配形態として軍事－法律－産業の諸形態が展開されるというのである。これからも理解されるように社会学を諸科学の包括的立場と位置づけながら，同時に現代的課題の実践的学問として「秩序と進歩」の社会構想を志向したのである。

　一方，草創期の社会学者としてハーバード・スペンサー（Harvard Spencer 1820 - 1903 英国）は，自然科学のダーウィニズムの影響を受けながら社会的進化論を提唱した。この立場は社会を有機体に譬え，社会の歴史的変化を生物の進化になぞらえて理解しようとする。こうした流れは，アメリカのレスター・ウォード（Lester Ward 1841 - 1913 米国）らにも引き継がれた。これらの立場

は，社会進化における知性の役割を重視し，コントにとってもスペンサーにとっても，社会は生きた全体で，その社会進化の影響する根源は教育的な進歩にあると考えられた。

　社会を有機体として把握する方法論は，科学性への偽装に関する意図の有無にかかわらず，科学的理論を志向することに主な理由があるが，そもそも社会と有機体とを併置することには限界があった。第二次大戦後の産業社会への移行に伴って，社会の発展的な構造＝機能に着目して理論的に社会変動理論に関心を抱いたのは，総合的ないしは構造機能学派と呼ばれる人びとであった。その代表的な社会学者にはエミール・デュルケーム（Emile Durkheim 1858-1917 フランス）やタルコット・パースンズ（Talcott Parsons 1902-1979年 米国）を挙げることができよう。デュルケームは，心理学主義に対抗する社会学主義の立場で，人間に外在する制度，文化などを社会的事実として客観視するところから社会現象や変動を把握しようとする。またパースンズは，行為の総合理論を，社会体系，文化体系，パーソナリティ体系の三つの次元から構想し，社会体系の基本枠組みとして，均衡理論的な視点から社会構造を位置づけ，社会変動と対比させた。その社会変動の過程は，彼の独自性でもあるAGIL図式でもって構想されている。Aを適応（adaptation），Gを目標達成（goal attainment），Iを統合（integration），Lを潜在的パターンの維持・緊張処理（latent pattern maintenance and tension management）である。社会変化はシステムとして，これらの機能（位相運動）によって維持展開されるとされる。

　こうした巨視的な理論や見方に対して，中範囲理論（theory of middle range）の視点から集団，組織，社会を分析するのは，ロバート・K. マートン（Robert K. Merton 1910-2003 米国）である。彼は，社会的葛藤，アノミー現象，逸脱，潜在機能や逆機能など，社会の進化発展的な顕在的で順機能的な側面以外にも焦点を当てて，社会の構造，機能，変動を分析した。

　さらに，経済や文化に着目した社会変動論の立場もある。マルクス主義的発展論（史的唯物論）による下部構造（経済）の変化により，上部構造（政治体制）が弁証法的に発展したという。具体的には，原始共産制社会 ⇒ 古代奴隷制社会 ⇒ 中世封建社会 ⇒ 近代資本主義社会 ⇒ 社会主義社会などは陳腐化

してきたが，その一例である。経済学者，ウォルト・ロストウ（Walt Rostow 1916 - 2003 米国）の伝統的社会－先行条件期－離陸期（take off テイクオフ）　－成熟への前進期－高度大衆消費社会という経済成長段階説（5段階）は，近代化のテイクオフ理論として一世を風靡した。また，文化に着目した社会変動論としては，ウイリアム・オグバーン（William F.Ogburn 1886 - 1959 米国）の文化遅滞（cultural lag）説も忘れられない存在である。物質文化の方が非物質文化に先行し，非物質文化，たとえば，慣習，信仰，法律などが遅れて制度化される。文明的移行期においては普遍的仮説として援用される可能性を持つだろう。ピティリム・ソローキン（Pitirim Sorokin 1889 - 1968 米国）の変動論（物質的側面を強調 ⇒ 感覚的文化，精神的側面を強調 ⇒ 観念的文化）もこうしたアプローチに似通っている。

1970年代の産業社会以降のポストモダン時代にあっては，社会変動に対する解釈も，現象学や解釈学の立場から，社会変動と「私」という文脈（context）やインプリケーションから接近されるようになった。以前の社会学主義と対峙した心理学的社会学や相互作用的立場，現象学的社会学が問われた。デュルケームのいう客観視された事実を「私」の立場から再構成する学問へと新たな展開が要請されている。

2　社会変動と教育の関係

いずれにしても，社会変動に関する理論は，この他にもいろいろな立場が展開されている。社会を変動させる動員は，程度の差はあれ，政治，経済，文化，個人的次元で展開される。古典的社会進化論で展開されたように，人類にとって現代社会における教育と社会変動との関係は中心的な課題の一つである。

社会変動から見た社会と教育の関係はつぎの3つの次元が考えられる。すなわち，第一には，社会変動が教育に及ぼす影響である。第二には教育が社会変動に及ぼす影響である。そして第三には，教育の変動（学的展開）である。以下では，これらの課題について整理してみよう。

第13章 社会変動と教育

(1) 教育が社会変動に及ぼす影響

　現代社会の特徴の一つは教育のアウトカムが社会に及ぼす影響である。これも個人レベル，社会レベル，国家レベル，地球的レベルなどいろいろ考えられる。個人レベルの一つは学歴（educational career）による社会移動（social mobility）である。他方で，社会や国家さらには地球的レベルでは道徳，文化などの影響が考えられる。

　現代社会は知識社会（knowledge-based society）と呼称されているが，その基盤は教育結果による科学技術の発展に俟つところが少なくない。たとえば，1970年代まではOECD（経済共同開発機構）の考えでは，経済発展において投資した資本，労働力で説明できない経済的成長部分は教育の成果と見なされてきた。しかし，知識社会にあっては，知識としての科学技術が経済発展を主導的するのであって，決して残余変数的に説明されるような少数派的存在ではない（OECD, 1972）。社会の仕組み自体がコンピュータ的なインフラ整備によってネットワーク化されている。アナログからデジタル社会への移行とは，数学的な論理から言えば，その媒体のベースは10進法から2進法への革命である。多くの音，色，文字，記号，知識などは0と1の電機信号に変換され，記録，電送，備蓄される。グローバル化と知識社会は同次元レベルで進行する。コンピュータがそれを初めて可能にした。

　また知識論に焦点を当てても，マイケル・ギボンズ（Michael Gibbons 英国）らの言うモード1対モード2，ディシプリン対トランスディシプリン対インターディシプリン，あるいは形式知対暗黙知，教養知対専門など，多様な知識類型論がある（ギボンズ，1997）。重要なことは，知識社会にあっては人類や人間の環境，福祉，平和，幸福に直接役立ちうることである。知識経済においては，ともすれば，知識＝科学技術といった短絡的に狭く解釈され，高等教育の予算措置もそれに比例してしまう傾向がなきにしもあらずであるが，知識社会においては，真の哲学，文学，宗教と言った精神知こそより重要なものとなる。最終的には，こうした知識こそが社会変動を安定的にすることを見落としてはならない。

(2) 社会変動が教育に及ぼす影響

　以下では，知識社会と並んで，政治，経済，文化等から及ぼす社会変動について，その代表的なものについて列挙して説明することとしたい。

① 市場化社会（marketization）

　市場化とは，政治経済的な主導によって展開される社会変動である。そもそも，この市場化の源流は，すでに1960年代のシカゴ学派によって展開された経済学の流れを汲む。それが政治，経済，グローバリズムと複合的に織り込みながら展開されてきたところに特色がある。したがって，政治，経済，文化や教育の世界に広く深く影響していったのである。現在は，その反論や揺り戻しが至るところで展開され，いまもって方向性が見出されていない。市場には，誰もが参加でき，公平で開かれた機会が保証され，評価自体が市場によってなされることになる。したがって，何が正しいかは市自体が決定する。だれもが自己責任でもって参加する機会を保証するためには規制緩和が前提とされなければならない。一見，民主的で公正のように見えるが，個人，地域，機関，国家の次元における社会的強者と弱者の差異化によって後者は淘汰されざるを得ない。

　教育界における市場化の影響は，広くは教育の機会均等と深く関係する。公事化から私事化（privatization）への展開によって，国家や社会から個々の家庭や個人に責任が置かれるため，教育の機会の公平性が減少し，格差が拡大する。この現象は初等教育や中等教育政策に見て取れる。また，高等教育政策においても私立，国立大学の格差とその拡大において見ることができる。一種のマタイ効果（Matthew Effect「豊かな者のはますます豊かに，弱者のものまで奪いさる」）がいろいろな次元で支配される。市場化こそ規制を前提としなければならなかったが，いろいろな次元で，いまこそ市場化と規制化との調整バランスが問われている。

② 少子高齢化社会（declining birthrate and aging society）

　一般論的には，少子高齢化は先進国病の一つである。20世紀の高度に産業化社会にあって育児制限（家族計画）と平均寿命の延長によって，人類の平均寿命は大幅に拡張した。そのために，先進国における女性の合計特殊出生率の平

均は次第に低下し，2.1を下回ってしまった（この数値は現在の人口を維持するに必要な値）。わが国の現在値は1.3前後にまで低下している。

　他方で，各国のこうした人口変動論はそれらの状況に応じて変異する。わが国の場合は第二次世界大戦，急激な産業化，高度経済発展，成熟期への移行などの影響によって，具体的には第一次ベビーブーム，第二次ベビーブームを中核として人口論的波動が形成されてきた。国際連合の基準による高齢者は65歳を基準としているが，わが国の高齢化社会は，他の先進国と比較して，短期間に急激かつ最高度に高齢化が進行すると予測されており，これから超高齢化社会を迎える。他方で，人口の少子化が急激に進行しているので，わが国の社会変動は人口論的に急激な少子高齢化社会を迎えると同時に，人口急減期を迎える。これが他の先進国ともっとも相違するところである。もう一つの事例として，中国は一人っ子政策という政治的統制によって少子高齢社会を迎えることになるが，13億という膨大な人口を抱えているところがわが国と相違する。

　国際的に見て特異な様相を見せるわが国の人口動態は，他方で政治，経済，教育，文化の分野において大きな影響を受けてきたことは周知の事実である。各分野の政策として，少子高齢化現象は，必ずしもすべてがデメリットをもたらすのではなく，メリット・デメリットを随伴する。急激な変化に対応する重点的な政策を選択する必要があるが，現状からみて有効な方法論が選択されておらず，自殺，独居老人化，生涯単身化などの新たな問題はほとんど未解決である（松井・山野井・山本, 1997）。

③　グローバル化社会

　グローバル化社会とは，直截に言えば，国家を単位とするのではなく，地球を単一とした社会である。現代社会は，上記の知識社会と相まってグローバル知識社会に向かっている。20世紀の社会は，政治，文化，宗教，言語などの相違を前提とした産業主義を志向する産業国家から構成されてきた。国際化（internationalization）とは，英語の用語が示唆する通り，nationとinterの合成語である。すなわち，国際化とは国の間の交流を盛んにすることである。具体的には，国境を伴う国家を前提として国際化は成立する。一方，グローバル化とは一つ一つの国家の境界や壁は低く何ら障壁とはならない。理念的にはボー

ダーが取り払われて，政治，経済，教育，言語などの仕組みや基準は共通化されてくる。EU 諸国，東アジア諸国，北米諸国などの地域的な統合と経済圏の確立によって次第にグローバル社会に移行するだろう。

　現在の状況は，グローバル化の進捗状況は領域や地域によって様々であり，決して斉一的ではあり得ない。むしろ，冷戦構造の解体を迎えて，文明の衝突と表現されるようにグローバル化と地域化の葛藤期を迎えている。

　たとえば，経済活動では会計基準としてアメリカ基準が国際基準として採用されつつある。経済的取引は現在では24時間継続され，一つの危機は同時にかつ瞬時に世界に影響を及ぼす。2009年に生じた米国のリーマンショックはそれを雄弁に物語っている。現在社会は，国家，貨幣，言語の違いを前提としつつも，為替レートでバランスを取りながら経済活動を行っている。また，地域的なグローバル化の変動を例にとれば，EU 諸国の統合がグローバル化社会の移行過程を示唆している。EU 憲法，大統領制，ユーロという貨幣単位の採用，経済活動の共通化，教育，たとえば大学の単位の認定，評価基準の共通化，学生の流動性などなど，これらはまだ多くの課題を抱えているが，国家観念からグローバル化（地球化）への移行過程のワンステップと理解することができる。しかしながら，この過程は宗教，言語，政治的体制，価値観の相違から理解されるように，そう簡単な作業ではない。しかし，環境問題が示唆するように，人類の生き残りをかけて取り組むべきグローバルな課題はそこまで差し迫っていると言わねばなるまい。

　以上，現代社会の変化は上記の市場化，少子高齢化，知識社会化，グローバル化などが錯綜する複合的な様相を呈している。一方でのデジタル的な文明，他方における急速な，市場化やグローバル化，それにわが国独自の少子高齢化が複雑に影響を及ぼしている。オグバーンの指摘するように，いろいろな文化的，価値的な課題を抱える文化的遅滞現象を生じている。現在の市場化した知識社会において認められる賃金格差も経済的なシステムの遅滞とみる経済学者もいる（小林，2007）。一例として，知識社会や市場化における格差社会が当然視されているが，文化的経済的遅滞によるこの格差の解消を如何に解決するか，

単なる福祉政策や社会主義的管理社会の発想ではもはや解決されないところまで来ている。新しい時代には新しい発想が要請されているのである。

3 社会変動としての教育社会学の展開

　序章の「教育社会学とは何か」という学論（学問としての本質）について説明したように，「教育社会学」という学問の性格の一つは，対象としての「教育」と方法論としての「社会学」から構成されていることに言及した。それと同時に，「教育」と「社会」と「学」という最小限の基本的概念から構成されることも指摘した。

　したがって，教育社会学は，「教育」，「社会」の相互作用や規定，ないしは教育社会学の方法論によって「学」としての成り立ちは大きく変化する。教育の在り方は，その時の社会の在り方に大きく関係するとともに，その教育と社会をどのように考えるかは教育社会学の見方考え方で大きく変動した。

　上記に考察したように，戦後から現在までのわが国の社会変動は教育社会学に大きな影響を及ぼしてきた。それらについては，すでに序章および各章で展開されてきたので，ここでは繰り返さない。本節においては，第三のテーマとして，教育社会学に社会変動がどのように影響しているかを簡潔に検討しておきたい。

（1）教育社会学の規定要因

　「歌は世につれ，世は歌につれ」と同様に，教育社会学も戦後，急成長すると同時に大きく変化した。1923年に学会設立，1927年に機関誌を発刊し，米国で学的市民権を得てきた。わが国においても戦後，学会の設立を契機として時代的な発展を重ねてきた。

　われわれは，以前に科学社会学の事例研究として，教育社会学を対象として分析したことがある（新堀，1984）。科学社会学とは，マートンによって先鞭をつけられたもので，科学を取り巻く社会学的な分析を展開する。科学の発展過程，科学的生産性と評価，科学を取り巻く社会的な集団，文化，組織などを理

図13-1 科学の発達に関する影響の類型論

影響の タイプ	科学への影響源	
	科学的制度内	科学的制度外
知　的	タイプI	タイプII
社会的	タイプIII	タイプIV

論的実証的に分析する領域である。われわれは，対象である科学を広く学問として拡大することが可能であり，教育社会学は紛れもなく学問の一領域である。

教育社会学を科学社会学の対象として分析する際に重要なことは，それまでに開発されてきた科学社会学的枠組みを踏まえ，さらに学問に応用するための新たな枠組みを考察する必要があった。

この領域で有効な科学社会学の枠組みを提供してくれたのはマートン学派の伝統を汲むジョナサン・コールとステファン・コール兄弟（Jonathan & Stephan Cole 米国）である。彼らは，科学を分析するに際して，図13-1のような枠組みを設定した。縦軸に影響のタイプとして知的影響と社会的影響を，横軸の科学の制度的影響限として科学制度内と科学制度外，とをそれぞれ区分する。図示するように，それぞれのクロスによって4つの次元が設定される。

（2）わが国の教育社会学の展開

① タイプI：諸学問からの影響と展開

すなわち，タイプIにおいては，これまでの教育社会学が科学制度内的に関連学問や教育社会学の伝統から知的にどのような影響を受けてきたかが問われる。これらの分析によって，第一に，わが国の教育社会学は国別の学問的影響として，教育社会学の発祥の地である米国からの影響が最も大きく，教育の社会学の祖であるデュルケームを中心としたヨーロッパ（英国，ドイツ，フラン

ス）の影響がそれに続く。戦後は前半の外国の影響力が強く，最近になるほどわが国自体の学問的影響を受けていることが理解される。わが国の教育社会学の自立的発展を見て取れる。第二に，学問領域や人物的には，当初は，社会学，教育学，心理学等の関連諸科学からの影響が濃厚であり，引用される専門雑誌には教育社会学以外からの影響が強いが，1960年代や1970年代以降の時を重ねるごとに，機関誌である『教育社会学研究』からの知的影響を受けるようになった。教育学を母とし社会学を父とする周辺的な学問であった教育社会学が独自の対象，方法論，研究成果を積み重ねてきた。第三に，学問内容的にはどうであろうか。戦後の社会変動の影響は，教育社会学の研究テーマに大きく影響してきた。初期においては，教育社会学の学的方向性や方法論を論じる論考や発表が少なくなかった。それと同時に，他方では，戦後の学校現場で一世を風靡したジョン・デューイ（John Dewey 1859 - 1952年 米国）の経験的教育，カリキュラム論，生活綴り方などが研究対象として好んで取り上げられた。昭和30-40年代にかけては，もはや戦後ではないと言うスローガンの基で，授業の現代化＝科学化や右肩上がりの経済成長を背景に，学歴主義，社会移動研究に中心が移行した。しかし，1970年代のオイルショック以降においては，教育病理，青少年問題，地域解体など教育の混迷が深まるにつれて，「新教育社会学」が模索された。エスノメシドロジー，現象学，象徴的相互作用論をはじめ方法論も多種多様に分化し混迷を深めている（ハルゼー，1980）。
② タイプⅡ：科学制度外の知的影響

　タイプⅡは，教育社会学という科学制度内よりもそれ以外からの影響による教育社会学の展開である。分かりやすく言えば，教育社会学以外の知的な影響限である世論やイデオロギーが教育社会学にどのような影響をもたらすか，といった課題である。教育社会学は，デュルケームやパースンズの影響から見て取れるように，没価値的あるいは客観的な立場から事実の証明を標榜するように，ある種の学問的中立という保守主義を志向していた。日教組や教育的イデオロギーからは学会の風土としては距離を置いた。学力テスト，教育運動，歴史主義とは一線を画した。1970年代に入り，批判的なラディカル社会学などの影響により，英国において教育社会学の新しい方向が示された。英国のバジ

ル・バーンステイン（Basil Bernstein 1921 - 2000），フランスのピエール・ブルデュー（Pierre Bourdieu, 1930 - 2002），米国の S. ボールズ＝H. ギンティス（S. Bowles＝H. Gintis），ジョン・マイヤー（John W.Meyer 1935 - ）らが登場した。新しい教育社会学を標榜するネオマルキスト的な葛藤理論，現象学理論，解釈学や相互作用論，正当化理論などを取り込みながらも，イデオロギー的理論展開が多数派には成り得ていない。一方で計量的な教育社会学が展開されながら，他方では主意主義的教育社会学として展開され，教育社会学のよく言えば多様化，個性化，悪く言えば混迷化は一向に解決されていない。むしろ，専門化という蛸壺に入ったまま開放的に論議されなくなったところに，現在の教育社会学の危機が潜んでいる。

③ タイプⅢ：科学制度内の社会的影響

この次元においては，科学を支えている社会構造や内的社会組織を分析する。戦後のわが国の教育社会学は，個々の研究者の研究成果の積み重ねによって達成されるが，その研究者が活動する背景には，出身校，学風，選択されるテーマや方法論および学問的生産性などに関して，所属する組織，伝統や規範，価値，人間関係といった社会的文脈によって規定されている。

たとえば，北から順に，北海道大学や東北大学では炭坑や漁村を中心とした地域研究，東京教育大学の伝統を汲む筑波大学は教師研究や授業研究，東京大学は政府に近く経済的，教育計画，高等教育研究，名古屋大学では高等教育研究，京都大学では青少年研究や解釈学的教育社会学，広島大学は授業研究や高等教育研究，九州大学では地域研究や新教育社会学などの研究が盛んであった。高等師範学校や教育大の伝統の大学では教育の本質，授業論，実践論に，旧帝大の伝統をもつ大学では，社会学，文化人類学といった親学問の出身者が少なくなく，教育社会学をより広い視点から理論的に考察する傾向にあった。

しかし，戦後60年を経て第三世代から第四世代にかけての時間的経緯を重ねてきた結果，こうした各大学の伝統的，組織的，文化的蓄積は，各大学間の流動性，研究者間の役割交配，世代的反応によって学問的交差が惹起される一方，学風や学派的伝統は弱体化した。わが国一国の教育社会学者は世界で最大多数まで増加したが，その基本的パラダイム的発展は受け売りで，わが国独自の仮

説やパラダイムは限定的であったと言うのは言い過ぎだろうか。
④ タイプⅣ：科学性度外の社会的影響

　この次元は，前節において言及したようにな社会変動の及ぼす教育社会学への影響である。こうした歴史体制的な切り口からみる教育社会学の展開は，米国よりもヨーロッパの英国，フランス，ドイツ諸国において活発であった。わが国の教育社会学は，上述したように，戦後の経済発展を背景に，過疎化（depopulation）と都市化（ubanization），核家族化（nuclear family），工業化（industrialization）といった産業社会構造における社会変動の研究であった。

　しかし，戦後60年を経て，現在はメガ変動に突入し従来の産業社会とは様相を異にする異質の時代を経験しつつある。そこでは従来の教育社会学的パラダイムでは通用しない。それは教育社会学ばかりでなく，他の社会諸科学においても同様である。いわば，これまでの学問的成果の連続的延長では説明できない。

　対象と方法論という2つの軸を交叉させて，伝統と革新の四つの次元を設定できる。方法論も対象も伝統的次元ではこれまでの継続的研究を，他方では，双方とも革新的次元ではまったく新しい研究を要請されている。現在の教育社会学はそういう状況を示唆している。高等教育，学力問題，教育病理などますます国際化，グローバル化する一方，少子超高齢化社会，グローバル知識社会においては，従来のような家庭，学習教育，仕事，雇用，ライフサイクル（life cycle）とは有り様が大きく変化する。教育，企業，家庭の縦割り構造，あるいは家庭—教育—仕事—定年—隠退といった一方通行的なライフサイクルではなく，ワークシェアリングを基盤とした家庭，仕事，大学の循環構造的社会に抜本的に改革していかなければ，これからの知識社会では一部の勝者と多数の弱者を輩出するため，発展的で安定した国民の人生の展望は開けない。もはや産業社会のような右肩上がりで拡大する持続的に発展する社会ではない。現代社会は科学技術の革新によって，文化的遅滞現象に落ちており，環境破壊，温暖化，人口爆発，人間の疎外状況が生じていることは皮肉だ。こうした移行期において，現在の学問はそうした課題にいかに対応できるかが問われているのである。

第Ⅱ部　変動する教育と社会

> **学習課題**
> ① 社会変動の理論についてどのような社会学的理論があるか整理し，最も興味あるものについて調べなさい。
> ② 現代の社会変動と教育との関係について述べ，これからの人生における教育の在り方について自分の考えを整理しなさい。
> ③ 現代の教育問題を一つ取り上げ，教育社会学の視点から自分なりに分析してレポートしなさい。

参考文献

OECD新執行委員会報告書　1972年.

カラベル, J., ハルゼー, A.H., 潮木守一・藤田英典監訳 1980『教育と社会変動』（上）（下）東京大学出版会.

小林慶一郎 2007「広がる賃金格差」（朝日新聞　2007年9月29日号）.

ギボンズ, M. 編著, 小林信一監訳 1997『現代社会と知の創造――モード論とは何か』丸善ライブラリー.

新堀通也編著 1984『学問の社会学』有信堂.

ハルゼー, A.H., ローダー, H., ブラウン, P., ウェルズ, A.S., 住田正樹・秋永雄一・吉本圭一編訳 2005『教育社会学――第三のソリューション』九州大学出版会.

松井政明・山野井敦徳・山本都久編著 1997『高齢者教育論』東信堂.

（山野井敦徳）

人名索引

ア行

イリッチ, I. 37, 149
ウィリス, P. 98, 165
ウェーバー, M. 41, 193
ウォーラー, W. 75, 111
エツィオーニ, A. 40
エリクソン, E.H. 136

カ行

カー, E.H. 204
梶田叡一 58
片岡徳雄 67
苅谷剛彦 61, 157
木村涼子 176, 179
ギンタス, H. 193, 236
クーン, T. 14
クラーク, B.R. 119
コーヘン, A.K. 99
コールマン, J.S. 156, 192
コリンズ, R. 33, 199, 214
コント, A. 14, 226

サ行

サドカー, D., サドカー, M. 179
サロウ, L.S. 215
ジェルピ, E. 136
清水義弘 61
ジャクソン, Ph. 77
新堀通也 61, 223
スーパー, D.E. 145
末吉悌次 67

タ行

武内清 98
竹内洋 163, 217
ダンカン, O.D. 189

チューミン, M. 188
チラー, T. 73
デービス, K. 188
デュルケーム, É. 1, 14, 227, 235
テンニース, F. 40
ドーア, R.P. 123, 212
トロウ, M. 122, 221

ナ・ハ行

パーソンズ, T. 227
ハーシ, T. 94
バーンスティン, B. 7, 164, 236
ハヴィガースト, R.J. 136
ハッチンス, R.M. 135
馬場四郎 67
樋田大二郎 92
フーコー, M. 32
フォール, E. 135
ブラウ, P.M. 189
ブルデュー, P. 7, 165, 236
フレイレ, P. 146
ベッカー, G.S. 215
ヘルバルト, J.F. 73
ボールズ, S. 193
ポルトマン, A. 5

マ行

マートン, R.K. 12, 227
マイヤー, J.W. 37, 236
マッコビィ, E.E. 177
マルクス, K. 154, 199
ミード, G.H. 5
耳塚寛明 98
宮崎あゆみ 99
ミルズ, W. 2
ムーア, W. 188
メーハン, H. 76

森田洋司　*86*

ヤ・ラ　行

山村賢明　*67*

ラングラン, P.　*135*
ルソー, J.J.　*5*
ローティー, D.　*113*

事項索引

ア 行

アーティキュレーション（articulation） 25
I-R-E 76
アウトプット 49
アクション・リサーチ 117
「生きる力」 142
いじめ 85, 141
「いじめ集団の四層構造論」 85
一望監視装置 32
一斉授業 45, 72
逸脱行動 12
1.57ショック 167
意図的教育 9
イニシエーション（initiation） 24
意欲 49
インフォーマル教育 4
インプット 49
エスノグラフィー 116
エスノメソドロジー 16, 235
FD 131
エリート型 122
OJT (on-the-job training) 216
オーセンティック評価 160
落ちこぼれ 141
オックスフォード大学 120

カ 行

階級 154
階層的職務秩序 41
開発独裁 206
科学革命 4, 16
「科学の科学」 13
格差社会 7, 12
学社連携 139
学習指導要領 41, 49, 56, 60
学士力 132
学年制 45
学閥 213
学力 49, 154, 155
学力低下 48, 49
学歴 33, 229
学歴社会 123, 141
かくれたカリキュラム 77, 176, 180
下構型学校系統 26, 29
課題解決型の集団 82
課題遂行機能 82
価値の制度化 37
学級 39
学級規模 43
学級担任制 45
学級秩序維持 41
学級編成 46, 47
学級崩壊 10
学校化社会 37
学校規模 43
学校教育法 55
学校教育法施行規則 56, 65
学校系統 26
学校週五日制 63
学校推薦制 220
学校選択制 51
学校評価 50
学校評議員制度 51
学校文化論 165
学校歴 213
葛藤理論 214
家庭科の男女共修 174
家庭環境 155
カリキュラム 53
カリキュラム・グルーピング 47
カレッジ・インパクト 119
官僚制組織 41
規制緩和 48, 50

帰属主義　31
機能的専門的分業　41
規範的組織　41
義務教育　41
キャリア教育　143-145
教育　9
教育科学　14
教育学　10
教育課程　45, 55
教育課程部会　60
教育機会　127
教育基本法　55
教育社会　11
『教育社会学研究』　16
教育社会学の対象　9
教育社会学の方法　4
教育心理学　8
教育知　7
教育的社会学　14
教育の「社会的条件」　4
教育の社会学　14
教育の社会的機能　5
教育の社会的構造　6
教育病理　12
教科担任制　45
教師の報酬　113
教授－学習　10
　　──過程　6
教職員配置改善計画　44
強制的組織　41
業績主義　31
共同体　42
近代学校教育制度　25
グローバリゼーション　36
訓練可能性（trainability）　215
経済ナショナリズム　204
ゲゼルシャフト　40
血縁の原理　210
ゲマインシャフト　40
言語的社会化　6, 7

顕在的機能　12
現象学　16
権力関係　183
合計特殊出生率　12, 167, 230
高校進学率　47
高等教育学会　16
高等教育の社会学　17
校内暴力　141
後発効果　212
校務分掌　40, 51
功利的組織　41
高齢化　230
コード論　164
コールマンレポート　154-156, 192
国際学力調査　49
個性化　35　49
個性尊重　48
五段階教授法　73

　　　　サ　行

再生産　34
サバイバル・ストラテジー　115
産業化　27, 231
産業社会　27, 237
ジェンダー　96, 177
　　──観　177
　　──による非対称性　170
　　──への社会化　180
　男性の──形成　181
　二分法的な──　178, 181, 182
資格社会　33
シグナリング理論　126
自殺　171
支持的風土　83
市場化　36
指定校制　221
GDP（国内総生産）　12
社会移動　28, 229
社会化（socialization）　2, 24, 32, 35
社会階層　155, 186

社会学　11
社会学主義　8
社会学的想像力　2
社会構成体論　197
社会的事実　1
社会病理　12
収益率　126
習熟度別編成　45
就職協定　220
集団維持機能　82
主観／客観　149
主幹教諭　51
『授業の社会学』　75
受験戦争　141
上構型学校系統　26, 29
少子化　168, 230
象徴的相互作用　16
少人数学習　45
助教法　70
職業意識　144
職業観、勤労観の育成　143
女子教育　173
女子差別撤廃条約　174
女子特性論　173
初年次教育　10, 131
新自由主義　158
新制大学　121
新卒一括採用方式　218
人的資本論　215
心理学主義　8
スクリーニング仮説　126
正当性　26
制度化　24-25
生徒指導　49
制度的指導者　75
生徒文化　95, 163
性別カテゴリー　177
性別役割分業意識　169
性役割のしつけ　177
生理的早産　5

セッティング　47
全国学力テスト（調査）　50, 153
潜在的機能　12
選抜・配分　33
専門学科　48
専門職業者　42
専門職組織　42
専門分野（academic discipline）　1
総合制高校　47
総合的な学習の時間　67
属性主義　31

タ　行

対応理論　197
第三の道　206
大衆教育社会　35
タウンとガウンの戦い　119
卓越と平等　35
多様化　49
男女共同参画社会　170
男女雇用機会均等法　171
男性優位性　179
単線型　31
弾力的運用　64
知識社会（知識基盤社会）　3, 229
知の再構築　13, 15
中央教育審議会　49, 57
中退　49
通常科学　8, 16
ティーム・ティーチング（TT）　45
帝国大学　121
デービス＆ムーア vs. チューミン論争　203
テクノクラシー（専門家支配社会）　204
デモシカ教師　105
統一学校運動　30
統計的差別　216
統廃合　43
特別活動　67
徒弟制　24

ナ 行

ニート　143
日本教育社会学会　1, 14
日本教職員組合（日教組）　156
人間主義の教師像　112
ネットワーク型行政　137
ネットワーク理論　217
能力グルーピング　47
能力混成編成　45
能力主義　31
能力の原理　211
ノン・フォーマル教育　32

ハ 行

ハーバード大学　120
バーンアウト　113
ハビトゥス　7
パラダイム転換　14, 16
パリ大学　119
非　行　49
PISA（学習到達度調査）　126, 157-160
非人格的　75
PDCAサイクル　50
評価リテラシー　160
フォーマル教育　4
付加的報酬　113
複線型　31
付帯的報酬　113
不登校　49, 90
プライバタイゼーション（私事化）
　　85, 230
フリーター　142
プロセス　50
文化の再生産　165
分岐型　31
文鎮型組織　40
ペダゴジー（pedagogy）　14

ヘッドスタート　156
ベル・ランカスターシステム　71
ベルリン大学　120
勉強時間　49
変動　149, 225
ホームスクーリング　32
ホームルーム　39, 45, 47
補償教育　156
「ボンド理論」（社会的絆の理論）　90

マ 行

マス型　122
身　分　199
身分集団　213
民主化　28
無境界性　114
モード1とモード2　15, 229
モニトリアル・システム（monitorial system）
　　70, 71, 72
文部科学省　90
文部科学大臣　57

ヤ・ラ 行

役割葛藤　115
ユニバーサル型　122
要保護家庭　153
ヨコの学歴　213
弱い紐帯の強さ（strength of weak ties）
　　217
ライフサイクル　3, 237
ライフヒストリー　116
リメディアル教育　10
臨時教育審議会　48, 141
臨床教育学　17
輪番制　80, 83
類型制　46, 48
レーガン政権　165

執筆者紹介（執筆順）

有本　　章（ありもと・あきら，編著者，広島大学名誉教授）序章

飯田　浩之（いいだ・ひろゆき，筑波大学人間系）第1章

山崎　博敏（やまさき・ひろとし，編著者，広島大学名誉教授）第2章

押谷　由夫（おしたに・よしお，武庫川女子大学教育研究所）第3章

髙旗　浩志（たかはた・ひろし，岡山大学教師教育開発センター）第4章

久保田真功（くぼた・まこと，関西学院大学教師教育研究センター）第5章

山田　浩之（やまだ・ひろゆき，広島大学大学院人間社会科学研究科）第6章

小方　直幸（おがた・なおゆき，香川大学教育学部）第7章

藤墳　智一（ふじつか・ともかず，宮崎大学学び・学生支援機構）第8章

村澤　昌崇（むらさわ・まさたか，広島大学高等教育研究開発センター）第9章

藤田由美子（ふじた・ゆみこ，福岡大学人文学部）第10章

岩木　秀夫（いわき・ひでお，元・日本女子大学人間社会学部）第11章

中村　高康（なかむら・たかやす，東京大学大学院教育学研究科）第12章

山野井敦德（やまのい・あつのり，編著者，広島大学名誉教授，くらしき作陽大学名誉教授）第13章

教育社会学概論

| 2010年3月10日 | 初版第1刷発行 |
| 2024年9月20日 | 初版第4刷発行 | 〈検印省略〉 |

定価はカバーに
表示しています

編著者	有　本　　　章
	山　崎　博　敏
	山　野　井　敦　徳
発行者	杉　田　啓　三
印刷者	中　村　勝　弘

発行所　株式会社　ミネルヴァ書房
607-8494 京都市山科区日ノ岡堤谷町1
電話(075)581-5191／振替01020-0-8076

Ⓒ 有本・山崎・山野井他, 2010　中村印刷・吉田三誠堂製本

ISBN978-4-623-05694-1
Printed in Japan

小学校教育用語辞典

細尾萌子・柏木智子 編集代表 四六判 408頁 定価2400円

●小学校教育に関わる人名・事項1179項目を19の分野に分けて収録。初学者にもわかりやすい解説の「読む」辞典。小学校教員として知っておくべき幼稚園教育や校種間の連携・接続に関する事項もカバーした。教師を目指す学生，現役の教師の座右の書となる一冊。

カリキュラム研究事典

C・クライデル編　西岡加名恵・藤本和久・石井英真・田中耕治 監訳
B5判函入り 834頁 定価20000円

●カリキュラム論の発祥地・アメリカ編まれた事典。基本的なキーワードの解説に加えて周辺にあるコンセプトや研究機関の解説まで，全505項目を収録。簡潔で明快な解説で「読む事典」として活用できる。

教育を読み解くデータサイエンス──データ収集と分析の論理

耳塚寛明 監修，中西啓喜 編著 A5判 328頁 定価3000円

●教育に特化した統計分析法の入門書。大学生や研究者，現場の教員のために編まれたもので，統計的なデータを「読む」ことを目的とした内容になっている。研究の進め方やデータ収集から多変量解析まで，教育の生データを用いて解説する実践的なテキストである。

ネットいじめの現在（いま）
──子どもたちの磁場でなにが起きているのか

原　清治 編著 四六判 256頁 定価2200円

●ネットいじめに関する大規模調査の報告と分析から見る，SNS時代の子どもたちの実態。学校という「磁場」が及ぼす影響に注目し，リアルと地続きになったネット上のつながりを読み解きながら，いかに子どもたちを守るかを考える。

ミネルヴァ書房
https://www.minervashobo.co.jp/